個と関係性の発達心理学

社会的存在としての人間の発達

氏家達夫 監修
島 義弘・西野泰代 編集

北大路書房

はじめに

　人は社会的存在である。他者との関係の中に生まれたヒトは，他者からの愛情とケアを受けながら徐々に社会化されていく。一方で，生まれたばかりの乳児であっても，単に他者からの働きかけを受けるだけの受動的存在ではなく，他者からの働きかけを引き出す能動的な主体でもある。

　他者との関係の中で育つ人の「個」の発達は，同時に関係性の変化も生じさせる。対人関係は「個」の発達を導く重要な「原因」であるとともに，「個」の発達によって変化を余儀なくされる「結果」でもある。「個」の発達に伴って，対人関係には様々な葛藤が生じ，その葛藤に対する対処，調整が要請される。そして，関係性の変化に伴う葛藤への対処や調整は関係性そのものの変化にとどまらず，「個」の発達を促すことにもなる。本書では，このような個と関係性の発達のダイナミクスを平易に，かつ専門的に描出することを目標とした。

　本書は大きく3部構成をとっている。第1部は「親子関係と発達」である。ここでは「標準的な家族」の最小単位である子ども（第1章）と母（第2章），父（第3章）のそれぞれについて論じた。ここで描かれる発達の姿は，必ずしも「他者に守られ，育てられる子どもと，子どもの育ちを支える親」という一方向的なものではなく，親を中心とした他者に守られながら主体的に社会を広げていく子どもと，子どもとのかかわりを通して，あるいは子どもの誕生を受けて変化した夫婦や社会との関係を調整しながら「親として」発達する父母の姿である。「親」は子どもの発達に影響を与えるだけでなく，親自身も発達の主体であることが読み取れると思う。

　第2部は「仲間関係と発達」である。幼児期から青年期までの幅広い発達段階を通して，主要な対人関係が家族から仲間に移行する中で生じる諸問題を論じた。第4章では葛藤処理方略という対人関係上の問題に，第7章では自己愛という個人の問題に焦点を当てた。両章に共通して論じられるのは本書のテーマそのものである，「個」の発達と「関係性」の発達の双方向性である。切り口が正反対であるからこそ，この主題が浮き彫りになるであろう。第5章と第6章は「対人関係の光と影」とでも言えるような内容になっている。いじめ・不登校は学校現場でも対応が必要であるものの解決は困難な事項として，長い間，問題であり続けている。特に，近年では情報通信機器の発達に伴い，インターネットを通じたいじめが急増している。第5章はこうした「ネットいじめ」についての最新の研究をまとめたものである。対人関係は時に「いじめ」のように個人を大きく傷つけるものとなるが，一方で個人の精神的，身体的な健康を増進する役割も担う。第6章では「ソーシャル・サポー

ト」という観点から，様々なストレスに対する緩衝要因たり得る対人関係を詳説した。第2部を通じて，社会の中に生きる「個」の確立という発達課題（アイデンティティ）の達成に向けて，明確な自我が芽生える幼児期以降，それが他者との関係の中で揺らぎ，また他者との関係によって支えられる，不安定ではあるけれども懸命に他者との関係の中に生きようとする「個」の姿が浮かび上がってくる。

第3部は「関係性の変化への適応」である。ここでは文字通り，関係性の変化に対してどのように適応を図るのか，という点に焦点を当てて論じた。第8章・第9章では出産・子育てに伴う個の発達と関係性の変化への適応を取り上げた。子どもが生まれると，人は親に「なる」。これは，それまでの家庭人，社会人・職業人としての生活に新たに「親役割」が加わることを意味する。そして，新たな役割を担うにあたって，1日24時間という限られた時間をいかにしてやりくりするのかという問題に直面することになる。この中で，家族，職場，地域社会との間に新たな関係が生まれ，既存の関係に葛藤が生じることもある。女性の社会進出が進む中で，育児休業からスムーズに復帰するために（第8章），あるいはその後も子どもを育てながら就労を継続するために（第9章），個人はどのような適応方略を用いるのか，個人の適応を支えるために周囲の他者や社会に求められるものは何か，といった現代的な課題が多く取り上げられている。同時に，第8章・第9章では成人期の一個人の適応の方略やプロセスに焦点を当てたが，第2章・第3章と合わせて読むことで「親子」という小さな単位での「関係性の発達」と地域・社会という大きな単位での「関係性の発達」を対比，あるいは同化させながら，個の発達をより深く理解することができるようになる。また，第10章では加齢に伴う心身の変化への適応を取り上げた。「加齢」という現象は人生の後半期に直面する問題であり，心身の変化，対人関係の変化への対応は人生の終末を実りあるものにするために不可欠の事項である。発達最早期の問題を論じた第1章から通読することで，「個と関係性」という観点から生涯発達を捉えることができるようになっている。

加えて，各章にはコラムを付した。コラムの執筆者は主として若手研究者や心理・臨床の実践家である。瑞々しい感性で，本文では十分に説明できなかった事項や本文と対になる概念，具体的な事例やそれを通して深められた考察などを簡潔に記述してもらった。これによって，本書が格段の広がりと深みを得たと自負している。

本書の執筆陣は，名古屋大学大学院教育発達科学研究科で氏家達夫先生の薫陶を受けた面々である。このたび，氏家先生のご退職に合わせて，厳しくも温かいご指導を受けて，何とか一人前の研究者，実践家になろうとしている教え子の，「もう1

つの卒業論文」として本書を上梓した。読者諸賢の忌憚のない批評によって，さらに鍛えられることを切に願っているところである。

　最後に，本書の刊行にあたって北大路書房の薄木敏之様には言葉に言い尽くせないほどのご助力とご配慮をいただいた。不慣れな編者を適切に導いていただき，この日を迎えることができた。記して感謝の意を表したい。

2018 年 3 月　編者を代表して
島　義弘

目　次

はじめに　i

序　章
個と関係性の発達心理学　1

……•• 第1部：親子関係と発達 ••……

第1章
アタッチメントと子どもの発達　22

1節　アタッチメント　23
　　1．アタッチメントの発達　23
　　2．アタッチメント・スタイルとアタッチメントの測定　24
2節　内的作業モデル　29
　　1．内的作業モデルとは　29
　　2．内的作業モデルの働き　30
3節　アタッチメントと子どもの発達　32
　　1．アタッチメントの個人差　32
　　2．アタッチメントと対人関係の発達　34
　　3．アタッチメントと認知・情動の発達　37
　　4．アタッチメントとパーソナリティの発達　38
◆◇◆ Column 1　虐待を受けた子どものアタッチメントと情動調整　41

第2章
母子相互作用と母親の発達　43

1節　母親になることによる心理的変化　44
　　1．母子関係における母親の心理的発達に関する先行研究のレビュー　44
　　2．発達心理学における情動研究の流れ　46
2節　母子相互作用における母親の情動認知発達　49
　　1．目的　49

3節　母子相互作用と母親の発達に関する今後の課題　60
◆◇◆ Column 2　母子関係とミラーリング　62

第3章
親子関係と発達——父親の育児行動と子どもの発達　64

1節　父親と子どもの関係　65
　1. 子どもの発達に対する父親の役割　65
　2. 父親の発達に及ぼす子どもの発達の影響　68
2節　父親と母親の関係　72
　1. 父親の育児参加と夫婦関係　72
　2. 夫婦関係における母親の調整　73
　3. ゲートキーピングの要因　75
3節　祖父母との親子関係　77
　1. 現在の親子関係　77
　2. 父親の成育歴　79
4節　おわりに　80
◆◇◆ Column 3　非行と家族　82

……● 第2部：仲間関係と発達 ●……

第4章
葛藤処理方略の発達と文化差——文化から個と関係性を眺める　86

1節　比較文化研究　87
2節　葛藤処理方略の文化差　87
　1. 文化差を捉えるモデル　87
　2. 成人の葛藤処理方略の文化差　89
　3. 子どもの葛藤処理方略の文化差　90
3節　葛藤場面と葛藤の相手との関係性　91
4節　葛藤処理方略の発達と文化差　92
5節　葛藤処理方略の発達と文化差に関わる要因　96
6節　葛藤処理方略の発達と文化差の関連を検討する　99
　1. 関係的―発達的―システム論的モデル　99
　2. 葛藤処理方略の発達と文化差の関連を検討する方法　100

◆◇◆ **Column 4** 文化差の研究　102

第5章
つながりを希求する子どもたち
——ネットいじめに内在する不安定な関係性　104

1節　最近の子どもたちの仲間関係　105
 1. 仲間関係の発達　105
 2. 仲間への同調　106

2節　従来のいじめとネットいじめ　108
 1. ネットいじめの特徴　108
 2. SNSの利用とネットいじめ　109

3節　ネットいじめを規定する要因　111
 1. ネットいじめと個人の脆弱性　111
 2. ネットいじめ経験と従来のいじめ経験との違いを規定するもの　113

4節　ネットいじめと学級風土　115
 1. 子どもにとっての「学校風土」　115
 2. ネットいじめに対する学級風土の役割　115

5節　まとめと今後の課題　117
 1. つながることの意義　117
 2. 良好な関係性の構築に向けて　118
 3. 今後の課題　119

◆◇◆ **Column 5** 向社会的行動に対する文脈に応じた認知の発達　120

第6章
ソーシャル・サポート　122

1節　ソーシャル・サポートとは　122

2節　青年期の特徴とソーシャル・サポート　125
 1. 青年期の特徴　125
 2. 青年期の特徴と精神的健康　127
 3. 青年期を対象としたソーシャル・サポート研究　130

3節　ソーシャル・サポートのもつ意味と可能性　137
 1. 今後のソーシャル・サポート研究への示唆　137
 2. レジリエンスとソーシャル・サポート　138

◆◇◆ **Column 6** 親子関係と仲間関係　141

第7章
青年期の自己愛の発達　143

- 1節　青年期における自己愛の高揚　144
  - 1. 青年の自己愛に関する実証データ　144
  - 2. 自己愛的な人のイメージと状態像　145
- 2節　青年の自己愛の高さは何につながるか　146
  - 1. 自己愛の「問題」と実証研究共通の関心事　146
  - 2. 実証研究が明らかにしてきたこと　147
- 3節　自己愛が高まるとはどのような現象なのか　149
  - 1. 自尊感情の維持・調整機能としての自己愛　149
  - 2. 自己愛的な維持・調整機能の特異性　151
- 4節　自尊感情の維持・調整を行う「自己」の発達　152
  - 1. 重要な他者とのやりとりを通した自己の発達　152
  - 2. 重要な他者が担う機能と具体的な担い手　154
- 5節　自己愛論からみる青年期の発達課題　157
- 6節　おわりに――青年の発達を支える　159
- ◆◇◆ Column 7　青年期のアイデンティティ形成　161

……● 第3部：関係性の変化への適応 ●……

第8章
育児休業からの復帰　164

- 1節　育児休業制度　165
  - 1. 育児休業制度とは　165
  - 2. 育児休業期間と母親の精神的健康　166
  - 3. 育児休業期間と母親のストレス　167
- 2節　関係性の変化と調整　170
  - 1. 職場での関係性　170
  - 2. 夫婦の関係性　174
  - 3. Aさんの事例　179
  - 4. 発達を促進する――子育て支援の視点から　181
- ◆◇◆ Column 8　母親の社会参加を支える資源　183

第9章
子育て期の就労と適応　185

1節　現代の働く父親・母親を取り巻く状況　185
 1. 働く父親・母親の現状　185
 2.「男性は仕事，女性は家庭」の起源と現在までの変化　187
2節　現代日本の働く女性の暮らし　188
3節　個人が複数の役割を担うということ　190
 1. 欠乏仮説と増大仮説　190
 2. 欠乏仮説と増大仮説の経験的な根拠　191
4節　仕事と家庭の関係性　192
 1. WFC，WFF，スピルオーバー　192
 2. WFC と WFF の発生機序　193
 3. WFC と WFF の心身の健康への影響　193
5節　働く親たちが用いる適応方略　194
 1. 個人レベルでの適応方略　194
 2. 夫婦レベルでの適応方略　195
6節　おわりに　195
◆◇◆　Column 9　個の時間的展望と関係性　197

第10章
加齢による変化と適応　199

1節　加齢による個の変化　199
 1. 近年の高齢者についての理解　199
 2. 加齢を適応的に生きる　201
 3. 中高年期における発達段階　206
2節　加齢による関係性の変化と適応　209
 1. 加齢に伴う他者との関係　209
 2. 中高年者の社会関係をどのように捉えるか　211
 3. 社会的ネットワークと心理的健康　214
◆◇◆　Column 10　親の加齢への適応　217

引用・参考文献　219
人名索引　255
事項索引　257

序　章
個と関係性の発達心理学

　発達は，多くの要因や次元間のダイナミックな進行プロセスである。このような発達の見方をとる場合，個（人）は，ダイナミックな進行プロセスの重要なモーメント（あるいは制約要因）であるが，独立変数でも従属変数でもない。もし変数という言葉を使うなら，個（人）は独立変数であると同時に従属変数であるし，それぞれの値は決まらない。それぞれの値はダイナミックに進行的に変動する。しかも，値の変化は線形的ではない。

　発達は関係的プロセスである。関係的というアイディアはかなり厄介なものである。たとえば Hinde（1997）にしたがって，ある特定の2人の関係を，ある時点の2人のやりとりから知ることができるとしてみよう。しかし，2人の関係は，多くの要因や次元間のダイナミックな進行プロセスと見なされなければならない。関係は，一人ひとりの，それぞれが関係的であるダイナミックな進行プロセスの重要なモーメント（制約要因）であり，一人ひとりの関係的でダイナミックな進行プロセスと相互に影響し合いながら，非線形的に時間とともに変動していく。

　関係を異なる複数の何ものかの相互作用にみられるパターンだとすれば，関係は発達のここかしこでみられるものとなる。それは個人対個人という対人関係に限定されない。マクロレベルでもミクロレベルでも関係はみられるし，もっとずっと大局的にも関係はみられる。集団対集団にも関係はあるし，時間的に隔たった2つの出来事の間にも関係がある。そして，仮に個人（A）の発達にのみ焦点化するにしても，個人（A）がある集団（G_1）の中で活動すること（マイクロシステム：M_1）が個人（A）が他の集団（G_2）の中で活動すること（マイクロシステム：M_2）と関係する（メゾシステム）。マイクロシステム M_1 の中で同様の主体として活動している他の個人（B）は，さらに異なったマイクロシステム M_n の住民として，個人（A）のあずかり知らないところで起こる出来事を経験し，それが個人（B）と個人（A）が関わるマイクロシステム M_1 における彼らの活動に関わっているかもしれない。

　関係は非線形である。たとえば，親密な関係にある2人を想定してみよう。2人の間に起こるやりとりの1つ1つは，様々な出来事をきっかけに起こり，いろいろ

な経過を辿る。しかし，多くの場合，それら1つ1つのやりとりのディテール（時々起こるケンカやプレゼントの交換など）は姿を消し，2人のやりとりは2人の関係のホームポジションに収まる（氏家，1995b）。ケンカは2人の親密な関係に脅威を与えることなく解決されるか，解決の試みが放棄される。プレゼントは一時的に一方のもう一方に対する情愛を高めるかもしれないが，その興奮効果は翌日の一方の不始末を相殺するほどには継続しない。

　時には，やりとりのディテールが2人の関係のホームポジションを崩してしまうこともある（氏家，1995a）。親子関係は，子どもの年齢や子どものすることに応じて変化する。親子の緊張関係はしばしば強められるし，関係の破綻も起こる。Hinde（1997）によれば，関係は弁証法的性質をもち，関係自体によって組み替えられていく。

　関係は時空間を超える。たとえば，愛着関係は世代を超えて何らかの連続性をもつ。われわれは，ふだんそれと意識することなく文化や伝統をある行動場面での振る舞いの基準枠にしている。ある時代に体系化されたしきたりややりとりのパターンは，世代から世代へと受け継がれて，ある行動空間でのわれわれの行動に関係している（行動を調整している）。

　発達を発達的に見ようと思えば，われわれは相当に複雑なモデルをもたなければならない。発達心理学は，「なる（生成）」ことについての学問である。大局的で複雑な生成現象を数学的にモデル化することは可能である（たとえば，Prigogineの一連の著作を参照：Nicolis & Prigogine, 1989; Prigogine, 1980; Prigogine & Stengers, 1984）。また発達科学者によるダイナミックシステムモデルもある（たとえば，Witherington, 2015）。しかし，ここでそれを紹介することは，2つの意味でできない。1つは，いわずと知れた，筆者の能力の圧倒的不足であり，もう1つはこの本のボリュームの問題である。そこで，この序章では，発達をいくつかの切り口で記述的に，エピソディックに料理してみようと思う。そうすることで，起こっていることの複雑さを，項目羅列的にではなくより大づかみに捉えやすいのではないかと思う。1つ1つのエピソードは，それぞれ異なった内容を含んでおり，それぞれでこぼこした印象を読者に与えてしまうかもしれない。しかし，発達という全体像を捉えようとするときにそれなりに意味のありそうな視点を複数選び，それらを組み合わせてそれぞれのエピソードを構成したつもりである。そのような視点とは，時空間，関係のレベル（階層），そして個の捉え方である。

エピソード1 「人間は社会的動物である」

「国が自然にあるものの一つであるということ，また人間は自然に国的動物であるということ，また偶然によってではなく，自然に国をなさぬものは劣悪な人間であるか，あるいは人間より優れたものであるかのいずれかであるということである」(Aristotle/Ross, 1957 山本訳 1969, p.7)

これはアリストテレスの『政治学』のあるフレーズだが，「人間は社会的動物である」というよく知られたテーゼのもとになったものであるらしい。アリストテレスによれば（あるいは彼の生きた時代），国とは今のような地理的広がりをもったものではなく，小さな都市のようなスケールであったようだ。国のスケールがわかる記述が，『政治学』の287ページにある (Aristotle/Ross, 1957 山本訳 1969)。それによれば，「国とは一目でよく見渡しうる数の範囲内でできるだけ膨張した人口」を限界として，「国人がお互いにどのような性質のものであるかということを知りあって」いられるものである。この程度のスケールであれば，人間はコミュニティ的存在であると言い直してもよさそうである。

人間が自然に国的動物であると言うとき，人は自然の本性としてコミュニティを形成し，その一員として活動するということを含意している。世代を想定すれば，子どもはあるコミュニティのメンバーのもとに生まれ，そこで生涯にわたって発達し (Rogoff, 2003)，そして次世代を生み育て，次世代の子育てに関与して，やがて死んでいく。

社会的という言葉には，人々や集団の間に展開される相互交渉のパターンや特性 (Hinde, 1974) のみならず，制度や物語（ナラティブ），それらの歴史的展開，さらに個々の社会的行動が起こる文脈などを含む広範な見方である。

エピソード2 生活スタイルと子ども観，そして発達

「長老の奥さんのナカさんを先頭に，女性が全員参加する。一列になって，かなりの早足で灌木の間を歩いていく。ハマさんとクワさんは，乳飲み子を抱っこ紐で抱えたまま，力強く歩いていく。お目当てはナッツやベリーだが，この時期は乾燥していて立ち枯れる木々も多く，とても何かあるようには思えない。ところどころで見つけた木の実を採集するかと思いきや，あまりに量が少ないのでそのまま口の中に放り込んでいた。

1時間30分ほど歩いて，ようやくナカさんが立ち止った。枯れ木を取り囲んだ。しかし，とても何か食べられるようなものがあるようには思えない。

彼女たちの狙いは地下にあった。
皆で鉄の棒を上手に使って手際よく根っこを掘り起こしていく。
いったいどうやって地下の食料を見つけるのだろう。聞いてみると，『地表に出ている茎を目印にして探す』ということだった。
……
それから1時間ほどで，彼女たちはクワ，ダウンネ，ガオなどの根茎類を大量に掘りだした。ほとんどは村へ持ち帰った。村人全員で分かち合うという」
(NHKスペシャル取材班, 2012, pp.33-34)

食料の確保は，どの時代においても人々の重要な関心事である。われわれは，植物のように生きる（成長する）のに必要な資源を自らつくることはできない。われわれは，食料を調達しなければならない。

食料の調達方法に基づいて，われわれの生活スタイルを分類することができる。人類の歴史の大部分，われわれは群れ（バンド）をつくり，狩猟採集生活を送っていたと考えられている（たとえば，McNeill, 1999参照）。比較的最近まで狩猟採集生活を送っていた人々の生活についての記録に基づけば，バンドはおそらく数十人くらいの様々な年齢構成の大人と子どもたちからなっていた。

人類が狩猟採集生活を送っていた時代，食料はある程度決まった場所にあったし，それを集める方法や食用にするための処理方法もある程度決まっていた。時には，食料を手に入れるために危険を冒して遠くまで移動しなければならないし，食用にするために非常に手の込んだ処理をしなければならない。たとえば，Frazer（1930）は，調理に欠かせない火を人々がどのように使えるようになったのかについての数多くの神話を収録している。

そのような知識を，個々人が自身の経験を頼りにそれぞれ集積していったわけではない。狩猟採集民の社会構造はルーズで，男女の役割の違いはあるものの，地位の高低といった構造ははっきりと認められない（Wilson, 1978）。おそらく，食料の入手方法や処理方法やその他生活するために必要なことは，バンドのメンバーに共有されていたと思われる。

人類は，やがて農耕を始めた。農耕を始めた人々は，特定の地域に定住するようになった。農耕民は，狩猟採集民と異なった生活スタイルをもつようになった。McNeillは次のように述べている。「農耕民は，畠で規則正しく，骨おしみせずにきちんと働かなければならず，また植え付けのための正しい季節を見きわめるために，時をはかる必要をもつ。こうしたわけで，農耕民の生活スタイルは狩猟民のそれと

はちがったものになった。未来への見通しをもつことや自分をおさえることも必要だった。飢えのときですら，未来の収穫を確保するため適当量の種子を取っておかねばならなかったからである。勇気とか力に訴える習慣は，狩猟民にはなくてはならぬものだったが，農耕民にはさして重要ではなかった」（McNeill, 1999 増田・佐々木訳 2008, p.54）

狩猟採集生活では，バンドの中にいる子どもの数は少なかった。子どもの数は狩猟採集生活ではかなり重要な問題であった。母親は長期間授乳をしていた（Konner, 1972）が，それは産児制限の役割を果たしていた（Konner, 1982）。Hrdy（2005）によれば，愛着や，父親や祖父母の子育てへの関与は，洪積世の狩猟採集生活に起源があると考えられている。人の子どもは，他の霊長類の子どもに比べ，多くの他者に過剰な社交性をもつが，それは母親以外の多くの関係者から保護や支援を受けやすくするために進化したと考えられる。

Stearns（2015）によれば，農耕社会は子どもを労働力・資産とみなしていた。農耕社会は多くの子どもを必要とした。そして，子どもたちは親に対する従順性が求められていた。民俗学の資料によれば，かつての日本の農村で，子どもたちは，おおよそ年齢によって決められた仕事が割り振られていた。「子供の管理が祖父母から父母に移されて，先ずこれを躾けるのは女親であった。そして子供を嫌がらせずによく働かせる親が甲斐性ものといわれた。朝晩の雨戸のあけたて，夜具の始末のようなことから，にわとりの世話，女の子であれば台所の手伝いなど，母によって指図せられる。次には山仕事である。私の場合も最初は多く母親について山へ行ったものである。そうして仕事はどんなにつたなくてもよかった。ただ一生懸命に倦かずにやることが要求せられた（宮本，1984, pp. 79-80）」。Whiting & Whiting（1975）のレポートは，1950年代でも，日本の沖縄・平良を含む農耕社会の子どもたちがよく働いている様子を記述している。

狩猟採集社会でも農耕社会でも，大人は，システマティックに子どもが身につけるべきスキルを教え込んだわけではなかった。子どもは，バンドや村で暮らしていくために必要な知識やスキルを，おそらくゆるやかな徒弟制のような仕組みを通して身につけていった（Lave & Wenger, 1991 参照）。それは，チンパンジーの発達と部分的に重なる。松沢（2012）は，ある対談で次のように述べている。「教育という観点で面白いのが，チンパンジーの母親（チンパンジーでは母親だけが子育てを行う）は子どもに何かを教えようとしないということ。チンパンジーでは，母親ではなく子どもの方に，非常に高い動機付けが存在します。彼らはまず周囲がやっていることをじっと見て，次第に真似てみるようになり，そうするうちに道具使用や小

さい子どもへの世話を学んでいく。これが，チンパンジーの『教えない教育』です」

人の場合，子どもと大人の双方に，教わる―教えることに対する高い動機づけが備わっている。子どもは，大人のすることを模倣し，大人はそれを手助けする（Bruner, 1983, 1996; Kruger & Tomasello, 1996; Vygotsky, 1978）。大人はそのために様々な工夫を凝らす。たとえば，山本五十六の次の言葉は示唆的である。「目で見せて耳で聞かせてして見せて，やらせて褒めにゃ事ならぬなり」。松沢は，チンパンジーは子どもを褒めることはないし，子どもにうなずくこともないという。「認める，ほめる」は人間的なのである。宮本（1984）は，子どもが祖父母や両親から様々なことを「教えられた」様子を描いているが，母親が子どもの根気を続けさせるためにいろいろ工夫していたことを，次のようなエピソードで述べている。「今思ってみると，母は私に仕事の興味を持たせるためにいろいろ苦心したようである。初春の頃のたきぎとりの時にはかならず何か餅のようなものを山へ持って行ってコビルマ（間食）にたべさせてくれたし，山の行きかえりにはよく唱歌などを教えてくれた」(p.80)

近現代になると，農業の商業化が始まり，中産階層の発達とともに，子どもに対する意図的な教育の必要性が認識され始めた。産業革命を経て工業化・産業化が進むと，徒弟制のように，仕事の中で様々な知識や技能を習得するのではなく，学校が子どもに必要な知識やスキルを教えるようになっていった。また，農耕社会で重視されていた従順性は徐々に重要視されなくなり，子どもの愛らしさが強調されるようになっていった（Stearns, 2015）。

子どもは大人との関係でのみ様々なことを身につけるのではない。遊び，とりわけ仲間との遊びは，子どもがバンドや村で暮らしていくために必要な知識やスキルを身につけるのに重要な役割を果たした。子どもは集団をつくり，集団で遊ぶようになる。集団は異なった年齢の子どもたちからなり，年少児は年長児のすることをまねていろいろな遊びを覚えた。遊びを通して子どもは身体的技能を成長させるし，大人として身につけなければならない役割行動を実体験する。また，そのために必要な自己制御（我慢や自己主張）を訓練されていた（Wilson, 1978）。

もっとも，遊びは遊びであっただろう。狩猟採集社会では，子どもは比較的自由に遊びまわる存在であったようだ。遊ぶ子どもは農業社会でも同様であった。たとえばブリューゲルの「子どもの遊戯」には16世紀の農村の子どもたちが様々な遊びをしている様子が描かれている。子どもは，仕事の合間によく遊んでいた。日本でも，農村の子どもたちはよく遊んでいたと思われる。『家郷の訓』（宮本，1984）では子どもの遊びに1章が当てられているし，柳田（1960）の『子ども風土記』に

も，子どもの遊びが数多く収められている。

　遊びの重要性は，フレーベルの幼稚園の基本発想にもなっている。ただし，そこでの遊びは，現代に置き換えれば知育玩具を使った，教育的なものであったが。

エピソード3　世界の拡張と文物の流入

　2008年7月，日本でiPhone3Gが発売された。iPhoneは若者を中心に瞬く間にシェアを拡大していった。

　1947年4月に，ノルウェーの人類学者であるヘイエルダールは，バルサや松，竹，マングローブ，麻などの材料で制作したコンチキ号と名づけられた筏に乗ってペルーの港町を出発した。出発地からおよそ8,000キロ離れた南太平洋の環礁にたどり着いたのは8月のことだった。

　およそ5万年前，現生人類はアフリカやヨーロッパに住んでいた。彼らは狩猟採集に役立つ様々な道具を製作した。そしてそのための材料や製品は盛んに交易されていたようだ。明治大学文化財研究施設の分析によれば，旧石器時代，神津島産の黒曜石が相模湾を渡り，相模野台地から武蔵野台地へと流通していたという（杉原，2011）。ヘイエルダールの航海は，南米とポリネシア人の交易が可能であることを実証したが，ポリネシアで食べられているサツマイモは南米原産であり，16世紀にヨーロッパ人がポリネシアを訪れたときにはすでにサツマイモはポリネシアで栽培され食べられていた。

　知識や技術は，地球規模で一気に出現するものではない。Diamond（1997）によれば，新しい知識や技術はある地域で始まり，それが時間をかけて拡散していった。たとえば，作物栽培は，初めシュメール地方で，1万年ほど前に始まったとされている。ほぼ同じ頃中国の大河流域ではコメの栽培が始まっていた。日本に稲作が伝来したのは3,000年ほど前のことである。稲作が日本に伝わったとき，おそらく様々な道具やそれを作る技術，知識（たとえば，作付や刈取りの時期や方法，調理法など）も伝えられたに違いない。

　そのような道具や技術，知識はどのようにある集団から別の集団に伝わったのだろうか？

　「つぎに述べるある専門家は，これとまったく異なっている。この人は論文の中で，北ローデシアのいくらかの種族が用いる三百に近い薬用植物と有毒植物の種・変異を記述してこういっている。

　『パロヴァレおよびその付近の住民たちが，薬や毒の話を非常に喜んでしてく

れることに，私はいつも驚いた。彼らの方法に私が興味を示すので嬉しかったのだろうか？ それとも，自分たちの知識をひけらかして見せたかったのか？ その態度のいかなる理由からくるにせよ，とにかく彼らは進んで話してくれた。私は一風変わったルチャジ族の老人のことを思い出す。彼は乾燥した葉や茎をいく抱えも運んできて，私にそれらの用途をすっかり教えてくれたのである。彼は薬草師か呪術師なのだろうか？ 私はついにこの謎を解き明かすことができなかった。しかし，アフリカ人の心理についての彼の知識の深さと，同胞を治療する彼の腕前の確かさとは，私がどんなにがんばったところで身につけられるものでないことは，残念ながら認めざるを得ない。私の医学知識と彼の才能をいっしょにしたら，まことに有益なものとなろう。(Gilges, p.20)』」(Lévi-Strauss, 1962 大橋訳 1976, p.8-9)

　われわれには，自分の所有物を他者に分け与えようとする性質がある。Diamond (1997) によれば，近隣の集団から種や農法が伝達された例がいくつもあるという。また，Diamond は，新しい技術や知識が，それらをもった集団がそれらをもたなかった集団の暮らす地域を征服したときに，その地域にもたらされることもあったという。新しい文物の到来は，人々に同じ影響を与えたわけではない。新しい文物への反応には発達段階や性格，集団内の地位やすでにもつ特権の程度など，多くの要因が関連するし，それらは相互作用し合う。ある人々では，少なくともしばらくの間，すでにあった技術や生活スタイルを保持しようとし，ある人々は積極的に取り入れようとしただろう。新しい技術は，それまでの技術により強く依存していた人々の地位を危うくしたかもしれないし，新しい技術を積極的に取り入れた人々との間に葛藤を引き起こしたかもしれない。それらの経過は，その集団のその後の生産形式や生活スタイルに中期的，長期的な影響を及ぼすし，異なった受け入れ方をした他の集団との違いを生み出していくことになると思われる。それこそが，Diamond (1997) の描く人類史のモーメントとなる。

　われわれは，「外」の世界とつながっているし，外の世界と密接に交流している。そして外との交流は，子どもにも影響する。子どもは，様々なものを遊びの素材にし，遊びの題材にする。宮本 (1984) は，近くの町に横綱がきた後，それを見物した村の子どもたちが「早速」相撲を始めたというエピソードを紹介している。ただし，それらの多くは流行のようなもので，子どもたちはやがて興味を失ってしまうことが多い。しかし，たまたま誰かが始めたことが，集団内の子どもたちに広く浸透したり，集団を超えて伝わっていったりすることも起り得る。幸島で起こった砂

のついたイモを海水で洗うという新しい行動は，まさにそのようにして子ども集団に広がり，やがて大人もそのような行動をするようになっていった（河合，1969）。

　今でこそ世界は，地図や地球儀のように1つにつながった。そうなる前は，世界には果てがあると考えられていた。生態学的システム理論（Bronfenbrenner, 1978）が想定する世界は，多くのマイクロシステムを包み込むマクロシステムがいわば世界の境界線となっている（狩猟採集民のバンドのテリトリー，農耕生活の集落，アリストテレスの国の定義も参照）。しかし，コミュニケーション技術の急速な発展は，世界を1つのマクロシステムと捉えることを実態として可能にした。生態学的システム理論が提唱された当時に想定できたマイクロ─マクロシステムは，今や1つのマイクロシステムに包含されてしまっているのかもしれない。われわれは，多層な世界に生きている。私が私の外の世界とつながっているように，われわれの世界はわれわれの外の世界とつながっている。境界線はあいまいになりつつあるにしても存在しており，いろいろなフィルターを通して様々なものが交換されている。極端な例ではあるが，今の時代はまさに，北京で蝶が羽ばたくとニューヨークで株が乱高下しかねないのである。

　情報革命により，新しい知識や技術は，インターネットを通じてほぼリアルタイムで世界中に伝達されるようになった。かつては，地域間に知識や技術の格差があったが，現代では，しばしば世代間に格差が起こり得る。一般に，若者や子どもは新しいことへの親和性が高い（Wickler, 1971）。デジタル技術は，人々がリアルな世界では経験できないような新たな活動を生み出す。プラットフォームゲームと呼ばれるものでは，プレーヤーは自分の代わりに飛んだり跳ねたりするアバターを仮想世界にもつ。プラットフォームゲームをするプレーヤーは，アバターの動きを外の視点からコントロールしなければならない。また，3D空間内の様々な情報を適切に使い，自身のアバターの動きをコントロールしなければならない（Kühn & Gallinat, 2014）。仮想現実技術を取り入れたゲームは，われわれに全く新たな身体感覚を経験させるし，マルチタスキング作業は，それまでの子どもたちでは経験できなかった新たなスキルを要求する。そしてそれらは，若者や子どもにはっきりとした優位性が認められる。ユビキタス化は，日常生活に必要な知識や技術を大人が子どもに学ばなければならない状況をつくり出しつつある。

エピソード4　自我はどこから？

　「わたしは自分の精神のなかにはいりこんでいたすべての事柄を，夢のなかの幻想と同じように真実でないと仮定しようと決心した。しかしその後ですぐにわ

たしはつぎのことに気がついた。それはすなわち，このようにすべてのものを虚偽と考えようと欲していた間にも，そう考えている「わたし」はどうしても何ものかでなければならないということであった。そして『わたしは考える，だからわたしは存在する』というこの真理は，懐疑論者のどんなに途方もない仮定といえどもそれを動揺させることができないほど堅固で確実なのを見て，わたしはこれを自分が探究しつつあった哲学の第一原理として何の懸念もなく受け容れることができると判断した」(Decartes, 1637 小場瀬訳 1963, p.45)

「私が何を考えているときでも，私はそれと同時にいつも私自身，私の<u>人格的存在</u>を多少とも自覚している。また同時にそれを自覚しているのも<u>私</u>である。したがって私の全自我（セルフ）はいわば二重であって，半ば知者であり半ば被知者であり，半ば客体であり半ば主体であって，その中に識別できる二つの側面がある。この二側面を簡単に言い表すために一つを<u>客我</u>（Me），他を<u>主我</u>（I）と呼ぶことにする」(James, 1892 今田訳 1992, p. 245)

　私は毎朝鏡に向かってひげを剃る。といっても，顔中ひげだらけだから，邪魔なひげを剃っているだけではあるが。あなたは，鏡を使って化粧し，身づくろいをするだろう。洋服を選ぶときも靴を選ぶときも鏡を使う。
　われわれは，自分の姿を目で捉えることができるし，していることを見ることもできる。見ているものは意識されるし，身体の動きも意識できる。普段は空気を感じないが，風が強ければ空気の抵抗を感じるし，飴がのどに詰まれば空気が肺に入らないことを強烈に経験する。われわれは記憶をもっている。われわれは先のことを考えることができる。予定を立て，期待に胸をふくらませる。締め切りに追われ，失敗を恐れる。それらの体験や感覚は，われわれが誰あろう「自分」であるという自覚を可能にする。自分という存在を考え，感じることができるとすれば，自分という存在がそこに存在することになる。

「自我は，［人間が］誕生したとたんにすでにあるものではなく，社会的経験や活動の過程で生じるもの，すなわちその過程の全体およびその過程に含まれている他の個人たちとの関係形成の結果として個人のなかに発達するものである」(Mead, 1934 稲葉・滝沢・中野訳 1973, p. 146)

　自分の存在確認は，内的なプロセス以外にも可能だ。もし完璧に随伴反応を示す

他者がいたとしたら、それは自分の外の存在だとは認識されないに違いない。しかし、実際にはいろいろなモードで知覚される自分と異なる動きをする何者かがその個人の知覚世界に存在している。

そのようななにものかが自分に何か音を出し、その一部が大きくなったり小さくなったりする。その一部がぬーっと伸びてきて自分の感覚に違いをもたらす。

Stern（1985 小此木・丸田訳 1989）によれば、そのような体験は、自己―不変要素と相まって、乳児の新生自己感を生み出す。

「日本人が外に向かって（他人に対して）自分を社会的に位置づける場合、好んでするのは、資格よりも場を優先することである。記者であるとか、エンジニアであるということよりも、まず、A社、S社の者ということである。また他人がより知りたいことも、A社、S社ということがまず第一であり、それから記者であるか、印刷工であるか、またエンジニアであるか、事務員であるか、ということである。

実際、××テレビの者です、というので、プロデューサーか、カメラマンであると思っていたら、運転手だったりしたなどということがある（この頃の日本では、みんな背広を着ているので、一見しただけではわからない場合が多い）。

ここで、はっきり言えることは、場、すなわち会社とか大学だとかいう枠が、社会的に集団構成、集団認識に大きな役割をもっているということであって、個人のもつ資格自体は第二の問題となっているということである。

個の集団認識のあり方は、日本人が自分の属する職場、会社とか官庁、学校などを『ウチの』、相手のそれを『オタクの』などという表現を使うことにもあらわれている」（中根、1967, p.32）

個の集団認識のあり方は、自我とかパーソナリティという概念と密接に関連する。中根の指摘は、Bellah et al.（1985）がインタビューしたアメリカ中産階層の人々がもつものと異なっている。Bellah et al. によれば、アメリカ中産階層の人々は、個人主義的な伝統に基づいて、「独立独行」を価値づける。そこでは、「個人の能力（心理学的意味での個人の自我）（Erikson, 1959）」が重視される。そして、もう1人の自我と切り結び合うことになる。子どもは、対人関係の枠組みの中で育ち、訓練される。

エピソード5　皮膚の中の小宇宙

　1966年に公開された映画「ミクロの決死圏」は，超小型化された潜航艇を医療スタッフとともに脳内に入れ，脳内出血を起こして意識不明になった亡命科学者を救うための作戦を描いたSFファンタジーであった。スクリーンに，体内に広がる驚くべき世界が映し出された。血球の流れ，異物を襲うファージ，複雑精妙な構造。

　われわれが感じ，考え，行動するとき，主導的な役割を果たすのは脳である。LeDoux（2002 谷垣訳 2004）は，「人格とは何かについての私の考えはかなりシンプルだ。あなたの「自己」，つまりあなたをあなたたらしめているものは，あなたの脳の中のニューロン相互の接続パターンを反映している。ニューロン間の接合部はシナプスと呼ばれ，脳内の情報の流れと蓄積のための主要なチャンネル（通り道）となっている。脳の仕事はほとんどの場合，シナプスを通してニューロン間伝達がおこなわれることと，過去のシナプス伝達により書き込まれた情報が呼び起こされることによって達成される」（p. 2）と述べている。

　実際には，もっと多くのことが「人格」と関わっている。Feder et al.（2009）によれば，ストレスに対するわれわれの反応の個人差には，HPA軸やノルアドレナリンシステム，セロトニンとドパミンシステム，NPY，BDNFなどが関与している。それらは遺伝プロセスに制御されている。しかし，それぞれの特徴に関与する遺伝子（多型）は，固定でそれぞれの務めを果たすわけではない。ある遺伝子は他の遺伝子と交互作用するし，環境とも交互作用する。胎内や新生児期の経験は，遺伝子の形質発現に永続的な影響を与える（Weaver et al., 2004）。

　われわれの「人格」は精妙，複雑なもので，脳内の多くのモジュール（機能）間の相互作用やそれぞれを可能にする様々な神経内分泌システム間の相互作用によってつくられ，維持される。

　脳は，指令センターにたとえられる。LeDouxの本の邦題『シナプスが人格をつくる』は，そのことを強調したものになっている。しかし，ダイナミックシステム理論に基づいて発達を研究する一部の研究者たちは，指令センターの役割やそこに収められている指令書の役割をずっと小さなものと考えている。Lerner（2015）は，関係論的発達システム・パラダイムの定義的特徴の1つに，「有機体は本来的に能動的であり，自己—創造的，自己—組織的，自己—調整的な非線形の複雑な適応システムであり，それらが具体的に表された活動や行為を通して発達し（下線は筆者），物理的で社会文化的な対象の生きた世界と共作用すると提案する」（xviii）

エピソード6　ダメな子から芸術家への変身

　ナンシーは，幼児期から典型的な気難しい子どもだった。この子に対して父親は，子どもの気質特徴に合わない頑固で懲罰的な要求をするのだった。母親は優柔不断で困惑的な態度でナンシーに接した。これらのトランザクションの結果，ナンシーは6歳までに，激しい癇癪，暗い場所への恐怖，指しゃぶり，髪の毛むしり，仲間関係の問題を示すようになった。彼女の症候は，行動障害と診断できるほどのものだった。ナンシーは，心理治療を受けることになった。治療効果は症候を少し和らげる程度のものだった。4年生と5年生のときに，思いもよらない変化が起こった。音楽と演劇の才能があることがわかったのである。そのことは，教師や他の子どもの親たちからの注意と称賛を徐々に高めることにつながっていった。幸いなことに，この能力は，両親が抱いている望ましい特質の中で上位のものであった。父親は，ナンシーの緊張や爆発しやすい特徴が，以前のような「ダメな子」のものではなく，芽を出し始めた芸術家の印だと見るようになっていった。彼女は，両親にとって自慢できる子どもになり，彼女の「芸術家気質」は許容されるようになっていった（Chess & Thomas, 1980/1981; Chess & Thomas, 1987 から再構成）。

　子どもは手ぶらでこの世に生まれてくるわけではない。Chess & Thomas によれば，子どもたちは様々な気質パターンをもっている。Chess & Thomas は，気質パターンを3群に分けて捉えている。1つは気楽な子どもで，規則性，新しい刺激に対するポジティブな接近反応，変化に対する高い適応性，ポジティブな気分の優勢性とその中程度の強さで特徴づけられる。2つ目は気難しい子どもで，生物学的機能の不規則性，新しい刺激に対する不適応性もしくは遅い適応性，しばしばネガティブな気分の強い表出で特徴づけられる。3つ目は，気遅れする子どもで，新しい刺激に対する軽度のネガティブな反応性を示すが，繰り返し接することで適応性を示すようになるという特徴をもつ。

　これらの気質パターンは，子どもの経験を強く規制する。親子関係は双方向的である（Bell, 1968）。Sameroff & Emde（1989）は，乳児のメンタルヘルスの診断が関係の診断と分離できないと述べている。彼らは，「I-ness」ではなく「We-ness」に力点を置いた。子どもの自己制御の発達は，We-ness から I-ness への移行の問題と見ることができる。子どもが特定の文脈から独立すると，しかし，それは新たな We-ness を生み出すことになる。

　子どもに対する親の行動には種に特有な特徴がある。Klaus & Kennel（1976 竹内・柏木訳 1979）は，母親が新生児に初めて触るとき，特徴的なパターンを用いるという。「初めに子どもの手足を指先で触れ，つづいて4分から8分間，マッサ

ージしたりなでたり、また体幹を手のひら全体で接触するようになる。最初の3分間のうち、母親はその時間の52％には指先による接触を、28％は手のひらによる接触をつづけた。しかしながら観察中の最後の3分間には、これが逆転した。すなわち指先による接触は著しく減少し、手のひらの接触は、全計測時間の62％にまで増加した（p. 90）」

親の行動は、すぐにやりとりのもう一方の当事者である子どもの行動特徴や反応特徴によって調整されるようになる。「誕生後最初の1ヵ月、乳児はみな、突発的に起こる1秒間に1回の吸啜を連続して4～10回続け、次におよそ4～15秒間休止する。突発―休止のパターンは、チンパンジーを含めた他の哺乳類には見られない（Kaye, 1982 鯨岡・鯨岡訳 1993, pp.48-49）」。このような行動を乳児がすると、ほとんどの親は、赤ちゃんを揺すったり哺乳瓶を揺すったりして介入する。親の揺するタイミングはまちまちだが、休止直後に揺することが最も多い。おもしろいことに、親のそのような揺する反応は最初の授乳で観察されるし、赤ちゃんとの経験の有無と関わらない。そしてそれは、およそ2週間で変化する。細かい分析の結果、揺するタイミングと長さと吸う行為の復活との間に特定の関係があることがわかった。「母親の揺する行為そのものは、かえって吸啜が再開される可能性を抑制した（休止を引き延ばした）が、揺すって、次にそれを止めると、次の一連の吸啜が本当に引き起こされる傾向にあった（Kaye, 1982 鯨岡・鯨岡訳 1993, pp.49-50）」のである。そこでKayeと共同研究者のWellsは、12人の乳児たちに彼ら自身がミルクを与えて、その分析結果を確認した。彼らは、確かに、「吸啜の再開を引き出す効果があったのは、短く（1～2秒間）揺すった後だけであり、揺する行為が休止の直後に始まるか2, 3秒後に始まるかには関係がなかった。(Kaye, 1982 鯨岡・鯨岡訳 1993, p.50)」。このことを親は、子どもへの授乳を通して、したがって、授乳のときの子どもの休止とそれに対する親の様々な揺すり方、そして親の様々な揺すり方に対する子どもの反応の違いを手がかりにして学習するようだ。

親は子どもの反応から多くのことを学ばなければならない。気難しい気質をもつ子どもは、しばしば母親にとって報酬的ではない。そのため、親子はともにストレスを生み出しやすいトランザクションを展開しやすくなる（氏家、1995b）。Bates et al.（2009）は、親の温かさは、衝動性の高い子どもが反社会的問題行動を発達させる可能性を低めるように働く。しかし、衝動性の低い子どもではそのような効果は認められない。子どもの衝動性の違いは、親による社会化の子どもに対する影響を異なったものにする。

子どもの行動特徴は仲間との関係を調整する。Dodge（1983）によれば、子ども

の攻撃性や協調性は，集団の中におけるその子どもの地位を予測する。Bates et al. (2009) によれば，報酬依存の強い子どもは仲間の逸脱行動の影響を受けやすい。おそらく，逆に仲間の向社会行動の影響も受けやすい。ある年齢の子どもたちにとって仲間からの反応や評価は重要な意味をもつ（Carroll et al., 2009）。

エピソード7　あなたの人生の物語

　「挨拶する時には，ある共同体に共通の，組織的なこまごまとした仕様一式を使わなくてはいけない。ある日，私はイタリアの友人と，彼女が子ども時代から夏をいつも過ごしてきたという村を見下ろすアルプス山麓の丘を散歩していた。そして気づいたのだが，われわれが丘の登り道で，他の誰か（見知らぬ人も含めて）に会うと，彼女は儀礼的にうなずき手を振って挨拶したのである。私ももちろんそれに合わせた。そして丘を下りてきた村の近くへ戻ってきた時，私は同じ調子で挨拶をした。すると彼女は『違う，違う』と言った。『さっきの村のはずれの時と今は違うの』と言うのである。彼女は改めてその理由を尋ねられても，説明することはできなかった。そして，とうとう（まるで突然閃いたように）言った。『そうわかったわ。見知らぬ人に，丘で会うのと村の中で会うのとでは意味が違ってくるはずでしょう。丘では人はあなたを襲ってくるかもしれないから，好意を表しておきたいと思うでしょ』と。そして『今までこんなことは考えたこともなかったわ。おもしろいわね』と彼女は続けて言った」（Bruner, 1983　岡本ら訳　1988, p.211）

　ある人々の社会的行動は，社会的状況で人々にそのような行動をとらせるような情動─認知システムに基礎づけられていると考えることができる。そのようなシステムはある社会的状況の中で繰り返されてきたやりとりのパターンから構成される。それはめったにそれとわかるように姿を現さない。それは特別なことではなく，そうしない（そうされない）と違和感があるようなものであることが多い。Bruner にいわせると，それは情動─認知システムというより，ナラティブに近い。

　「彼らはさまざまなソースから同じメッセージを受け取るようになる。そのことにより，彼らがますますそのメッセージをふつうで，自然であり，正しいと見なすようにさせるし，疑問なく受け容れるべきだと見なさせる」（Goodnow & Lawrence, 2015, p.749）

発達は，われわれが生きる世界で流通している思考や行動，感情（のもち方や表出）のパターンを，子どもが疑問をもつことなく受け入れることだとみなせるし，そのことをめぐって子どもと大人（親）との間で交わされる様々なディールであると考えることができる（Goodnow & Lawrence, 2015）。しかし，世界は，世代や生活スタイルによって異なっている。子どもは，大人に先駆けてエピソード3で述べたような新しい技術になじむし，若者の世界で意味をもったり流行したりしている独特の思考や行動，感情のパターンを身につけようとする。それらは，しばしば家庭や学校で求められるものと異なっている。

　移民の研究はおもしろい視点を提供してくれる。移民では，しばしば子どもがホスト文化やホスト文化の若者の文化に素早くなじむ。もし親がまだホスト文化になじめていない場合，親にとって子どもの変化はストレスとなり得るし，親子間の葛藤の原因になり得る（de Haan, 2011; Telzer, 2010）。一方で，子どもは，大人や親の新しいことへの適応過程を助けるように行動するかもしれない。母親が家庭内にとどまっているような場合（ある文化ではそれが結婚した女性の「正当な」生活スタイルとなる），その母親のホスト文化への適応は子どもによって媒介される可能性がある（Cooper, 2011）。

　子どもは，狩猟採集社会では，労働とは無縁であった。農耕社会になると，子どもは労働力であり，そのために従順性が求められた。農業が近代化され，商業化されると，生産は多くの子どもを必要としなくなり，子どもは従順な働き手から，愛すべきものへと変わっていった。また，子どもは資源というより，資源を投資する対象となった。現代では，子どもは一人ひとり自分自身を幸福にする権利をもつし，大人や社会はそれを保証する義務を負うと考えられている（Stearns, 2015）。

　「ある条件や力によって維持される如き，現在の事態——今の状態（the status quo）——が観察されるとする。文化——たとえば一定時における一定集団の食習慣——は，静的事態ではなくして，動くけれども尚認知可能な形式を保つところの河のような生きた過程である。換言すれば，我々は個人生活における如く，集団生活においても，物理学で『準定常的』過程として知られているものを取扱わなければならない。

　食習慣は空虚な空間では起らない。それは，醒めていることや眠っていることの，毎日のリズムの必要な部分である。独りでいることや集団の中にいること，生計を得ることや遊ぶこと，町，家族，社会的階級，宗教的集団，国家の一員であること，暑い気候や涼しい気候に生活すること，田舎や都会に生活すること，

よい食糧雑貨店やレストランのある地区かまたは貧しい不規則な食物が供給される地域に生活すること等，これらの要因のすべてのものが，何等かの仕方で，一定時における食習慣に影響している。水の供給の量と川床の性質が，河の流れ，その恒常性，またはその変化を毎日決定するのと丁度同様に，それらのものは集団の食習慣を毎日新しく決定する」(Lewin, 1951 猪俣訳 1958, pp.172-173)

　文化は定数のようにわれわれの行動を規制するわけではない。それは，ダイナミックなシステムであり，常に変化している。われわれの行動やわれわれの関係は創発的であり，われわれが生み出す様々な差異は，文化的標準を変えていくし，外部からもたらされる変化が，われわれの思考や行動，感情のパターンを変えていく。大人のコホートは，時間の流れとともに移り変わっていく。ビートルズが日本に入ってきたとき，当時の大人は眉をひそめたものだが，今や教科書に載っている。そして，現代の大人が眉をひそめるような，しかし子どもにとって魅力的な何かが，やがてその社会の標準を構成することになるかもしれない。

エピソード8　生涯発達，世代間の関係

　加齢とともにわれわれの能力は低下する。しかし，加齢は単なる喪失の時期ではないようだ。Stone et al.（2010）によれば，幸福感と年齢の関係は概してU字型であるようだ。幸福感は50歳を過ぎると増加し始める。
　加齢に伴って，能力の低下を補償するような仕組みが様々に提案されている。その中で，権藤・SONIC研究チーム（2017）はおもしろい仮説を提示している。権藤によれば，幸福感を生み出す経路として論理的なものと非論理的なものの2つを想定できる。前者は意識的なもので，認知的資源を必要とする。しかし，それは認知的資源が減少し始めると働きにくくなる。そのようなときに，無意識なプロセスである非論理的経路が働くようになる。非論理的経路は認知的資源を必要としない。加齢は，どうやら単純な能力の喪失ではない。人は，アクティブに能力の喪失に適応するが，一方で，能力の低下をしたたかに利用さえしている可能性がある。獲得にのみ焦点化した発達の見方は，もしかすると一面的過ぎるのかもしれない。しかし，非論理的経路の中身はまだよくわかっていない。
　興味深いことに，年齢と幸福感とのU字型の関連はチンパンジーでも確認されているようだ（Weiss et al., 2012）。加齢とともに幸福感が向上することには，何らかの進化論的仕組みが関わっているのかもしれない。

「生殖性の本質である，世話すること，養うこと，維持することの経験は，各人生段階をまとめてひとつの人生のサイクルを創り出し，新しく生れた者の中にサイクルのはじまりを再創造する。これらの同じ経験が，ライフサイクルの連続をまとめて世代的サイクルを創り出し，最終的には，その世代に生命を与えた世代とその世代が生命を育む責任のある世代の三代を結びつける」(Erikson et al., 1986　朝長・朝長訳　1990, p. 78)

　生涯発達は，異なった世代の関係でもある。ただし，Erikson らによれば，関係は相互作用のパターンを超えたものかもしれない。彼らは，生き生きとした関与というアイディアを提案する。われわれは，次の世代やさらにその次の世代の発達や幸福に，彼らを十分に尊重しながら関与することができるようにある。それは，子どもとの関係を更新し，修復するようなプロセスでもある。

　老齢期を迎えた人々は，その生涯にわたって様々な変化を経験してきた。彼らの変化と世界の変化は連動している。老齢期の人々は，続く世代の人々の成長に関与し，さらにその世代の人々が育てる世代の成長にも関与してきた。子どもたちや孫たちの発達は，彼らと子どもたちや孫たちとの関係を変化させるし，彼らに新しい経験をもたらす。変化は，彼ら自身が引き起こしたものであると同時に，彼らが引き起こした変化によって生み出されたものでもある。個人と世界との関係は密接に連動しており，単純な因果関係を想定することはできそうにない。

エピソード1は,「個と関係性」の関係性,あるいは企画趣旨にある「社会的存在である」ということにかかっています。

エピソード2は,愛着や夫婦関係,ソーシャルサポート,親によるしつけ目標などが,社会歴史的に決定されていること,また,子ども観や子どもの発達を,社会歴史的視点から理解しなければならないということについて議論しています。

エピソード3は,技術や知識を題材にして,マクロシステム間の関係について言及しています。外の世界からもたらされた技術が生み出す問題,文化間の交流と葛藤,世代差,生活スタイルの変容などを議論していますが,それらは子どもの生態学的環境を構成しますので,発達を理解する上で重要なポイントになります。

エピソード4は,自我が個人内プロセスと個人間プロセス,さらに社会文化的プロセスの中で理解されるべきであるという議論を行っています。

エピソード5は,「個」に焦点化しています。発達を関係の視点で理解しようとするとき,一般的に個体間の関係に焦点化しますが,実際には個体内の様々な器官やモジュール間の関係が,個体の行動や個体間の関係に関わっていますので,その点について議論しています。発達を理解しようとするとき,CNS,遺伝,遺伝＝環境相互作用,エピジェネティックなどを問題にする必要があります。

エピソード6は,親子関係,仲間関係のトランザクション的性質について議論しています。関係の当事者のそれぞれの特徴（気質）によって関係の内容や質が決まります。しかも,関係の当事者の特徴は,その後の関係の展開を方向づけます。ただし,決定してしまうものではありません。変容が起こりますし,変容のきっかけは一通りには決まりません。

エピソード7は,文化を扱っています。文化も,動的なプロセスであり,多くの関係者間の関係の網の目として理解されます。価値をめぐる親子間,世代間の葛藤と意味などを議論しています。

エピソード8は,生涯発達の視点について議論しています。加齢は単なる喪失を意味していません。加齢に伴って,若いときとは異なった適応が起こっているようですし,他の世代との関係にも質的な変化が起こります。加齢の動的な性質について,十分ではありませんが,言及しています。

第1部

親子関係と発達

第1章
アタッチメントと子どもの発達

　人は他者との関係の中に生まれ，他者との関係の中で育っていく。中でも，人生で最初に接する他者はほとんどの場合，母親である。その他，父親，きょうだい，祖父母といった「家族」に囲まれて，人生をスタートさせる。相対的に無力な状態で生まれてくる子どもは，他者からの愛情とケアを受けて，身体・運動的，認知的，社会・情動的な発達を遂げていく。また，発達に伴って関わる他者を家族外の大人や同世代の仲間に拡張させ，自身の人的・環境的世界を広げていく。本章では，重要な他者との関わりの中で進行する子どもの発達を，アタッチメント（愛着）の観点から考察する。

　アタッチメントとは，主要な養育者◆1と子どもの間に形成される情緒的な絆である（Bowlby, 1969, 1973, 1980）。母親との間にアタッチメント関係を形成することは，相対的に無力な子どもが母親から保護を引き出し，安全・安心を確保し，自身の生存可能性を高めるという，生物学的に適応的な機能を有している。子どもは，母親との間に情緒的な絆を形成することで心身ともに健康な発達を遂げることができるのである。

　アタッチメントは元来，他者との関係における自らの行動を調整する行動制御システムとして提唱されている（Bowlby, 1969, 1973, 1980）。具体的には，危機的な状況に際して，あるいは潜在的な危機に備えて，特定の対象（アタッチメント対象——多くの場合は母親）との近接を求め，またその状態を維持することによって，自らの「安全である」という感覚を確保しようとする傾性のことである。

　人は，アタッチメント対象との間に安定した関係を築き，徐々に環境世界を広げながら社会に適応していくのである。

◆1　Bowlbyは「主要な養育者（primary caregiver）」という表現をしているが，多くの場合は母親がこれに相当する。以下，本章では特に断りのない限り「主要な養育者」の代表として「母親」を充てる。

●●●● 1節　アタッチメント ●●●●

1. アタッチメントの発達

　Bowlby（1969）は，アタッチメントの発達を4つの段階に区分している（表1-1）。
　第1段階（生後12週まで）は人物の弁別を伴わない定位と発信の段階である。この段階の子どもは自力で移動し，母親に接近することはできないので，母親からの働きかけによって両者の近接は維持され，子どもは保護される。しかし，この時期の子どもも「人」に対して反応するよう，生物学的にプログラムされており，視線や発声によって他者に働きかけることもできる。人物の弁別は伴わないものの，人の顔に注意を向け（Fanz, 1963），発声し，人の声に反応することなどを通して，

表1-1　アタッチメントの発達（井上・久保，1997; 遠藤・石井・佐久間，2014より作成）

第1段階：人物の弁別を伴わない定位と発信 人物を弁別する能力に限界があるので，主要な養育者以外の対象に対しても定位（追視，リーチングなど）や発信（泣き，微笑，発声など）といったアタッチメント行動を向ける。相手が誰であっても，人の声を聞いたり顔を見たりすると泣きやむことも多い。
第2段階：1人または数人の特定対象に対する定位と発信 行動のレパートリー自体は第1段階と大差ないが，アタッチメント行動を向ける対象が日常的に関わる特定の対象（両親，きょうだいなど）に絞られてくる。
第3段階：発信や移動による特定対象への近接の維持 人物の弁別がさらに明確になり，相手が誰であるかによって反応が明らかに異なる。見知らぬ人に対しては恐れや警戒心を抱き，関わりを避けるようになる（人見知り）。ハイハイや歩行による移動が可能になるため，養育者が離れていくと後追いをしたり，養育者を安全基地として探索をしたりするなど，行動のレパートリーが急速に増加する。認知発達に伴い，養育者の行動や自分の置かれた状況に合わせて自分の行動プランをある程度意図的に調整・変更できるようになる。ただし，他者の感情や意図を適切に読み取ることは難しいため，行動の調整には限界がある。
第4段階：目標修正的な協調性の形成 アタッチメント対象に関する認知的なモデル（内的作業モデル）が機能するようになり，常に近接していなくても，アタッチメント対象は自分のところに戻ってくる，自分を助けてくれるという確信を抱くことができる。そのため，アタッチメント行動はあまり観察されなくなる。また，アタッチメント対象が自分とは異なる意図や情動をもった存在であるということに気づき，自分とアタッチメント対象の意図の一致・不一致を敏感に察知し，自他の両方に都合がよく，かつ自身の安心・安全を最大限に満たすことができるようにアタッチメント行動を修正するなど，協調的で目標修正的な相互交渉を行うことができるようになる。

他者との関係を構築していく。

　第2段階（生後12週〜6か月頃まで）は特定の人物（1人または数人）に分化した反応がみられる段階である。前段階と同様に自力での移動はできないが、行動は組織化され、自ら相互作用を開始し、それを維持することができるようになる。また、母親など特定の人物を他の人物と区別し、分化した行動を見せるようになる。

　第3段階（生後6か月〜3歳頃まで）はアタッチメント関係が確立し、アタッチメント行動が活発になる段階である。この時期は移動・運動能力、認知能力、社会性が著しく発達し、アタッチメントにも大きな変化が認められる。移動・運動能力の発達によってハイハイや歩行が可能になると、子どもは母親から離れて環境を探索したり、離れていく母親の後追いをしたりするようになる。前者は安全基地行動、後者は安全な避難場所行動と呼ばれる。子どもは、自らの危険を察知・予期したときにはアタッチメント・システムを活性化し、アタッチメント対象との近接を試みるが、危険のない状況ではアタッチメント・システムを不活性化し、アタッチメント対象から離れていくのである。同時に、自己とは独立したアタッチメント対象についての内的なイメージ（内的作業モデル）も形成されつつあり、相互作用の中で他者の行動をコントロールしたり、他者の要求に合わせて自己の行動を調整したりするようにもなる。自他の行動の調整がうまく行かない場合には苦痛を感じ、苦痛を減じるために再調整を図ることもできるようになる。

　第4段階（3歳以降）はアタッチメント対象を内在化する段階である。第3段階の終わり頃から内的作業モデルが機能し始める。アタッチメント対象が内在化されると、両者の関係は「今・ここ」を離れ、時間的・空間的に拡張される。同時に、アタッチメント対象への近接と安心感の獲得は表象レベルで行われるようになり、アタッチメント行動は観察されにくくなる。このことは、幼児期の後半以降、アタッチメントがその重要さを失うのではなく、それまでとは異なった形で機能するようになることを意味している。この時期のアタッチメント関係は目標修正的パートナーシップと呼ばれ、子どもの保護・安全という共有された目標を達成するために調整・交渉する能力が育っていく。

2. アタッチメント・スタイルとアタッチメントの測定

　アタッチメントの個人差を測定する手法は複数あるが、本稿では乳幼児期のアタッチメント・スタイルを測定するストレンジ・シチュエーション法と、青年期以降のアタッチメントを測定するアダルト・アタッチメント・インタビューと質問紙法の3つに分けて簡単に説明する。

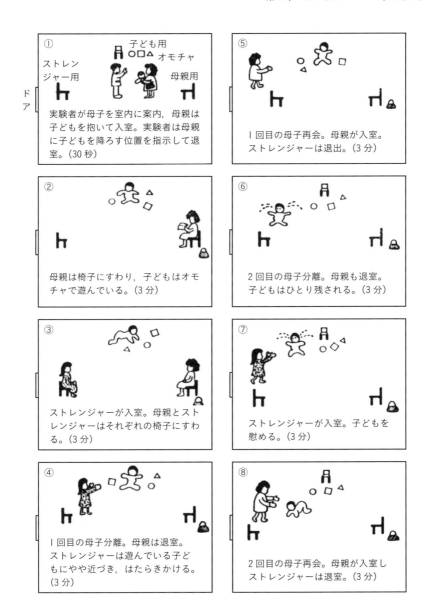

ストレンジ・シチュエーションの8場面

図1-1 ストレンジ・シチュエーション法の手続き（Ainsworth et al., 1978を参考に，繁多，1987が作成）

(1) ストレンジ・シチュエーション法

ストレンジ・シチュエーション法は乳児期から幼児期初期のアタッチメント・スタイルを測定するために Ainsworth et al.（1978）が開発した実験技法である（図1-1）。母子の分離・再会や見知らぬ他者との遭遇を含む8場面で構成されており，軽度なストレス状況下におけるアタッチメント行動の特徴から安定型，回避型，抵抗・アンビバレント型の3タイプに分類される。その後，Main & Solomon（1986, 1990）によって無秩序・無方向が加えられている（表1-2）。

安定型は母親との分離に混乱を示すが，再会時には容易に落ち着きを取り戻し，元の活動に復帰できるタイプである。回避型は母親との分離に混乱を示さず，再会時にも喜びを示さないタイプである。抵抗・アンビバレント型は母親との分離に混乱を示し，再会後も容易には静穏化しないタイプである。無秩序・無方向型は突然すくむ，顔を背けて接近するなど，両立しない行動が同時的・継時的に生起するタイプである。

ストレンジ・シチュエーション法を用いた研究は数多く行われており，概ね安定型が60～70％，回避型と抵抗・アンビバレント型には文化差があるが，それぞれ0～30％，無秩序・無方向型が10％程度となっている（van IJzendoorn & Sagi-Schwartz, 2008）。

(2) アダルト・アタッチメント・インタビュー

児童期以降，アタッチメント行動は観察されにくくなる。そのため，様々な行動の背後にある表象のレベルでアタッチメントを測定する必要がある。児童期以降のアタッチメント（内的作業モデル）を測定する方法は多々あるが，代表的なものにアダルト・アタッチメント・インタビューがある（George et al., 1984）。

アダルト・アタッチメント・インタビューは幼少期の両親との関係を想起してもらうことから始まる半構造化面接である◆2。アタッチメント表象へのアクセスの仕方の特徴を反映した語りの内容（質・量）や語り方に着目して，自律型，アタッチメント軽視型，とらわれ型，未解決型の4類型に分類される。これらは先に述べた乳幼児期の4つのアタッチメント・スタイルと対応すると仮定されている。

自律型は経験の内容にかかわらず，理解可能なストーリーを首尾一貫した形で語ることができる。アタッチメント軽視型は両親との経験を理想化して語るが，具体

◆2　アダルト・アタッチメント・インタビューの詳細は公開されていない。詳しくは Hesse（2008）を参照。

表1-2 ストレンジ・シチュエーション法とアダルト・アタッチメント・インタビューにおける4つのアタッチメント・スタイルの特徴（数井・遠藤, 2005; Hesse, 2008 より作成）

ストレンジ・シチュエーション法		アダルト・アタッチメント・インタビュー	
安定型	親がいると安心して環境探索や遊びをする。分離の際には苦痛を示すが、再会時には積極的に親に近づき、身体的な接触を求める。再会後はすぐに落ち着きを取り戻し、遊びに戻る。	自律型	語りの質・量ともに十分であり、アタッチメントに関連した経験が自身の発達に影響を与えていると述べる。他者に依存することの必要性や、自身の不完全さにも言及する。インタビューのテーマに対してオープンで、防衛が働かない。
回避型	親がいてもいなくてもおもちゃや環境とのかかわりが主であり、分離に際しても苦痛を示さない。再会場面でも親に接触を求めたり、苦痛を示したり、怒りを示したりしない。	アタッチメント軽視型	親をポジティブに評価する一方で、具体的なエピソードを語ることができない。自分自身を強く、独立したものとして述べる。アタッチメントの必要性を認めず、傷ついたり、苦痛を感じたり、他者を必要としたり依存したりすることについてはほとんど述べられない。
抵抗・アンビバレント型	大半の時間、親に焦点を当て、おもちゃや環境にはほとんど注意を向けない。分離前から不安・苦痛を感じているようである。分離後は再会しても落ち着きを取り戻すことができず、怒りを示しながら接触を図ろうとする。	とらわれ型	アタッチメントに関連した話題に対する応答は記憶されているかのように定式的で柔軟性に欠けたものになる。過去についての質問に現在が持ち込まれたり、質問に関連しない人や事象が持ち込まれたりするなどの混乱も見られる。恐れを抱いた経験にとらわれているようにも見える。親を称賛する一方で、親の欠点や失敗を受け入れることが難しい。
無秩序・無方向型	定まった行動方略が見られない。本来は両立しない行動が同時に生起したり、タイミングのずれた行動をしたりする。親を恐れるようなそぶりを見せることもある。	未解決型	喪失や虐待について語る際に、死者が生きている、あるいは重要な他者が自身の魔術的思考によって殺されたと信じているように話すなど、語りに対するモニタリングが欠如する。また、面接の途中で長い沈黙に陥ったり、非論理的な語りに終始したりする。

的なエピソードを想起できなかったり矛盾したエピソードを語ったりする。とらわれ型は過去の経験が現在生じているかのように怒りや恐れを表出し，情動的な混乱を示す。未解決型は過去に分離，喪失，虐待などを経験し，経験について語るときに魔術的思考や非現実的な思い込みが混入する（表1-2）。

アダルト・アタッチメント・インタビューによる4つのアタッチメント・スタイルの出現頻度はストレンジ・シチュエーション法によるものとほぼ同じであり（Hesse, 2008），乳幼児期のストレンジ・シチュエーション法による分類と青年期以降のアダルト・アタッチメント・インタビューによる分類の間にも一貫性が認められている（Waters et al., 2000）。

(3) 質問紙法

質問紙を用いてアタッチメントを測定する方法は，類型論に基づくものと次元論に基づくものに大別される。

類型論に基づくものとしては，Hazan & Shaver（1987）によるものとBartholomew & Horowitz（1991）によるものが代表的である。Hazan & Shaver（1987）はストレンジ・シチュエーション法における乳幼児のアタッチメント・スタイルの3分類に基づいて安定型，回避型，不安・アンビバレント型の3類型を定義し，これらに対応した3つの対人的態度を表現した文章の中から最も当てはまる1つを選択することでアタッチメント・スタイルを測定している。また，Bartholomew & Horowitz（1991）は内的作業モデルについてのBowlby（1973）の記述◆3に基づき，自他に対する信頼感の高低を組み合わせた4カテゴリーモデルを提唱している（図1-2）。すなわち，自己観と他者観がともにポジティブな安定型，自己観がポジティブで他者観がネガティブな拒絶型，自己観がネガティブで他者観がポジティブなとらわれ型，自己観と他者観がともにネガティブな恐れ型である。Hazan & Shaver（1987）と同様に，4つのアタッチメント・スタイルに対応した文章の中から最も当てはまる1つを選択することでアタッチメント・スタイルを測定している。

一方，次元論に基づく質問紙も多数あるが（Collins & Read, 1990; Simpson, 1990; 詫摩・戸田，1988など），近年はBrennan et al.（1998）による「親密な対人関係体験尺度（ECR: Experiences in Close Relationships）」に収束しつつある。Brennan et al.（1998）はそれまでに開発された14のアタッチメント・スタイル尺度（323項

◆3　内的作業モデルは，「自分はアタッチメント対象から愛される価値のある存在か」という自己についてのモデル（自己観）と「アタッチメント対象は自分を保護してくれるか」という他者についてのモデル（他者観）の2側面からなっている。

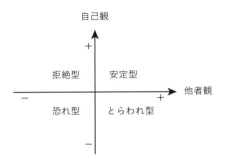

図1-2 Bartholomew & Horowitz (1991) による
2次元4類型のアタッチメント・スタイル

目）について二次的因子分析を行い，内的作業モデルが自己についてのモデルと他者についてのモデルからなるとするBowlby (1973) の言及と合致する特徴を析出することに成功した。Brennan et al. (1998) は，自己についてのモデルはアタッチメント対象から見捨てられることに対する不安と関連しているとしてこの次元を「関係不安（anxiety）」と名づけ，他者についてのモデルはアタッチメント対象との親密な関係の回避と関連することからこの次元を「関係回避（avoidance）」と名づけている。本邦では中尾・加藤（2004）による邦訳版が主として使用されている。

2節　内的作業モデル

1. 内的作業モデルとは

　先にアタッチメントの測定について説明した。このうち，ストレンジ・シチュエーション法は乳幼児のアタッチメント行動を評定するものである。一方，アダルト・アタッチメント・インタビューと質問紙法によるアタッチメントの測定は内的作業モデルを測定しているといえる。
　発達初期から日々繰り返される母子相互作用を通して，子どもたちは自分の生活世界についての理解を深めていく。これらの個別具体的な経験が積み重なるにつれて，子どもたちは自己やアタッチメント対象，および両者を取り巻く世界についての一般化・抽象化された表象を形成していく。このような表象は内的作業モデルと呼ばれ，無意識のうちに個人の認知や行動を方向づけるようになる（Mikulincer & Shaver, 2007; 島，2007a）。およそ6歳頃までの経験によって形成された内的作業モデルは，やがて可塑性を減じながら，児童期以降の自己や対人関係の発達，社会的

適応などに大きな影響を与えていく。内的作業モデルは「揺りかごから墓場まで」(Bowlby, 1979) の生涯発達理論としてのアタッチメント理論の中核をなしているのである。

2. 内的作業モデルの働き

　近年，内的作業モデルの情報処理機能に注目が集まっている。元来，内的作業モデルはアタッチメント対象の行動の予測，自他の行動のシミュレート，自己の行動のプランニングという，一連の情報処理を導く役割を果たすものであるとされてきたが（Bowlby, 1973），1990 年代の半ば以降，内的作業モデルの個人差が対人認知（Banse, 2001; Mikulincer & Horesh, 1999），記憶（Fraley & Shaver, 1997; Mikulincer et al., 2004），親密な他者との関係性についての期待や情動（Campbell et al., 2005; Collins et al., 2006），実際の相互作用行動（Collins & Feeney, 2000, 2004; Simpson et al., 1992, 1996, 2002）など，一連の情報処理過程のあらゆる段階に認められることが多数報告されるようになった。

　これらの研究成果の具体は次節以降に述べるが，種々の知見を統合的に理解する枠組みとして，Shaver & Mikulincer（2004）の拡張・構築サイクル（図 1-3）がある。脅威を感知してアタッチメント・システムが活性化した際に，アタッチメント対象の利用可能性や応答性をポジティブに評価するとアタッチメント対象からのケアを受けて，あるいはケアの期待によってアタッチメント・システムが沈静化し，探索等の活動に従事することができる。これは安定型アタッチメント・スタイルの特徴に合致する（一次的方略：図 1-3 の上部）。これに対して，アタッチメント対象の利用可能性や応答性の評価がネガティブであり（二次的方略：図 1-3 の下部），アタッチメント対象への近接が実行可能な選択肢ではない場合，アタッチメント・システムの活性化を抑制し，潜在的な脅威やアタッチメント欲求を否認することによって心理的な安寧を確保しようとする（不活性化方略）。満たされないアタッチメント欲求を抑圧することで平静を装う方略は，回避型（アタッチメント軽視型，拒絶型）の特徴に合致する。一方，アタッチメント対象の利用可能性や応答性の評価はネガティブであるが，アタッチメント対象への近接が実行可能な選択肢である場合は，アタッチメント・システムを過剰に活性化し，利用可能ではないアタッチメント対象が利用可能になり，アタッチメント欲求が満たされるまでシグナルを発し続ける（過活性化方略）。これは，アタッチメントに関連した手がかりに過敏で，ひとたび情緒的に混乱すると容易には回復しない抵抗・アンビバレント型（とらわれ型）の特徴を反映している。

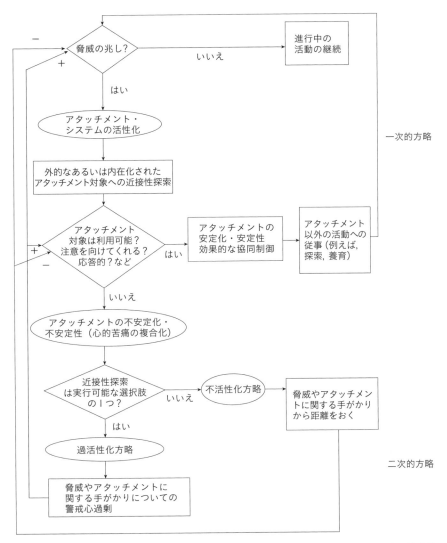

図 1-3　成人期におけるアタッチメント・システムの活性化やダイナミクスに関する統合的モデル（Shaver & Mikulincer, 2004 の拡張・構築サイクルに加筆）

　拡張・構築サイクルを踏まえて，内的作業モデルの 2 次元の観点から，Mikulincer & Shaver（2007）や島（2007a）は，関係不安の高さは過活性化方略に，関係回避の高さは不活性化方略につながるという，情報処理方略の特徴を示している。

……•• 3節　アタッチメントと子どもの発達 ••……

1. アタッチメントの個人差

(1) アタッチメントの形成

　アタッチメントは長い進化の歴史の中で獲得された適応機制であり，基本的にはほぼすべての母子の間に形成される。しかしながら，前節で述べた通り，そのアタッチメント関係がどのような特徴を有しているのかには大きな個人差がある。個人差を生じさせる要因は子ども自身がもっている特徴（個人内要因）と母親や生育環境の特徴（環境要因）に大別される。両者は独立のものではなく，相互に影響を与え合いながらアタッチメントを形成していくが，以下ではそれぞれの要因に着目してアタッチメントの個人差について考えていきたい。

　その前に確認しておきたいのが，アタッチメントは自らの適応可能性を高めるために個人に組み込まれた行動制御システムであるという点である（Bowlby, 1969, 1973）。つまり，安定型のみならず，「不安定型」と総称される回避型や抵抗・アンビバレント型も，それぞれが生活する環境において自らの行動を最適化した結果であると考えられるのである（Main & Hesse, 1990）。すなわち，自らのアタッチメント信号の表出がアタッチメント対象の拒絶を引き起こす場合には，子どもはアタッチメントの表出を最小化する方略を身につける（回避型）。これによって，アタッチメント対象からの更なる拒絶を防ぎ，より深刻な事態に対して助けを得られる可能性を維持しようとするのである。一方，アタッチメント対象の行動に一貫性がない場合は，アタッチメント欲求の表出を最大化する方略を獲得する（抵抗・アンビバレント型）。これも，一貫しないアタッチメント対象からの保護を確実に得ようとするための方略である。

(2) アタッチメントの形成に及ぼす個人内要因

　アタッチメントの形成に影響を及ぼす個人内要因として，気質を取り上げる。

　気質は「遺伝的な素因をもち，出生直後からみられる，情動や行動の調節の個人差」であり（Rothbert & Derryberry, 1981），行動制御システムであるアタッチメントとも強く関連すると考えられるが，実のところ，両者の間に直接的な関連はないとする研究が多く存在する（Crockenberg, 1981; Gunnar et al., 1989; Vaughn et al., 2008）。

　子どもと母親のアタッチメント関係は子ども自身の気質によっては決定されない

が，ストレンジ・シチュエーション法で観察されるいくつかの行動は子どもの気質によって説明できる（Vaughn et al., 2008）。そして，気質は，気質の主効果としてではなく，母親の敏感性に仲介される形でアタッチメントに対して一定の影響を与えるようである（Susman-Stillman et al., 1996）。すなわち，気質は子どもの行動の質や強度を予測し，その子どもの行動に対する母親の応答行動との適合の良さ（goodness of fit）によって子どものアタッチメントの安定性が左右されるのである（Crockenberg, 1981; Gunnar et al., 1989）。

(3) アタッチメントの形成に及ぼす環境要因

アタッチメントの形成に及ぼす環境要因の最たるものとして，親の敏感性をあげることができる。敏感性とは，子どもの信号に気づき，正確に解釈し，適時的確に反応するなど，子どもの視点から物事を見る能力である（Ainsworth et al., 1978）。多くの研究で，親の敏感性とアタッチメントの安定性の関連が報告されている（DeWolff & van IJzendoorn, 1997; Isabella, 1993; NICHD Early Child Care Research Network, 1997; Pederson et al., 1998）。

安定型の子どもの親は敏感性が高く，子どものアタッチメント信号に対して応答的で，行動を阻害しない。そのため，子どもは環境に対して自由に働きかけることができ，不安やストレスを感じたときにはアタッチメント対象に頼ることができる。このような経験を通して，子どもは親を信用・信頼できる存在として認知し，自身を親から保護される価値のある存在として捉えられるようになる。このようなポジティブな内的作業モデルは，結果として安定したアタッチメント関係の形成につながっていく。

回避型の子どもの親は子どもに対して拒絶的・非関与的で，子どものアタッチメント信号に気づかない，または無視する傾向がある。また，子どもの行動を強く制限することもある。そのため，子どもは不安やストレスを感じてもアタッチメント対象に頼ることができない。

抵抗・アンビバレント型の子どもの親は子どものアタッチメント信号に対する応答が不安定である。適切に応答できる場合もそうでない場合もあるが，子どものアタッチメント信号に対する応答の適切さが親の気分や都合に左右されるのがこのタイプの特徴である。親から子どもへ向けられた行動は子どものニーズにそぐわないことが多々あり，子どもは親の気分や行動を常にモニターし続ける必要に迫られる。そのため，子どもは常にアタッチメント対象の利用可能性に不安を感じ，探索行動は制限されることになる。

総じて，不安定型の子どもの親は敏感性が低いため，子どもは親を信用できず，自身を親から保護される価値のない存在として捉え，アタッチメント対象を適切に利用することができないなど，ネガティブな内的作業モデルを形成する。このようなネガティブな内的作業モデルが，結果として不安定なアタッチメント関係の形成につながっていくのである。

　このほか，社会経済的地位や文化もアタッチメントの形成に影響を与える環境要因として指摘することができる（Belsky & Fearon, 2008; van IJzendoorn & Sagi-Schwartz, 2008）。低収入，マイノリティ，一人親であるなど，社会経済的地位が低い場合に不安定型（特に無秩序・無方向型）が相対的に多くなる傾向がある。また，文化差に関しては，日本やイスラエルなど子どもが1人になることが相対的に少ない文化圏では抵抗・アンビバレント型が多く見出されるなどの特徴がある。ただし，これらは親行動の文化的差異と，それに伴うストレンジ・シチュエーション法によって喚起されるストレスの強度の差異の相互作用として捉えるのが適切かもしれない。

2. アタッチメントと対人関係の発達

　多くの子どもにとって主要な養育者は母親であるが，アタッチメント対象は母親だけではない（van IJzendoorn et al., 1992）。家族のあり方が多様化する中で，子どもにとってのアタッチメント対象はモノトロピー的に母親だけが担うのではなく，同居する家族や保育・教育施設の職員もアタッチメント対象となり得るのである（Howes & Spieker, 2008）。また，乳幼児期に形成されたアタッチメントはその後，他の対象にも拡大していき，幼児期には家族以外の他者（特に仲間関係）において，青年期には親友や恋愛パートナーとの適応的で良好な関係の形成を援助する（Belsky, 2005; Collins & Read, 1990; Hazan & Shaver, 1987; Schneider et al., 2001）。

　このような，アタッチメントの対人関係全般への広がりの背景には，個人の認知・情動・行動を方向づける，内的作業モデルが果たす役割が大きい。子どもたちは乳幼児期のアタッチメント関係を基盤としてパーソナリティを発達させ，それらを基に他者と関わり，対人関係を広げていくのである。以下では，アタッチメントと特に関連の強い領域に絞って，幼児期から青年期までの発達についてまとめていく。

(1) 父親

　Bowlby（1973）はアタッチメントが形成される条件として子どもを取り巻く環境の継続性・一貫性をあげている。そして，継続的で一貫した環境を担保する重要な

一要素として，母親の敏感性が指摘される。母親の敏感性が高く，子どもにとって質の高い養育が継続的に提供されると，子どもは安定的で協調的なアタッチメントを形成するのである。

一方で，このような継続性・一貫性を生み出す他者は母親だけではない。主要な養育者が母親であったとしても，父親も子どもにとってその発達の初期から「重要な他者」の1人である。

父親と子どものアタッチメントについて調べた研究によると，父子間のアタッチメント・スタイルの出現頻度は母子間のそれと大差なく（Cox et al., 1992; Steele et al., 1996），父子それぞれの特徴と社会経済的要因の影響を受けることなどが示されている（Belsky, 1996）。その一方で，母子間と父子間のアタッチメントの関連は有意であるものの弱く（van IJzendoorn & De Wolff, 1997），子どもは父母それぞれとの間に異なったアタッチメント関係を形成し得ることも報告されている（Fox et al., 1991）。

父子・母子間のアタッチメントの異同が何によってもたらされているのかは詳らかになっていないが，両親のパーソナリティの類似性や共有環境，子どもの気質との適合の良さの影響が指摘されている（Fox et al., 1991）。いずれにしても，母親との間に安定したアタッチメントを形成することができなかった場合や，女性の社会進出が進む中で，父親との間に安定したアタッチメントを形成することは子どもの発達を支える重要な資源となる。

(2) 他の大人

ここまで，親（ほとんどは母親）とのアタッチメントについて述べてきたが，子どもがアタッチメント関係を形成するのは親だけではない。祖父母やきょうだい，仲間，保育園や幼稚園，小学校等の先生も子どものアタッチメント対象になり得るが（Howes & Spieker, 2008），本項では教育・保育施設の大人との関係についていくつか触れておく。

家族外の大人とのアタッチメントに関する代表的な研究として，NICHD Early Child Care Research Network（1997）による大規模研究がある。この研究では施設保育が母子のアタッチメントに与える影響について検討し，質の高い保育が親の養育の不足を補うこと，保育の質が悪い場合には母親の敏感性等の個人差が強く影響することを報告しているが，総じて，質の悪い保育でなければ早期からの施設保育は母子のアタッチメントに悪影響を与えないことが示されている。ただし，この研究はあくまでも母子のアタッチメントに対して施設保育がどのような影響を与える

のかを検討したものであり，アタッチメント対象としての施設職員に注目したものではない。

アタッチメント対象としての施設職員に注目した研究としては，Goossens & van IJzendoorn（1990）やHowes & Hamilton（1992a, 1992b）などがある。このうち，Goossens & van IJzendoorn（1990）とvan IJzendoorn et al.（1992）は両親および施設職員それぞれとのアタッチメントの安定性と各種の社会性やパーソナリティ変数との関連を検討し，施設職員とのアタッチメントの良好さの独自の寄与を見出している。同様に，Howes & Hamilton（1992a, 1992b）は小学校の先生との関係の質は乳幼児期の母親とのアタッチメントよりもむしろ施設職員とのアタッチメントの影響を受けることを示している。家族と施設職員は子どもにとって質的に異なるアタッチメント対象であり，子どもが多様な大人との関係の中で育つことを示しているものと考えられる。

加えて，島・永瀬（2015）は小学生から高校生までの児童・生徒の学級適応感および保健室イメージと養護教諭へのアタッチメント行動の関連を検討している。その結果，小学生では児童の学級適応感とは無関連に，保健室に対してポジティブなイメージをもっているほど養護教諭に対してアタッチメント行動をとるのに対して，中学生では学級適応感の指標の1つである「教師との関係」が良好であるほど養護教諭に対するアタッチメント行動が多くなっていた。さらに，高校生では学級適応感が低く，保健室にポジティブなイメージをもっているほど養護教諭に対するアタッチメント行動が多いことが示された。ポジティブな保健室イメージが養護教諭に対する信頼感によって醸成されたと考えると，養護教諭自身（小・中・高）や教師全般（中）に対する信頼感をベースにアタッチメント行動を起こし，特に高校生では適応上の困難が発生したときに，信頼できる人に対するアタッチメントを基盤としてその問題に対処しているようである。

これらの研究は，母親とのアタッチメント関係がその後のすべての対人関係のひな型になるわけではないこと，および単に母親の代理としてだけでなく，家族外の大人である施設職員との間に安定したアタッチメント関係を形成することが子どもの発達にとって一定の意義があることを示している（根ヶ山，2012）。

(3) 仲間

児童期以降，子どもにとって仲間関係がより重要になっていくが，児童期あるいは青年期までは母親が主要なアタッチメント対象であり続ける（Allen, 2008）。乳幼児期に測定されたアタッチメント・スタイルと児童期のアタッチメント・スタイ

ルの間には中程度以上の関連が認められている（Grossmann et al., 2005）。また，この時期には観察可能なアタッチメント行動は減少するが，それはアタッチメント対象を内在化した内的作業モデルが効果的に機能するようになるためであると考えられる（Bretherton & Munholland, 2008）。

幼児期の後期以降，同年代の他者（仲間）との関係が芽生え始める。まず，アタッチメントが仲間関係に及ぼす影響については，安定したアタッチメントを有しているほど仲間関係が良好で，友だちの数が多く，人気も高いことが知られている（Kerns et al., 1996）。一方，不安定なアタッチメントを有する場合，過度に攻撃的であったり，引っ込み思案であったりして，友好的で対等な仲間関係に困難が生じる（Cassidy & Berlin, 1994; McElwain et al., 2003）。これは，安定したアタッチメントが高い社会的コンピテンスを導くことによってもたらされたものであると考えられる（Sroufe et al., 2005）。

次に，仲間とのアタッチメントについては，家庭外で過ごす時間が長くなる児童期において，仲間の重要性も増してくる。児童期の後半はギャング・エイジとも呼ばれ，親や先生よりも仲間の規範に従って行動するようになる。親は生涯にわたってアタッチメント対象であり続けるが，この時期から仲間がアタッチメント対象として機能し始める（Allen, 2008）。幼児期から児童期にかけてのアタッチメント・スタイルにはある程度の一貫性が認められるものの，相対的に高い割合で変動が認められることからも，親とは異なる他者である仲間に対するアタッチメントが成立していることが示唆される（Kerns, 2008）。

3. アタッチメントと認知・情動の発達

アタッチメントの個人差は，自身の情動制御や他者の情動理解の個人差をもたらす。幼児期においても安定型の子どもほど場面に応じた情動の表出が可能であり（Cassidy, 1994），中でも怒りや不安などネガティブな情動の表出が少なく（Kochanska, 2001），ネガティブな情動を喚起するような刺激から効果的に注意をそらすことができることなどが報告されている（Gilliom et al., 2002）。これらは，より幼い時期から自らのネガティブな情動が養育者によって適切にコントロールされてきた経験に基づくものであると考えられる（蒲谷，2013）。同様に，他者の情動の理解においても，安定型の子どもほど他者の複雑な情動の理解に優れていることが報告されている（Steele et al., 1999）。その背景には，日常的に母親が自身や子どもの情動を言語化し，情動を伴った相互作用を展開していることが指摘されている（Bretherton, 1993; Raikes & Thompson, 2006, 2008; 篠原，2011）。加えて，自他の情

動の制御や理解は社会的コンピテンスを高め，安定したアタッチメントがよりよい社会生活につながることも示唆されている（Raikes & Thompson, 2008）。

青年期以降の情動制御については，先に示した拡張・構築サイクル（図 1-3）に当てはめて理解することのできる研究が多くなされている（Mikulincer & Shaver, 2008; Shaver & Mikulincer, 2007）。たとえば，関係不安が高い人（過活性化方略）はニュートラルな情報をネガティブに解釈する傾向があり，わずかな手がかりから脅威を読み取るのに対して（Fraley et al., 2006; 金政，2005），関係回避が高い人（不活性化方略）はアタッチメントに関連した情報への意識的なアクセスが困難になる一方で（Fraley et al., 2000; Fraley & Shaver, 1997; Mikulincer et al., 2004; 島ら，2012），意識下では生理的覚醒の高まりが確認されており（Gillath et al., 2005），対処できないまま強い脅威にさらされていることが明らかになっている。

認知の発達に関しても，母親が子どもの心的状態に言及するほど子どもは安定したアタッチメントを形成し（Meins et al., 2001），それが心の理論の発達を促進することなどが報告されている（Meins et al., 2002）。同様に，母親の敏感性は子どもの社会的認知の発達にもポジティブな影響を与えている（Belsky & Fearon, 2002）。

これらの認知・情動的発達が相まって，安定したアタッチメントは児童期以降のよりよい学業的達成や高い自己制御能力を予測し，ひいては学校や仲間関係における適応につながっていくのである（Thompson, 2008）。

4. アタッチメントとパーソナリティの発達

前項でアタッチメントと認知・情動の個人差の関連について述べたが，認知，情動の経験や表出，および行動パターンの一貫した傾向は「パーソナリティ」として理解される。したがって，認知や情動の個人差を生み出す内的作業モデルは当該個人のパーソナリティ特性であるといえる。

パーソナリティを特性論的に捉える枠組みの代表的な理論の 1 つである Big Five は内的作業モデルと一定の相関関係にある（Noftle & Shaver, 2006; Shaver & Brennan, 1992; 島, 2007b; Wilkinson & Walford, 2001）。具体的には，関係不安は神経症傾向と正の，関係回避は外向性および協調性と負の相関関係にあることが，概ね一貫して報告されている。しかしその一方で，内的作業モデルの 2 次元とも，Big Five の 5 因子によって説明できる分散の割合は 50％未満であり（Noftle & Shaver, 2006; 島, 2007b），両者が異なる概念であることも確認されている。パーソナリティ特性の中でも，関係不安は「自分は愛される価値のある存在」という期待と，その裏返しとしての他者からの拒絶に対する不安，関係回避は「他者は信頼できる」

という期待と，その裏返しとしての信頼できない他者からの回避を反映した側面であり（Bowlby, 1973; Brennan et al., 1998），内的作業モデルは一般的なパーソナリティ特性に比して関係性が強調された概念であるといえる。

同様に，アタッチメントとの関連が想定されるパーソナリティとして，仮想的有能感がある。仮想的有能感とは「自己の直接的なポジティブ経験に関係なく，他者の能力を批判的に評価，軽視する傾向に付随して習慣的に生じる有能さの感覚」である（速水ら，2004）。仮想的有能感は自己に対する肯定的な評価を反映した自尊感情と他者に対する否定的な評価を反映した他者軽視傾向の2次元によって4つの有能感スタイルに類型化される（速水ら，2005）。すなわち，自尊感情と他者軽視傾向がともに高い全能型，自尊感情が高く他者軽視傾向が低い自尊型，自尊感情が低く他者軽視傾向が高い仮想型，自尊感情と他者軽視傾向がともに低い萎縮型である。

この，仮想的有能感の4類型と内的作業モデルの2次元を組み合わせた4カテゴリーモデル（Bartholomew & Horowitz, 1991）に基づくアタッチメント・スタイルはいずれも自己と他者の2軸によって構成されていることから，両者の間には一定の対応関係が想定される。実際，両者の関連を検討した島（2012）によると，内的作業モデルと仮想的有能感の自己の次元（関係不安と自尊感情）には対応が認められるものの，他者の次元（関係回避と他者軽視）では対応が認められないこと，アタッチメント・スタイルと仮想的有能感の4類型の間には一定の対応関係が存在する（安定型と自尊型，とらわれ型と萎縮型，恐れ型と仮想型）ことが示された。特に，他者の次元に対応が認められなかったことについては，関係回避が捉えているのが「強く賢いもの」（Bowlby, 1969）に対する期待・信念であるのに対して，他者軽視は「自分が見下すことのできるもの（大衆）」（速水，2006）に対する否定的評価を捉えたものであるといった，両理論が想定する関係性の違いを反映しているものと考えられる。また，類型面での関連については，恐れ型と仮想型に注目したい。両者は，両理論においてともに最も不適応的なタイプとされている。発達的な観点から考えると，乳幼児期からの対人相互作用経験に基づく内的作業モデル（および内的作業モデルのあり方が反映されたアタッチメント・スタイル）は仮想的有能感に先行し，不安定な自己を守るための防衛として（Fraley et al., 2000）他者を軽視する心性が芽生えるのかもしれない。

以上のことをまとめると，Belsky（2005）による幼児期初期までの縦断研究，およびSroufe et al.（2005）による青年期までの長期縦断研究によって，アタッチメントの安定性が母子の相互作用の質に影響し，それが種々の情動経験や仲間やその他の人々との社会的相互作用の個人差をもたらすことが報告されている。また，青

年期以降にはパーソナリティを特性論的に捉える枠組みの代表的な理論の1つである Big Five と内的作業モデルの関連も多数報告されている（Shaver & Brennan, 1992; 島，2007b）。このように，発達初期のアタッチメントは，他者との相互作用における認知・情動・行動を方向づけることによって，対人的な経験の質や量を左右し，それらがパーソナリティの形成に寄与するものと考えられる。

　アタッチメントは，関係性を通して自己が発達し，自己の発達が関係性を導くという，個と関係性が密接に絡まり合いながら発達する様相を如実に表しているものと思われる。

COLUMN 1　虐待を受けた子どものアタッチメントと情動調整

　アタッチメントとは，危機的な状況に際して，あるいは潜在的な危機に備えて，特定の対象との近接を求め，またこれを維持しようとする個体の傾性であり，この近接関係の確立・維持を通して，主観的な「安全であるという感覚」を確保しようとすることである（遠藤，2005）。しかし，被虐待環境にある子どもの場合，危機的な状況時に「安全であるという感覚」を養育者への近接によって確保することが困難であることは想像に難くないだろう。

　これまでのアタッチメント研究においては，一般的に，①アタッチメント関係は養育者と子どもの情動制御の歴史の中からつくられる，②アタッチメントに関する内的作業モデルは個人がどのようなやり方で自身の情動を制御するか，あるいは環境との関わりを制御する際に情動をどのように用いるかに影響を与えると把握されるに至っている（坂上，2005）。つまり，アタッチメントは日常的に繰り返される養育者との間で行われる情動調整の中で構築されるとともに，構築されたアタッチメントに関する内的作業モデルは，その当人が使用する情動調整の方略にも影響を与えるという。アタッチメントと情動調整には密接な関係が存在するのである。

　情動を調整する能力の発達は，身体的な成熟と認知発達をベースとしながら，情動経験を他者とどのように経験したかに影響を受ける（Saarni, 1999）。誕生直後は，子どもが発信するぐずりや泣きに対して，養育者はなだめにより情動を調整するとともに，空腹を満たしたり，快適な環境に調整したり，睡眠を促したりすることで子どものネガティブな情動を和らげようとする。発達初期には，このような繰り返しによって子どもの情動は調整され，それがその後の子どもの自律的な情動調整の基盤を築いていく。また，養育者は，発達の早期段階から，子どもを明確な心をもつ独立した存在とみなし，内的な観点から子どもを解釈し，内的状態に関する言葉を発話の中に多く使用する傾向があるという（Meins, 1997）。そのような養育者は，子どもが発信する情動表現の根底にある内的状態を内省的に考え，子どもの情動を調整するとともに，言語的に子どもの感情を映し返す。この養育者の内省機能と映し出しは，子どもが自分自身の情動経験にラベルづけし，その意味を見出し得る内省機能を育むと考えられている（Fonagy et al., 2004）。このような情動に関する経験は，一定の連鎖をなして個人の中に内在化され，それは特定の関係性の文脈を越えて様々な状況に一般化されるという（遠藤，2002）。

　しかし，被虐待環境にある子どもの場合，子ども自身にネガティブな情動が生起したとき，養育者から無視される，拒否される等，養育者によってネガティブな情動が低減・調整されなかったり，言動や暴力等によって制圧されたり等，より危機的な状況に陥るという経験をすることが想定される。その結果，子どもは自身にネガティブな情動が生起したとき，自身の情動を他者に出さない，不安や不快なときでも他者に助けを求めない，情動を自身から切り離してその場をやり過ごす，あるいは他者を避ける，または他者を暴言や暴力で操作する等といった

特異な情動調整方略を獲得していくと考えられる。このような情動調整方略は，自己を防御し，被虐待的環境で生き抜いていくためには，適応的な方法かもしれないが，社会的には不適応な方法であることも少なくない。

　虐待を受けた子どもの特徴の1つとして，ささいな刺激で激しい怒りの感情をもち，それを調整できないために暴力行動や破壊行動を起こすことがあることが知られている（西澤，2010）。児童養護施設に入所する子どもを対象とした研究では，虐待を受けた子どもは虐待を受けていない子どもと比べ，非行的行動や攻撃的行動が多いことが明らかにされている（坪井，2005）。そのため，虐待を受けた子どもにとって，状況依存的で衝動的な暴力行動や破壊行動を社会適応的に調整することは重要な課題の1つとされている（杉山，2007）。

　虐待を受けた子どもが情動を社会適応的に調整することが困難である理由は，情動を社会適応的に調整する能力が発達する機会を得られなかったことだけではない。子どもが受けた被虐待体験がトラウマ体験となりフラッシュバックするため，制御不能な感覚に襲われることや，緊張の高い不安定な養育環境であったために常時覚醒亢進状態で刺激に過敏に反応しやすいことも情動調整が困難な理由の1つと考えられている（大石，2012）。

　Gil（1991）は，虐待を受けた子どもの心理療法には，トラウマ体験を直接扱うことにより，トラウマからの回復を目指す回復的アプローチと，被虐待等のトラウマ体験の結果生じた情動調整の困難さ等の心理的影響を修正することを目指す修正的アプローチの二側面からアプローチすることが重要であるとする。西澤（1997, 2010）は，この修正的アプローチを行うには，カウンセリングなどの限られた時間や空間のみでは十分な効果は期待しにくく，子どもの生活環境全体が子どもにとって治療的な効果をもつものでなければならないとしている。このような治療概念は，「治療的養育（therapeutic parenting）」と呼ばれ，「安全感・安心感の（再）形成」と「心理的保護感の（再）形成」を基礎として，①人間関係の歪みの修正②アタッチメントの形成と対象の内在化③自己調整能力の形成の促進④問題行動の理解と自己への統合を目標として養育を行うことが必要とされている（西澤，2010）。

　「治療的養育」を取り入れた実践では，暴力行動の減少など情動調整を含む問題への効果が報告されている（松永，2007, 2008; 大迫，2003）。また，「治療的養育」における虐待を受けた子どもの情動調整が変化していく過程では，「他者に情動を調整される」状態から，「自発的に他者と共に情動調整を図る」，「自身で情動調整を図る」という順序での変化が確認されている（大橋，2015）。つまり，虐待を受けた子どもの情動調整を評価する際には，単に情動調整が社会適応的に行われているかどうかだけではなく，他者との関係において情動をどのように表出し，調整するようになるのか，といった視点で情動調整の変化を検討することも必要であろう。

第 2 章
母子相互作用と母親の発達

　筆者が母親の心理的発達に興味をもったきっかけは，自らの子育てを通してであった。企業で働きながら，就職，結婚，出産という大きなライフイベントを経験し，仕事では過程よりも結果を求められることにあまり疑問をもたずに過ごしてきた。しかしながら，その後に経験した1年間の育児休業では，結果ではなく子どもが育っていく過程の大切さを実感した。将来どのような子どもになるのかという結果は全くわからない。どう育てれば理想通りに育つのかという正解も見当たらない。けれども，子どもが成長していく過程で，笑った……笑い返した！　立った……思わず手を握った！　マンマと言った……マンマと返した。そういった出来事の1つ1つの過程が心から楽しく，先のことなどあまり気にすることなく子どもと過ごすことができた。

　しかし，育児を通して様々な母親と子育てについて話をし，協力し合う中で，子育てそのものを楽しめない母親が少なくないことに気付いた。母親を取り巻く育児環境や経済的な要因が原因である場合もある。だが，そのようなリスク要因がない母親の中にも，子どもの発達過程の変化や母子相互の関わりを楽しめない母親が存在する。「子どもの要求がわからない」「なんで泣いてばかりいるのだろう」「どうやって子どもと遊んだらいいのかわからない」。このような子どもの気持ちがわからないことが，母親たちに育児を困難に感じさせているように感じられたが，当時の私はそのような直観を理論的に説明することも，母親たちを心理的に支えることもできなかった。

　その後，臨床，研究を通して心理の仕事に関わっている現在もなお，答えは得られていない。しかしながら，母子相互作用と母親の発達に関する一連の研究を通して明らかとなった，母親による子どもの情動認知の発達的変化は興味深いものであった。今後の検証課題もいくつか見えてきた。この章の内容が，育児に悩む母親にとって少しでも得るものがあり，健やかな母子関係の支えとなればと願っている。

••••• 1節　母親になることによる心理的変化 •••••

1. 母子関係における母親の心理的発達に関する先行研究のレビュー

　本節では，まず母親になることによる心理的変化に関する研究についてレビューを行う。次に，母子関係における母親の認知と情動及び応答行動との相互性に関する研究を概観し，母子関係における母親の心理的発達を情動的側面から検証する必要性について考察を行う。

(1) 母親になることによる心理的変化

　子どもを産み，育てていく過程で，人は心理的に何が，どのように変化しているのであろうか。多くの研究は，母親になることによる主観的な意識や自己概念の変化，育児に対する態度や意味づけの変化について様々な検証を行っている（柏木・若松，1994；徳田，2004）。柏木・若松（1994）は，親になることによる人格的・社会的な行動や態度の変化を検証し，「柔軟性」「自己抑制」「視野の広がり」など，多岐にわたる人格的変化（親の発達）を見出している。また，徳田（2004）は，0歳から3歳の子どもを育てている母親への詳細な面接調査から，子育ての意味づけを類型化した。その結果「自明で肯定的なものとしての子育て」「成長課題としての子育て」など，5つのパターンを明らかにしている。しかし，これらの研究は，生涯発達的視点から，母親の個人的，主観的意識としての態度や意味づけの変化に焦点が当てられており，子どもとの相互交渉の中で生起される母親の変化そのものを取り上げたものではない。Oster et al. (1992) は，乳幼児期においては，乳児に情動らしき表出がみられたとしても，それは明確な事象との有意味なつながりをもたないあいまいなものである可能性が高いことを指摘している。それにもかかわらず，母親たちの多くは，生後1か月の乳児にも多くの情動の存在を仮定している（Johnson et al., 1982）。

　Emde & Sorce (1983) は，特定の情緒に関する明確な仕種がない新生児に対しても，文脈を基にして様々な特異的な情緒を読み取る母親の母性的な応答性は，母子の共感的過程に貢献すると述べている。つまり，母親が子どもとの相互交渉の中で子どもの情動をどう認知し，何を手掛かりに解釈しているかという情動認知能力は，日常的文脈における子どもの発達に影響を及ぼし，情動認知能力の発達的変化は母子関係に重要な意味をもつことが考えられる。だが，これまでに母親の情動的側面の発達に関する研究はあまり試みられていない。発達初期の不確かな情動表出を示

す乳児の情動を，母親がどう認知し，どのように解釈するかという母親の情動認知能力は，安定した関係性に関連する重要な要因の1つであることが考えられる。それゆえ，母子関係における，母親の情動認知がどのように発達していくかについての検証は必要であると考えられる。

(2) 母子関係における母親の認知と情動，応答行動との相互性

　佐藤ら（1994）は，育児ストレスを「子どもや育児に関する出来事や状況などが，母親によって脅威であると知覚されることや，その結果母親が経験する困難な状態」と定義している。佐藤ら（1994）は，育児ストレスの構造を検討し，子ども関連育児ストレスが母親関連育児ストレスに影響し，それが母親の抑うつ感に影響するというモデルを示している。子どもの状態が，母親にとってストレスフルであると評価されることで，母親が育児をストレスとして経験すると述べている。氏家・高濱（1994），氏家（1996）は，育児における困難な状況をどのように捉えるかという母親の現実知覚＝評価様式により，その後の状況の違いが生み出されることを指摘している。この指摘は，同じ様に育児困難な状況にあっても，育児がストレスになる母親とならない母親が存在するという，従来の育児の困難な状況要因が母親のストレスに影響を及ぼすという知見では説明しきれない現実を解明する新たな視点を提案したと考えられる。Field et al.（2003）は，抑うつ的な母親と生後3か月の乳児との相互作用において，無関心，侵入的，良好という3つのパターンを見出している。それぞれの母親は，抑うつや不安感の程度において大差ないにもかかわらず，子どもとの相互作用に違いが生じた。この要因として Field et al.（2003）は，乳児の睡眠リズムや発達の程度に対する母親の評価の違いを指摘した。抑うつ的な母親が，子どもとの関係性をどのように評価するかが，その後の母親の育児行動や育児感情と関連することを示している。したがって，母子関係における母親の発達を現実に即した形で捉えるには，子どもとの関係性を母親がどう認知しているか，さらに，氏家（1996）が指摘したように，母親の現実知覚＝評価様式が発達的にどのように変化していくか，さらに現実の評価と応答行動との発達的変化の関連を検証することが重要であろう。しかし，情動に関しては現象として知覚されにくく，また，その特性を測る方法も開発されていない（Campos, 1998）という理由から，現在までに充分に議論されたとはいえず，検証方法についても様々な研究者が模索している状況である。

　以下に，主な情動研究を概観し，従来の研究から浮かび上がる課題と検証方法について考察を行う。

2. 発達心理学における情動研究の流れ

　前述した，母親になることによる心理的変化に関する研究についてのレビューに続き，発達心理学における情動に関する先行研究のレビューを行う。これらのレビューをふまえて，第2節の母子相互作用における母親の情動認知発達研究の意義へと論を進めていく。

　近年，発達心理学の領域では，情動への関心が高まっている。これまでの母子関係における情動研究の多くは，情動表出に伴う行動レベルに焦点を当てたものであり（Hsu & Fogel, 2003; 坂上，2002），母親の情動認知についての研究は十分とはいえない。本節では，情動に関する主要な研究の流れを概観する。そのうえで，母子関係という枠組みでの情動研究を検証し，母親を主体とした情動発達において，何が検証され，何が検証されていないかという観点から今後の課題を示す。さらに，筆者が行った母子相互作用と母親の発達に関する一連の研究を通して明らかとなった，母親による子どもの情動状態を読み取る能力（母親による子どもの情動認知と，認知する際に使用する手がかり）について概観し，今後の課題について展望する。

（1）情動研究の特徴

　近年まで，情動は科学的研究の対象としてふさわしいものとはみなされてこなかった。情動は，定量化したり客観的に研究することが不可能であるという見方がされてきた。なぜならば，情動は，複雑で多面的な現象であり，焦点を当てる側面により様々に定義されるからである。情動研究においては，近年まで情動の機能を進化の文脈に位置づけ，人が生きていくうえで適応上必要なシステムとして捉えた「ダーウィン説」に基づく基本感情理論的立場の研究が多くみられた。基本感情理論の視点は，表情及びそれに対応する基本情動が生得的である可能性を示唆している。それゆえ，情動は文化普遍的な現象であるという。しかしながら，基本情動のカテゴリーは研究者によって様々であり，普遍的な基本情動の存在が明らかにされているわけではない。個人に特異的で，複雑，多義的な人の情動が，いくつかの基本情動で説明しきれるものなのかという疑問も生じる。最近の情動理論においては，状況に対する評価の結果，状況が個人にもたらす意味から特定の情動が生じる（Lazarus, 1991）という認知的感情理論や，情動とは，人と環境の相互作用において，有意味で妥当的に行動するための準備状態として生ずる行動であり，有意味な事象における人と環境の関係性を変化させたり維持したりするものである（Campos, 1998）という機能主義的情動理論などがみられる。これらの理論には，情動は独立

的に生じ，かつ生得的に人に備わっているものではなく，情動は環境との相互作用による社会化の過程を通して獲得されるという基本的な考え方が示唆されている。情動を環境との相互作用に基づく発達的な現象と捉えた場合，母子関係における子どもの存在は，母親にとって環境そのものであり，子どもの発達とともに母親の情動も発達していくと考えることが適当であろう。それゆえ，日常文脈で生起する母子相互作用という社会的文脈を背景に，子どもとの関係性の中で発達し変化する現象としての母親の心理的発達を，母親による子どもの情動認知と応答行動という情動的側面から検証する視点が重要であると考えられる。

(2) 母子関係における近年の情動研究の特徴

近年，母子関係における情動研究の領域では，子どもの社会情動的発達に対する関心が高まっている。発達研究の方法論として，生態学的研究の重要性から，生活の場における日常文脈において子どもの発達を捉えようとする研究が求められている（木下，2006）。社会文化的影響が埋め込まれている現実の日常生活の中で生きる子どもの姿を捉えることの重要性から自然場面での観察研究や，質的研究の増加がみられる（松永，2004）。母子関係における情動研究においても，母子間の相互交渉を微細に検証した事例研究（坂上，2002）や，母子の食事場面における役割行動の詳細な観察研究から，子どもの情動発達を理論化した研究がみられる（川田ら，2005）。これらの研究は，日常文脈における，母子関係という最も早期の社会的関係における子どもの発達を母子が互いに影響を及ぼし合う共変化の関係として捉えている。大人と子どもの関わりを1つのシステムとして捉え，共変化の過程として分析することは，どのようにして様々な能力が出現，発生するのかという発達のメカニズムの解明に必要な視点であると考えられる。しかしながら，母子関係における社会情動的発達の関心は主に子どもに向けられており，もう一方の当事者である母親は子どもに影響を及ぼす一要因として扱われることが多い。成人してなお，人は発達していく存在であるならば，育児は，母親にとって新たな社会文化的環境に身を置くことに他ならず，育児という日常的文脈や，子どもとの関係性が母親の心理的発達に及ぼす影響は大きいことが考えられる。このような母親の心理的発達に関して，母親の内面的，主観的変化にとどまらず，子どもとの相互作用の中でその変化を捉える試みが重要であろう。また，母子関係という人生最早期の最も小さい単位での社会的関係における共変化を母親の心理的発達を軸として検証することは，子どもの発達についても新たな見解を導き出すことになることが考えられる。

Papousek & Papousek（1992）は，乳児に関わる母親には，生得的に乳児の対人相互作用を促進させるある種の生得的機構が備わっており，特別な学習経験を経なくとも，意識の関与がなくとも，状況や乳児の状態から適切な応答行動をとる態勢や構えを直感的育児という概念で説明している。遠藤（1998）は，関係性という観点から母親の情動発達に関して従来の研究を概観し，基本的に乳児に接する母親には，乳児の情動表出や行動に対する特異的な感受性や構造化された働きかけのパターンが存在するという見解を示している。確かに，ある種の生得的な感受性や応答行動が，母親に備わっていることは考えられるものの，現実の育児においては，子どもの情動がわからずどのように応答すればよいのかとまどい悩む母親が多くみられる。母親の感受性や応答行動の個人差を生得的なものだけで説明することはむずかしいのではないだろうか。母親による子どもの情動認知や応答行動の個人差は，母親の気質や環境に影響されることは考えられるものの，育児とは日々の母親と子どもの相互交渉の積み重ねである。そうであるならば，母子相互作用の中で，母親の情動的側面が子どもの情動表出と関連しながら，どのように変化し発達していくかという側面に焦点を当てた議論も必要であろう。Meins et al.（2002）は，子どもを心をもった存在と仮定して子どもの情動の読み取りや応答行動を行う傾向を mind-mindedness として，愛着との関連について検討している。篠原・遠藤（2003a, 2003b）は，母親による子どもの主観的状態の読み取り傾向が子どもの発達に関連するという観点から，mind-mindedness の測度開発の試みを行っている。日常的文脈における子どもの VTR 映像から母親が読み取る子どもの情動を中心とした主観的状態の差異により，mind-mindedness の個人差を検証している。これらの試みは，母親の情動認知を母親へのインタビューなどの回顧的情報のみに基づく従来の研究とは異なり，表出された客観的データから検証していくという点で，新たな知見が期待される。しかしながら，このような母親の読み取り傾向が，育児経験に伴いどのように変化していくのかについての検証は十分とはいえず，また，今後の検証課題として，情動を中心とした主観的状態の読み取りと母子相互作用場面における応答行動との関連が示されている（篠原・遠藤，2003a, 2003b）。それでは，母親の情動認知と応答行動は母子相互作用を通じてどのように発達していくのであろうか。コミュニケーションの手段としての言語をもたず，事象との関連も明確ではない乳児（Oster et al., 1992）となめらかな情動的コミュニケーションを行うためには，従来の成人同士における情動的コミュニケーションよりも，母親の能力がより重要であることが考えられる。Schaffer（1984）は，発達早期の乳児と母親のコミュニケーションは，母親がうまく乳児の発達に合わせることにより統制されていると述べ

ている。母親は，子どもとの相互作用を通して，このような能力を発達させていくことが考えられる。しかしながら，情動も未分化で，表出手段も未熟な乳児にうまく合わせる母親の能力とは，具体的にどのようなものであろうか。Tronick et al. (1980) は，母親による乳児の情動認知に関して，1つの指標からだけでなく多次元的な指標を用いることの必要性を示唆している。Bremner (1994) は，乳児の情動を理解するためには，乳児の反応だけに焦点を当てるのではなく，それが生じる物理的あるいは社会的文脈全体を考慮に入れる必要性を示している。情動認知に関しては，認知的感情理論や機能主義的情動理論の枠組みで考えるならば，成人同士であっても，互いに文脈を考慮した情動の理解や解釈の重要性は同様である。しかしながら，乳児との相互作用においては，乳児にそのような働きを期待することは不可能である。それゆえに，母親は自らが認知した乳児の情動が正確であるのかという確認がむずかしい。母親の情動的側面の発達に関して重要な視点は，情動認知の正確さというよりも，どのように認知したかとその認知に基づく応答行動に対する乳児の応答を繰り返し経験するということではないだろうか。その繰り返し，すなわち，育児経験に伴うより繊細で応答的な能力が体得されていくものと考える。また，その際，発達のプロセスは単一ではなく，母親の個人的要因，子ども要因などとの関連から，いくつかの異なる発達のプロセスが存在することが考えられる。そうであるならば，母親の情動的側面の発達の検証には，母親による子どもの情動状態を読み取る能力（母親による子どもの情動認知と，認知する際に使用する手がかり）を詳細に検証することが必要であろう。

⋯⋯• 2節　母子相互作用における母親の情動認知発達 •⋯⋯

1. 目的

　母子の健康な発達を考えた場合，母子関係の中で，母親が子どもの情動をどのように読み取るのかという情動認知と，その発達的変化について検討することは重要である。1節では，母子関係における母親の情動的側面の発達に着目して，母親になることによる心理的発達を情動的側面から検討した研究知見を概観した。前節までの知見から，母親の心理的発達の解明に，情動的側面の検証は重要であり，また，情動的側面の中でも，母親による子どもの情動状態を読み取る能力は子どもの情緒面での発達と母親の応答行動に影響を及ぼすことが想定される。しかしながら，これら2つの要因は，日常的文脈の中で捉えることが必要であり著しい変化に対応するための詳細なデータ収集も必要とされる。

本節では，言語によるコミュニケーション手段が未熟な乳幼児と母親の関係性の発達に影響を及ぼすことが考えられる，子どもの情動状態を読み取る能力の発達的変化を捉えるために，発達早期からの短期間，反復的なマイクロ的視点で行った研究を紹介する。

　乳児の情動表出は，事象と意味のある関連がみられない可能性が高いことが示唆されており（Oster et al., 1992），乳児期の母親—乳幼児相互作用の構造のなめらかさは，母親の能力により保たれていることが示されている（Kaye, 1982）。それゆえ，母親による子どもの情動認知は，乳児の情動発達における社会的機能として重要な意味をもつことが考えられる。また，母親による乳児の情動認知は育児困難感と関連し，母親の育児態度を方向づける可能性が示唆されている（小原，2005）。

　このような母親の情動認知に関して，母親は乳児の表情だけではなく文脈を利用して認知し，解釈していることが示唆されている（Tronic et al., 1980）。しかし，母親が母親—乳幼児相互作用を取り巻く文脈のどの部分に着目し，手がかりとして子どもの情動を読み取っているのかに関する測定方法及び実証的研究は十分とはいえない。

　そこで，本節では，母親の情動認知と認知する際に利用する手がかりを測定するビデオ刺激を開発し，そのビデオ刺激を用いて，母親の情動認知と認知する際に利用する手がかりについて，詳細な検証を行うことを目的とした3つの研究を紹介する。

(1) 母親による子どもの情動状態を読み取る能力の研究

① 問題と目的

　本研究（小原・上嶋，2013）では，統制され，かつ日常的な文脈に根ざした乳児のビデオ刺激を作成し，それを用いて子どもの情動を読み取る能力を測定した。従来，母親による子どもの情動を読み取る能力の測定には以下の2つの方向性に基づく方法が検証されてきた。1つは母親と母親自身の子どもとの相互交渉を利用する方法である。母親の洞察力（Maternal Insightfulness）の概念を提唱しているOppenheim & Koren-Karie（2002）は，母親自身の子どもとの相互交渉場面を録画したVTRを測度として，子どもの思考や感情についてインタビューを行い，その内容に基づき母親の情動認知のタイプを4つに分類している。他の方法としては，写真や音声といった統制された刺激に対する応答から母親の情動を読み取る能力が検証されている。Emde et al.（1993）は，母親—子ども間における，乳幼児の情緒表出への気づきと共感的な反応，及び母親の情緒表出の提供という一連の応答能力

を表す情緒的利用可能性（emotional availability）を把握するために，前後の状況が明らかではない，乳幼児の表情写真を通して母親が，乳幼児の情動をどのように読み取るかを把握する IFEEL Pictures (Infant Facial Expression of Emotional from Looking Pictures) を測度として利用している。

しかし，母親自身の子どもとの相互交渉を利用する方法では，子どもの特性が母親の子どもの情動を読み取る能力に影響を及ぼすため，母親の特性が把握されにくい可能性が考えられる。また，統制された刺激では，母親が子どもの情動を読み取る際の手がかりが制限されており，日常的文脈での母親―子ども間における情動の読み取りとは異なる可能性が考えられる。

以上の課題から，子どもの特性に左右されず，母親の特性としての，子どもの情動の読み取り能力を把握することが可能な測定方法の作成が必要である。そこで，本研究では，統制され，かつ日常的文脈に根ざした，自子ではない乳児のビデオ刺激を用いて，母親による子どもの情動状態を読み取る能力の検証を行った。

② ビデオ刺激の作成

本研究では，統制され，かつ日常的な文脈に根ざした場面で構成されている，9か月児を対象とした 15 秒のビデオ刺激 10 本を作成した。それらのビデオ刺激に対して，乳幼児を育児中の母親 14 名を対象に予備調査を実施し，情動表出の程度と快・不快の程度について評定を依頼した。表出及び快・不快の程度の高低，分散を考慮して，最終的に，快・不快・あいまいの様々な子どもの情動が幅広く含まれていることが確認されたビデオ刺激 10 本を本調査でも使用した。ビデオ刺激の内容は表 2-1 に示す通りである。

③ 調査対象者

愛知県内の保健センターの離乳食相談会と保育園の 0～1 歳児クラスにおいて調査協力者を募集した。研究目的と，プライバシーの保護についての説明を行い，同意書による同意が得られた子育て中の母親 31 名を対象とした。子どもの月齢の平均は 11.7 か月（SD＝4.7）であった。第 1 子 25 名（男子 11 名，女子 14 名），第 2 子 6 名（男子 5 名，女子 1 名）。母親の平均年齢は 30.7 歳（SD＝3.7）であった。

④ 手続き

作成したビデオ刺激を使用して個別に半構造化面接を行った。面接場所は，対象となる母親の自宅または協力を依頼した施設で行われた。パソコンの画面にビデオ

表 2-1　ビデオ刺激の内容（上嶋・小原，2010）

クリップ名	クリップの内容
クリップ 1	低い棚に片手をかけてひざ立ちをしている。カメラの方を見てから視線を床に向けた後，手をかけていた棚へ体ごと向ける。カメラに背を向けたまま，お尻を上下に動かして「わーわー」と声を出す。最後に，再びカメラへ顔を向けて「ブッブー」と唇を鳴らす。
クリップ 2	カメラと向かい合って歩行器に乗っている。手を振ってから顔を下に向け，横へ移動していく。すぐに止まって，顔を上げてカメラを見た後，徐々に下を向いていく。
クリップ 3	初めは上半身を起こして周囲を見回しながら泣いているが，次第に顔を床にこすりながら泣き続ける。周囲には玩具が散らかっている。
クリップ 4	布製の絵本を持って歩行器に乗っている。片手で本を持ったり両手で持ったりして，手を動かし続けている。視線は本と自分の手先を向いている。
クリップ 5	手に持った玩具を斜め後ろの床に置いてある別の玩具に何度もぶつけている。時折，手に持っている玩具を正面に持ってきて見たり，口元へ持っていったりしている。
クリップ 6	母親の斜め向かいの位置に座っている。片手で持って振っているペットボトルが別の物に当たって音がすると笑う。母親に声をかけられるとペットボトルを再び振り始め，音がすると母親に笑顔を向ける。母親を見た後に，ペットボトルをじっと見つめ，また振り始める。
クリップ 7	母親と向い合わせに座っている。振ると音が鳴る玩具を両手に持って一人でぶつけている。母親が子どもの持っている玩具へ同じ玩具を「乾杯」と当てることを繰り返すと，子どもは左手を母親の方へ出す。
クリップ 8	母親の横隣で立っている。母親は紙風船を繰り返し叩きながら子どもの名前を呼んで遊びに誘っている。子どもは立ったままカメラを見たり，手で顔をこすったりし，母親の方は見ていない。
クリップ 9	母親の横隣で座っている。子どもはプラスチックのコップを持って母親の方へ体を向ける。母親は子どもが向いた方にあったタッパーを子どもの正面に置く。子どもがタッパーに手を伸ばすと，母親はタッパーを裏返す。子どもはタッパーとは違う物を手に取って引き寄せる。背景には童謡が流れている。
クリップ 10	左手を母親の足に置いたまま，右手を玩具へのばして持ち上げる。右手で持った玩具から音が鳴るとすぐに手放す。母親が音を鳴らせてみせると，再び母親の手から玩具を取って振り始め，音が鳴ると笑う。カメラマンを見ると笑顔がなくなり，玩具を落として両手を母親へ伸ばす。

刺激を1本目から10本目まで順に提示し，質問①⇒質問②の順番で面接を実施した。得られた回答は対象者の同意を得たうえでICレコーダーで録音し，それに基づいて逐語記録を作成した。逐語記録はKJ法（川喜多，1967, 1970）を用いて分析を行った。質問の内容を以下に記載する。

質問①（乳児の情動を尋ねる質問）
「赤ちゃんはどのような感情状態だと思われますか？」
質問②（情動の読み取りに母親が用いる手がかりを尋ねる質問）
「そのような感情状態と思われたのは，どのようなところからですか」

⑤ 結果と考察

質問①②の回答をKJ法により，筆者，心理学を専門とする短大講師，保育を専門とする短大助手の計3名の評定者により，合意が得られるまで類型化を行った。その結果，質問①「赤ちゃんはどのような感情状態だと思われますか？」に対する回答から不快な情動が6カテゴリー，快な情動が11カテゴリー，あいまいな情動が7カテゴリー，生理的欲求が3カテゴリー，その他1カテゴリーの計28カテゴリーが生成された。カテゴリーの詳細を表2-2に示す。

次に，質問②「そのような感情状態と思われたのは，どのようなところからですか」に対する回答から客観的に観察可能な文脈が8カテゴリー，母親の主観的な認知が6カテゴリーの計14カテゴリーが生成された。生成されたカテゴリーの詳細を表2-3に示す。

母親による子どもの情動の読み取りは，多義にわたることが推測された。育児の状況に対する現実知覚＝評価様式は育児ストレスに影響し（氏家，1996），養育者による子どもの情動の読み取り様式が育児困難感に影響する（小原，2005）ことが示唆されている。本研究から得られた情動カテゴリーに基づき，母親が，快・不快・あいまい及び子どもの空腹や眠い，排泄といった生理的な欲求のどの情動に多

表2-2 生成された情動カテゴリー（小原・上嶋，2013）

不快な情動	悲しみ　怒り　辛い　恐怖　不満　不安
快な情動	楽しい　挑戦　安心　得意　期待　夢中・集中　興味　欲求　意志　思考　発見
あいまいな情動	無関心　呆然　依存　葛藤　驚き　緊張　退屈
生理的欲求	空腹　暑さ　寒さ
その他	分類不可

表 2-3 生成された母親が子どもの情動の読み取りに利用する手がかりカテゴリー
（小原・上嶋，2013）

客観的に観察可能な文脈	養育者の主観的な認知
乳児の行動	乳児の心的状態
乳児の発声	養育者の育児経験
乳児の表情	養育者の育児信念
乳児の注視	
乳児の泣き	
養育者の行動	
母子相互作用	
環境	

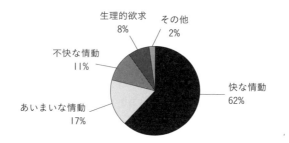

図 2-1　生成された情動カテゴリーの出現率（小原・上嶋，2013）

く焦点づけられているかという特性と，実際の母親の応答行動や育児ストレスとの関連について，質的な分析及び検証が，今後必要であると考えられる（図 2-1）。

　母親が子どもの情動を読み取る際に，客観的に観察可能な文脈だけでなく，子どもの心的状態に関する母親の主観的な認知と母親自身の内的表象である育児態度や育児信念も手がかりとして利用している可能性が示唆された（図 2-2）。

　Oster et al.（1992）によると，乳児の情動は明確な事象との有意味なつながりをもたない，あいまいなものであることが指摘されている。それにもかかわらず，母親たちの多くは，生後 1 か月の乳児にも多くの情動を仮定することが示唆されている（Johnson et al., 1982）。母親は主観的な認知を利用することで，初期の母子相互作用における子どもの情動を認知している可能性が考えられた。また，子どもの情動表出は，発達に伴い事象との関連が明確になり，客観的に観察されやすくなることから，母親の利用する手がかりも主観的な認知によって得られるものから客観的

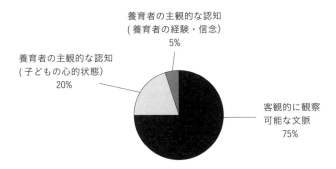

図 2-2 生成された母親によって利用された手がかりカテゴリーの出現率（小原・上嶋，2013）

な観察によって得られるものへと経時的に変化していくことが推測される。一方，育児経験という内的表象に着目した場合，育児の経験を重ねるにつれ，利用できる主観的な認知が多くなる可能性も否定できない。

これらの課題の検証も含め，今後は本研究で得られたカテゴリーを用いて，発達早期からの短期間，反復的なマイクロ的視点による研究デザインで詳細な検証を行い，基礎的なデータ収集と分析を行うことが必要である。

(2) 母親による乳児の情動状態を読み取る能力を検討するための VTR 刺激の開発と妥当性の検証

① 問題と目的

母親が子どもの情動をどのように認知するかはその後の養育行動に影響を与える。本研究（島ら，2009）では，母親が乳児の情動を読み取る際に用いる手がかりは何か，使用する手がかりは子どもの発達とともにどのように変化していくのかを検討するための材料として，ビデオ刺激を作成し，選定することを目的とする。

これまでの母子相互作用の研究では，子どもの情動を読み取り，適応的な相互作用につなげる母親側の心理的側面として emotional availability （Emde & Sorce, 1983）や mind-mindedness（Meins, 1997）など様々な概念が提唱されてきた。これらの概念には細かな違いはあるものの，子どもに対して応答的に振る舞うためには，母親による乳児の情動状態を読み取る能力が重要であることが共通して指摘されている。

母親による乳児の情動状態を読み取る能力の測定には大別して 2 つの方法が用いられてきた。1 つは母子相互作用の観察など，自子との関係において実施されるものであり，1 つは写真や音声など統制された刺激に対する反応を求めるものである。

このうち，自子との関係において測定される母親の「子どもの内的状態を読み取る能力」は必然的に子どもの特性をも含んだものとなり，母親の個人特性を抽出するのは困難になる。一方，統制された刺激を用いる手法では母親に限られた情報から乳児の情動の読み取りを強いることになり，日常的に行われている内的状態の読み取りとの解離が懸念される。

　これらの問題点を克服するために，統制され，かつ日常的な文脈に根ざした刺激の作成が求められる。自子ではない乳児のビデオ刺激を用いて母親の「子どもの内的状態を読み取る能力」を測定することが可能であり，母親が子どもの情動を読み取る際には，子どもの表情だけでなく周囲の文脈情報も手掛かりとして多く利用されていることなどから，①自子以外の乳児で構成され，②表情に限定せず，乳児の全身および周囲の状況を含んだビデオ刺激を作成する。なお，自子とビデオ刺激の乳児の月齢が同じ場合と異なる場合で，情動の読み取りに差異が生じるのかを検討するため，複数月齢でビデオクリップを作成する。

② 方法

　ビデオクリップの作成：3，6，9，12 か月の乳児を，家庭もしくは育児支援センターにおいて撮影した。撮影の対象となったのは各月齢 4 から 5 名であり，男女はおよそ半数ずつであった。ビデオの中から乳児の情動状態が快・不快もしくはあいまいであると考えられる場面を抜き出し，15 秒のクリップ（各月齢 20 ずつ）を作成した。

③ 調査対象者

　乳幼児をもつ母親 127 名（3 か月：29 名，6 か月：25 名，9 か月：34 名，12 か月：39 名）を対象とした。手続き：2008 年 12 月から，育児支援センターにおいて，活動終了後に調査協力を求めた。ビデオクリップはスクリーンに映写され，10 から 30 名が同時に視聴した。調査協力者は 3，6，9，12 か月のいずれかの月齢の乳児が写るビデオクリップ 20 本を見て，それぞれについて「乳児の情動状態」と「乳児の情動のわかりやすさ」について評定を行った。「乳児の情動状態」は「快」と「不快」を両極とする 7 件法で，「乳児の情動のわかりやすさ」は「わかりやすい」と「わかりにくい」を両極とする 7 件法であった。

④ 結果

<u>評定結果</u>

3，6，9，12か月のビデオクリップに対する「快—不快」評定を表2-4に示した。どの月齢においても，快から不快まで，幅広い情動が含まれていることが確認された。

表2-4　各月齢のビデオクリップに対する"快—不快"の評定結果（島ら，2009）

	3か月				6か月				9か月				12か月			
	M	SD	Min	Max	M	SD	Min	Max	M	SD	Min	Max	M	SD	Min	Max
No.1	5.27	1.20	2	7	4.72	1.34	2	7	5.00	1.51	1	7	5.69	0.87	3	7
No.2	5.28	1.03	4	7	5.76	1.20	3	7	2.88	1.63	1	7	**3.85**	**0.76**	**2**	**6**
No.3	5.37	1.61	1	7	6.32	1.18	3	7	6.00	0.98	4	7	5.30	1.45	1	7
No.4	**6.23**	**1.01**	**4**	**7**	3.17	0.76	2	4	5.36	0.99	3	7	4.44	0.99	2	6
No.5	**4.24**	**1.30**	**1**	**7**	5.88	1.05	4	7	4.42	0.91	3	7	5.44	1.02	3	7
No.6	5.28	1.16	3	7	2.00	0.82	1	4	2.83	1.28	1	7	**1.47**	**0.61**	**1**	**3**
No.7	3.97	1.38	1	6	4.92	1.10	3	7	4.60	1.22	3	7	4.81	1.06	3	7
No.8	**3.55**	**1.33**	**1**	**6**	**4.12**	**1.48**	**1**	**7**	**1.09**	**0.28**	**1**	**2**	5.00	1.04	3	7
No.9	1.41	0.78	1	4	5.80	1.26	3	7	4.94	1.29	1	7	4.49	0.85	3	7
No.10	5.97	1.12	4	7	4.52	1.19	3	7	4.75	0.97	3	7	3.12	1.34	1	6
No.11	4.96	0.85	4	7	4.52	1.19	3	7	**4.44**	**0.88**	**3**	**7**	**6.43**	**0.93**	**3**	**7**
No.12	**4.89**	**0.74**	**4**	**6**	**4.08**	**0.95**	**2**	**7**	4.97	1.19	3	7	2.46	1.04	1	5
No.13	3.57	1.20	1	6	**4.20**	**0.87**	**3**	**6**	**3.77**	**0.97**	**2**	**7**	4.63	1.03	3	7
No.14	3.93	1.27	2	7	**6.44**	**0.51**	**6**	**7**	**4.21**	**1.04**	**2**	**7**	2.00	0.82	1	4
No.15	5.31	1.57	1	7	6.60	0.65	5	7	**6.49**	**0.92**	**4**	**7**	2.50	1.22	1	5
No.16	**1.46**	**0.99**	**1**	**5**	**1.40**	**1.04**	**1**	**6**	4.38	1.04	1	7	4.66	1.26	1	7
No.17	1.42	0.86	1	4	5.24	0.83	4	7	3.51	1.04	2	6	5.58	1.09	3	7
No.18	5.77	0.91	4	7	6.24	0.97	4	7	5.06	1.11	3	7	4.42	1.03	3	7
No.19	4.76	1.30	2	7	5.48	1.19	3	7	4.66	0.91	3	7	**4.56**	**0.80**	**3**	**6**
No.20	4.77	1.14	2	7	4.64	1.50	1	7	4.39	0.73	3	6	**4.50**	**1.00**	**2**	**7**

注）最終的に選択された各月齢5クリップを枠で囲んだ。

刺激の選定理由

　各月齢とも，強い快，強い不快各1クリップとニュートラル3クリップを選んだ。ニュートラルには標準偏差の小さいもの（すなわち，誰が見てもニュートラル）と標準偏差の大きいもの（ポジティブと評定する人もいればネガティブと評定する人もいるもの）が含まれるように配慮した。選定基準は①調査の評定の平均と標準偏差②同一の乳児が3クリップ以上にならないことであった。

⑤ 今後の課題

　作成されたビデオクリップを用いて，3，6，9，12か月児の乳児の母親に半構造化面接を行い，母親による子どもの情動状態を読み取る能力の発達的変化について検討していく。

(3) 母親による乳児の情動状態を読み取る能力の発達的変化
① 問題と目的

　本研究（小原・石井，2015）の企図するところは，言語によるコミュニケーション手段が未熟な乳幼児と母親の関係性の発達に影響を及ぼすことが考えられる，母親の情動認知と文脈利用の発達的変化を，発達早期からの短期間，反復的なマイクロ的視点による研究デザインで詳細な検証を行うことである。すでに述べてきたように，乳児期の母親─乳幼児相互作用は母親の情動認知能力に依拠される可能性が高く，また，乳児の情動発達および母親の育児の状態にも影響することが示されている。

　そこで，本研究では，妥当性が検証されたビデオ刺激と情動カテゴリー及び情動の読み取りに利用する手がかりカテゴリーを用いて，母親の情動認知と文脈利用の発達的変化について，詳細な検証を行うことを目的とする。

② 方法

使用した尺度

　研究(2)の母親による乳児の情動状態を読み取る能力を検討するためのビデオ刺激の開発と妥当性により作成した3，6，9，12か月の各月齢の乳児の快・不快・あいまいな情動表出が認められた15秒のクリップを各月齢5クリップ，計20クリップを使用した。

③ 調査対象者

3か月の乳児を育児中の母親8名を対象に，子どもが3か月，6か月，9か月，12か月の各時点において，3，6，9，12か月の乳児のビデオクリップ（15秒）を各5枚（計20枚）提示し，以下の項目について評定を依頼した。

質問①（乳児の情動を尋ねる質問）
「赤ちゃんはどのような感情状態だと思われますか？」
質問②（情動の読み取りに母親が用いる手がかりを尋ねる質問）
「そのような感情状態と思われたのは，どのようなところからですか」

④ 結果

母親による乳児の情動状態を読み取る能力の発達的変化に関して，母親によるパターンの違いが認められた（図2-3，図2-4）。

最初に，母親による子どもの情動認知に関して，9か月時点で変化が認められた。快な情動認知が減少し，あいまいな情動認知が増大した。次に，認知する際に使用する手がかりについても9か月時点で変化が認められた。客観的な手がかりの使用

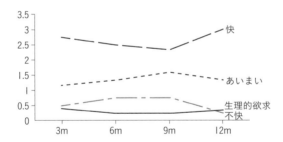

図2-3 母親によって読み取られた乳児の情動の発達的変化（Obara & Ishii, 2015）

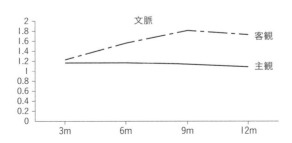

図2-4 母親によって利用された手がかりの発達的変化（Obara & Ishii, 2015）

が減少し，主観的な手がかりの使用は変化が認められなかった。以上の結果から象徴機能である言葉の前段階の指さし行動が発現し，コミュニケーションスキルとしての共同注意もみられる9か月時点で，子どもの情動表出は複雑となり，母親によってあいまいな情動と認知される傾向が増大したことが推測される。9か月以降，再び快な情動認知が増大し，あいまいな情動認知が減少することから，母親が子どもの複雑な情動表出に順応していく過程が考えられる。

　認知する際に使用する手がかりについては子どもが3か月～9か月という育児経験の少ない時期の母親は，客観的な手がかりを多く利用するものの，9か月時点では客観的な手がかりの使用が減少し，客観的な手がかりと，育児経験に基づく主観的な手がかりの両方を利用して子どもの情動を認知していることが推測された。

　今後は，対象者を増やし，発達早期からの短期間，反復的なマイクロ的視点による研究デザインで詳細な検証を行い，基礎的なデータ収集と分析を行うことが必要である。それらのデータから，養育者による子どもの情動認知と認知する際に使用する手がかりの発達的プロセスを明らかにし，養育者の応答行動や育児ストレス，子どもの発達との関連を検証し，臨床的な応用へとつなげていきたい。子どもの要求や意図がわからないために育児不適応を生じている母親に対して，適応的な子どもへの関わり方を体験的にトレーニングできる発達プロググラムの開発への応用が今後の課題である。

3節　母子相互作用と母親の発達に関する今後の課題

　本章では，母子相互作用と母親の発達に関して，1節で母子関係における母親の心理的発達に関する先行研究のレビューを行った。その結果，母子の健康な発達を考えた場合，母子関係の中で，母親が子どもの情動をどのように読み取るのかという情動認知と，その発達的変化について検討することが重要であると示唆された。

　また2節では，言語によるコミュニケーション手段が未熟な乳幼児と母親の関係性の発達に影響を及ぼすことが考えられる，子どもの情動状態を読み取る能力（母親による子どもの情動認知と認知する際に使用する手がかり）の発達的変化を捉えるために開発した，統制され，かつ日常的な文脈に根ざした乳児のビデオ刺激を使用して，発達早期からの短期間，反復的なマイクロ的視点による研究デザインで，詳細な検証を行った。その結果，母親による子どもの情動認知と，認知する際に使用する手がかりについて，象徴機能である言葉の前段階の指さし行動が発現し，コミュニケーションスキルとしての共同注意もみられる9か月時点で，子どもの情動

表出が複雑となることに伴い，母親が子どもの複雑な情動表出に順応していく過程が示された。

　しかしながら，本章の検証では，調査対象者も少なく，子どもの発達特徴も明らかにされていない。今後は調査対象者を増やし，対象とする子どもの年齢を幼児期前期（1歳〜3歳）まで広げ，母親による子どもの情動認知と認知する際に使用する手がかりについて，より詳細な発達過程を検証していきたい。また，子どもの発達特徴の指標を，子どもの共同注意行動にみられる他者との情動共有と象徴機能とし，母親による子どもの情動認知と認知する際に使用する手がかりと，子どもの発達特徴の関連についても精査していきたい。

　これらの基礎的知見を臨床的に応用して，発達特徴に合わせた適応的な子どもへの関わりを体験的にトレーニングできる情動認知発達プログラムを開発するのが最終的な目標である。冒頭に述べた，「子どもの要求がわからない」「なんで泣いてばかりいるのだろう」「どうやって子どもと遊んだらいいのかわからない」。このような子どもの気持ちがわからないことで育児に対する不安や孤独感を感じている母親が少しでも安心できるための研究にしていきたいと考えている。

COLUMN 2　母子関係とミラーリング

　ミラーリングとは，母親が，乳幼児の行動や情動を鏡のように映し出す表現である。具体的には，乳児の微笑に対して微笑を返すこと，乳児の声（cooing）に「そうなの……」などと応答すること，おむつ替え時に足を伸縮させる乳児に「気持ちいいねー」と語りかけたりすること等，母親の共感的な調子合わせや，子どもをまねる行動であり，Winnicott (1971) は，そのような母親の表情を見て，乳児は鏡を見るように自分の情動を知るのだと述べた。Trevarthen (1979) は，乳児には，母親からのコミュニケーション刺激を感知し，解釈する能力が備わっており，母親の表情，声，手の動き，微笑，泣き等を引き起こすこと，母親は，その乳児の表情，声やリズムに自然に合わせてまねするという同期的行動を行っていることを観察から明らかにし，母親が子どもの行動をまねることで相互作用やコミュニケーションが維持されると述べた。Field (1977) は，2, 3か月齢児と母親の見つめ合いの実験で，母親の，注意を引きつける行動より，子どものまねをする行動の方で，子どもは母親の顔をよく見たという結果を示した。
　Stern (1985) は，このように，母親が乳児の行動を非言語的な隠喩や類似によって日常的に鏡映することで，乳児の情動の調律を果たすと同時に，類似性を体験させ，言語的な象徴の使用へ結びつく言語自己感を育てると述べている。また，このような母子の社会的交流は，乳児の社会的期待（social expectancy）や間主観性（intersubjectivity）を促進するともいわれている（鯨岡，1999, Nadel et al., 2000 など）。Legerstee & Varghese (2001) は，すでに3か月齢の乳児で，母親のミラーリング（注意維持，あたたかい感受性，社会的応答の3つ）頻度の高さが，ビデオと生の，母親を識別する能力（社会的期待）を高めることを示した。さらに，Legerstee et al. (2005) の研究からも，ミラーリングの頻度が言語獲得の前段階である共同注意に影響を与えることが示されている。
　これらの知見を総合すると，ミラーリングは，親子の交流やコミュニケーションの一側面であり，子どもとの交流，コミュニケーションに役立ち，子どもの共同注意の発達とも関係すると思われる。乳幼児健診における言語発達促進への指導の中にはミラーリングを取り込んだ介入も存在し，言語発達との関連もあるように思われるが，本邦では，それらの根拠を示す実証研究が稀有である。母子のやりとりは，文脈に基づいて行われるものであるが，既存の指導は，母子の文脈，特性への配慮もなく，有効性の検証もないまま行われている。そこで，井手 (2016a) は，まずは母親たちが，どのようなミラーリングを，どのような場面で行うのか，それは発達（月年齢）によって違うのか等，本邦での実態を調査し，それに基づいた指導，提案をする必要があると考え，以下の調査を行った。
　井手 (2016a) は，3, 6, 18, 24か月齢児をもつ559名の母親を対象に，ミラーリングの定義を「実況」，「代弁」，「注意」，「模倣」とし，生活の6場面（「起床」，「食事」，「おむつ替え」，

「着替え」,「入浴」,「遊び」)でのミラーリングの生起頻度を調査した。その結果,子どもの月齢が上がると母親の「注意」の頻度が高くなり,「模倣」の頻度は低くなった。また,3か月齢において「実況」,「代弁」の頻度が高いほど,「人へ声をあげる」発現時期が早く,24か月齢において「注意」の頻度が高いほど,「心配行動」等の共同注意の発現時期が早かった。それに反し,18か月齢では「注意」,「実況」,「代弁」の頻度が高いほど,「母親の要求に子どもが返答する」,「共同注意」の発現時期が遅かった。このことから,先行研究と同様,月齢が低い乳児に対して模倣をより多く行う等,月齢による母親関わりの違いがみられること,ミラーリングと乳幼児の共同注意との関連性があることが示唆された。また,この研究の18か月齢では,子どもの言葉の発達が遅いからこそ,母親は,「注意」,「実況」,「代弁」を行っているとも考えられる。そうであれば,ミラーリングは,母親の一方通行的な関わりではなく,子ども側にも,母親のミラーリングを喚起したり,喚起しにくかったり,相互的な関わりの中で行われるともいえるのだ。

　井手(2016b)は,「1週間ミラーリングを意識して行って下さい」という教示のプログラムを試行し,参加者79名の感想事例から,ミラーリング増加の有無,子どもと母親の変化等を検討した。その結果,母親はミラーリングが増え,子どもの言葉,まね,交流,見てほしい行動の増加,母親の意識,気づきの増加が有意に多く語られた。感想には,「子どもの反応を見て,さらに楽しくなり,ミラーリングが増加した」や,「子どもの変化によって,気づきがあった」等,子どもの反応や変化に影響されたことを示す内容も多かった。つまり,母親のミラーリングは,子どもの反応と密接に関連し,母親自身の情動や意識にも変化を引き起こすなど,母子双方への相乗効果をもたらすと考えられる。さらに,井手(2017)では,前述のプログラムを改良し,ミラーリングの例示を増やした「ミラーリングプログラム」の効果検証を行い,上記の効果を実験群で確認でき,母子交流の増加に有効であるということが立証された。

　以上から,ミラーリングが母子の基本的な相互交流にとって重要であり,増加させることが子どもの発達を促すことがわかった。もし,何らかの臨床的な要因(たとえば早産児,産後うつ,自閉的傾向等)が母子のどちらかにあり,元来の自然なミラーリングができにくい環境下において,このプログラムで介入することは,母子の交流促進,母親自身の変化,子どものコミュニケーション発達を促し,その結果,言語発達を促進する可能性も考えられる。現在,自閉症児への大人のまねが,注意を引きつけ(Nadel et al., 2000),社会的応答時間が長くなること(Tiegerman & Primavera, 1981),彼らの注意の方向を敏感に読み取るほど言語や社会性が育つ(Siller & Sigman, 2002)という研究結果が示され,早期介入の有効性への模索がされているが,まねや注意を包含するミラーリングは,自閉症児へも,有効活用されると考えられる。今後の課題として,自閉症児への効果検証を行い,プログラムの有効性を確認できれば,将来,自閉症スペクトラムの治療方法の一助となるかもしれない。

第3章
親子関係と発達
父親の育児行動と子どもの発達

　1970年代に始まる父親研究の目的は，父親の養育が子どもの発達にもたらす影響について究明することにあった。多くの研究者が子どもの愛着関係の形成における父子関係の重要性を示し，なかでも，子どもの発達に対してもう1人の貢献人として大きな影響を与える父親の存在について指摘したLamb（1975）の研究は，その後の父親研究に大きな影響を及ぼしたといえる。本邦では，柏木（1993）によって，親子関係を考える際，そもそも「母親」と「父親」を分けて考えること自体が疑問視されて以来「父親の再発見」をテーマとした研究が徐々に行われるようになった。1990年代は日本における父親研究が注目され始めた時期ともいえ，子どもの発達に及ぼす父親の影響や父親の育児参加の背景要因について検討された。そして，近年，一般社会において親子関係における父親の存在の重要性は浸透し，父親の育児参加について世の中の理解が深まりつつある。2010年に流行語となった「イクメン」に続き，「イクボス」が聞き慣れた用語となってきたことは，父親が育児を担うことに対する社会の意識を反映しているといえるだろう。

　しかし，世の中の人々の意識改革が起こり，意識レベルで父親の育児参加が，子どもの発達や父親の発達，また夫婦関係にとって重要な意味をもつことが理解されても諸外国と比較して，いまだに日本の男性が育児に関わる時間が顕著に少ないことは事実であり，人々の意識と行動は一致していないといえよう。では，いったいこれからの父親研究に求められるものは何なのであろうか。

　子どもをもつ男性にとって育児期は，成人期の中でもとりわけ親になることであらゆる行動変容が強いられる時期であると同時に，個の発達にとって重要であることが多くの父親研究において報告されている。たとえば，男性が家事・育児に参加することによって人格的成長が促されるとか（柏木・若松，1994; 森下，2006），より前向きなストレス・コーピングをとることができる（尾形ら，2005）などである。もちろん，父親が育児をすることの意味は単に子どもの発達や自身の発達のためだけではない。夫婦関係や祖父母世代の親子関係など父親にとって周囲の重要な他者との関係性にとっても父親の育児は様々な有用性をもつと考えられているし，家族

システムの中で父親は子どもと向き合い発達している(森下,2006)。では,父親は周囲の人々とのどのような関係性をもって育児をしているのであろうか(どのような関係が基盤となって育児をしているのであろうか)。本章では,子どもとの関係,母親との関係,両親との関係に注目して,父親の育児行動がそれらの人々にどのような影響を及ぼしているのか。逆に,父親の育児行動にどのような影響を与えているのか。すなわち,周囲の人々がどのような存在なのかという視点で,これまでの父親研究を概観することで,これからの父親研究に期待されることを考えていきたい。その際,子どもの発達,夫婦の育児における役割分担や結婚満足度,祖父母からの育児支援に関する研究を手掛かりとする。

1節 父親と子どもの関係

1. 子どもの発達に対する父親の役割

　子どもの発達に及ぼす父親の役割は,これまでにも国内外で多く研究され,それらの多くは子どもの愛着関係の形成と発達が,父子関係から十分に形成されることを示した Lamb (1975) の研究から大きな影響を受けている。その中でも乳幼児期に最も焦点が当てられているのは,育児期において特にこの時期が,子どもの愛着形成にとって重要であるとする母子研究の見解を支持する流れであろう。子どもの発達段階(乳幼児期,児童期,青年期)によって子どもの発達に及ぼす父親の役割を検討した研究を整理すると,それぞれの発達段階に応じて父親の果たす役割があることがわかる(尾形,2013)。

(1) 乳幼児期

　乳幼児期は子どもの身体や運動機能が未熟なゆえに身の回りの世話を必要とすることから,必然的に日常的な世話行動や遊びといった直接的な関わりが多くなる。父親研究においても,この時期は父親の日常的な子どもとの関わり(遊びや世話)が子どもの社会性や言葉の発達に影響を及ぼすことが報告されている。たとえば,中野(1992)は,3歳児の発達と父子関係について検討している。その結果によると,子どもの発達を高める父親の関わりとしては「接近(子どもをなつかせる行動をする)」や「遊び(休日遊びを楽しむ・身体を使う遊び)」といった楽しむ行動が中心であることを指摘し,なかでも「遊び」は子どもの発達のすべての領域(情動性,自発性,運動性,認知性,言語性,社会性)に影響を及ぼすことを指摘した。また,父親になったことへの負担感・否定感をもたず肯定的に受け止めている場合

に，子どもの発達が促進されることを指摘している。同様に，加藤ら（2002）も3歳児の社会性の発達に父親の日常的な遊び，お風呂や着替えといった世話行為が直接的な要因となっていることを指摘し，その結果は異なるコホートにおいても同様であったことを明らかにした。尾形（1995）は，3歳から6歳までの子どもを対象とした研究から，父親の育児行為の中でも特に「しつけ」行為が子どもの社会生活能力を高めることを示した。もう少し幅広い年齢層の乳幼児を対象とした研究では，木田（1981）が1歳から6歳までの子どもの発達指標と父親の関わりとの関連について，子どもの性や年齢によってどのように異なるかについて検討している。その結果によると，父親と母親のそれぞれの影響力は各育児領域（養護・遊び，しつけ・育児の関心・育児方針決定）によって異なるという。たとえば，「遊び」は男女児ともに発達に対する父親と母親の影響力がともに強く，「しつけ」に関しては，男児では幼児期全般を通して相対的に父親の関わりが強く関連するが，女児の場合には父親の関わりが幼児期後半に限定されるというのである。さらに，父親の「育児の関心」の高さは，性別に関わらず子どもの社会性だけでなく，言葉や探索行動の発達との間に正の相関関係が認められている。このほかにも父親との関わりが多い幼児は広い友人ネットワークを形成していることが報告されている（Ishii-Kuntz, 1998）。これらの研究から愛着形成のほかにも乳幼児期の子どもの発達にとって，父親が重要な役割を果たしていることがわかる。

(2) 児童期

乳幼児期から児童期に移ると，身体的な成長に伴い子どもは直接的な世話行動を徐々に必要としなくなることから，親子の直接的な関わりは少なくなる。その一方で，児童期は家庭を離れ学校での仲間や先生との関わりが子どもにとって重要な意味をもつようになり，社会性や共感性の発達，そして家族以外の重要な他者との関係において精神的健康であるか否かが発達の視点に加わってくる。菅原ら（2002）は，313世帯の父親と母親及び子ども（9～11歳）を対象に，夫婦間の愛情関係が家族機能と親の養育態度を媒介して児童期の子どもの抑うつ傾向と関連するかどうかを検討している。その結果，夫婦の愛情関係が家庭の雰囲気や家族の凝集性といった家族機能を媒介して子どもの抑うつ傾向と関連することが示された。さらに，父親の養育態度に関しては，直接的に子どもの抑うつに関連しないが，夫婦関係において母親が父親に対して愛情をもつ場合には，子どもに対する母親の養育の温かさが高まり，結果として子どもの抑うつ傾向の減少につながることを示した。このほかにも，尾形・宮下（1999）は，小学1年生と2年生を対象とした研究の中で，

父親の家庭での協力（家事への援助，夫婦間のコミュニケーション，子どもとの交流）が高く，母親の精神的な疲労が少ない家庭の場合，子どもの社会性の発達が促されることを指摘している。すなわち，父親と母親がともに子どもに関心が向き，子どもと意思疎通のある親子関係が形成されているなど，子育てのための基本的な家庭環境が整っていることによって子どもの社会性の発達が促されるといえる。さらに彼らは，小学2年生，4年生，6年生を対象とした研究の中で，父親の家庭での協力が子どもの共感性の発達と関連することを示した（尾形・宮下，2000）。つまり，子どもの社会性の発達と同様に，父親が協力的である家庭では，自然に父親と母親が話し合いをしたり，ともに家事をしたりする場面が多く，そのような共感的な家庭環境が基盤となって子どもの共感性が発達すると考えられる。また，この結果が小学2年生において顕著に認められたことから，子どもの年齢が低いほど家庭の影響力が相対的に高いことがわかる。

　これらの研究知見から，児童期は子どもの発達の視点が，徐々に家庭における親子関係から学校の先生や仲間との関係性へと移行し，それに伴いこの時期の父親の役割は直接的な介入から間接的なものへと変化すること，その間接的な介入の基盤には父親が協力的である家庭環境があることが特徴といえるだろう。

(3) 青年期

　青年期に入ると，子どもは身体的にも情緒的にも大きく変化し，親子が関わる時間が減るだけでなく，子どもからケアやサポートを求められることが少なくなる。この時期，成長する子どもにどう接していいか戸惑うという父親は決して少なくないだろう。こうしたなかで青年期を対象とした父親研究では，子どもとの関係性のとり方そのものが中心的な研究テーマとなり，その中で父子の関係性と子どもの精神的な適応などの子どもの発達との関連について検討されてきた（Adams & Laursen, 2007; Chen et al., 2000）。本邦においても，たとえば，細田・田嶌（2009）は，中学生の自己と他者に対する肯定感とソーシャル・サポートの関連について検討し，自他への肯定感情の高い中学生の方が両親からのサポートをより受けていることや，中学生の自他への肯定感情に対して，父親と趣味や娯楽を共有して一緒に過ごすなどの父親の間接的なサポートが有効であることを示した。また，平山（2001）は，中学生の家族161組を対象として，中学生の精神的健康と父親の家庭関与との関連について，父親と母親それぞれの評定の一致度から検討を行っている。その結果によると，母親が評定した父親の家庭への関わりが，父親自身の評定に比較して，中学生の精神的健康（特に神経症傾向）と関連が強いことが示された。特

に父親の自覚以上に母親が父親の家庭関与を低く評価している場合に，中学生の神経症傾向が高いという点について，この結果は，青年期における父親と母親との心理的距離のあり方の重要性に加えて，家族関係における連鎖のあり方が常に母親を介して行われていることを示した点で意義深いと考えられる。さらにこの研究では，過去に父親の家庭関与が高くても，現在の家庭関与は低いと母親がみなしている場合に，かえって中学生の神経症傾向が高いという結果が示されており，過去から現在にかけて一貫して父親が家庭に関与することが中学生の精神的健康にとって望ましいことが指摘されている。この研究結果は，子どもの発達に及ぼす父親の役割が乳幼児期や児童期，そして青年期と各期が独立して存在するというよりむしろ，乳幼児期から青年期まで連続性をもつものであることを示唆するものといえるだろう。

　このほかにも，父親の影響が性別によって異なることが報告されている。たとえば，父親の支援は男子の精神的健康を高め，父親の統制は女子の精神的健康を低下させることが指摘されている（石川, 2003）。つまり，青年期において男子は，父親と情緒的に関わることが多く，主に父親の支援が精神的健康にとって大きな影響力をもつと考えられる。一方で女子にとっては，思春期における身体的な変化に伴い，父親との葛藤が強まる傾向にあることから（Steinberg, 1988），父親の支援は有効となりにくく，かつ統制は葛藤と結びつき，精神的健康の低下へつながるといえよう。

　以上，子どもの発達に及ぼす父親の役割については，これまで子どもの各発達段階に応じた視点で多くの研究が行われてきた。特に乳幼児期については，母子関係における乳幼児期の重要性を指摘した見解を受けて，父親の役割についても注目を集めてきた。しかしながら，乳幼児期の父子関係がその後の子どもの発達の決定要因となるわけではない。なぜならば，乳幼児期から青年期へと子どもが発達する過程で子どもを取り巻く環境は変化するし，父子関係もその影響を受けて変化すると考えられるからである。今後，変化する父子関係が両者にとってどのような意味をもつのかについて検討していくことで新しい父親研究の視点が展開されることが期待される。

2. 父親の発達に及ぼす子どもの発達の影響

　父親と子どもの関係は，子どもの発達に父親が一方向的に影響を与えるのではなく，子どもの発達によって父親としての意識が芽生え，さらに子どもとの関わりによって親行動がとれるようになるといった双方向的な関係である。言い換えると父親としての発達にとって子どもの発達が重要な意味をもつともいえるだろう。

　妊娠・出産・育児期は女性にとって 1 人の女性から母親へと変化していく時期と

考えられ，妊娠期に始まる身体的な変化や周囲からの妊婦らしい行動の期待によって徐々に母親意識が芽生えることが知られている。では男性はいつ頃から，父親としての意識が芽生え，親行動をとるようになるのであろうか。男性は女性のような身体的変化はなく，妊娠期に開催される出産準備教室などに参加しない限り，育児経験のない男性にとって「新生児」とは未知の存在であろう。実際，子どもが生まれて夫婦2人から親子3人の生活が始まり，泣く我が子を目の前にしたとき，戸惑いを感じ何もできない父親は少なくない。親行動とは，泣きや笑いといった子どもからの何らかのシグナルに対する親の対処行動であり，親と子の相補的な関係性を有するものである。子どもとの直接的な相互交渉を通した体験を積み重ねることによって，子どもとの相互交渉の楽しさが経験されるし，それによってさらに強化され子どもとの関係性が高められる（加藤，2009）。母親研究ほど多くはないが，父親についても子どもとの関わりの中で，父親としての意識が徐々に芽生え，親行動をとっていくことが報告されている。

　八木下（2008）は，第1子をもつ夫婦12組を対象に妊娠後期，生後0か月時，生後6か月時の計3時点において，子どもの存在，ものの見方や考え方の変化などについてインタビューを行い，父親役割の芽生えについて質的分析を行った（表3-1参照）。12名の父親から得られた語りの中から，父親になるための準備について述べられたものを抽出し，それらを父親の内面，父親の行動，父親に対する外部からの情報経路の3つの観点から整理している。その結果によると，生後6か月頃を初期の父親役割が形成される時期とし，特にこの頃の父親の内面に関する語りの中で，親から子という一方向の関係性から親から子，子から親という双方向性が出現してきたことを示す語りがあることが指摘されている。また，父子相互が発達する様相について，子どもを1人の人間存在として認めると同時に，父親自らも子どものわずかな反応の変化を捉え，意味づけていく資質をそなえるようになる。結果として，生後半年を迎える頃に，子どもの発達によって父親意識が刺激され，父親としての自覚が強まり，家庭における父親の存在が位置づけられるという。

　子どもの発達は父親の意識的側面だけでなく，行動的側面にも影響を及ぼしていることが指摘されている。小山ら（2014）は，第1子を妊娠した夫婦62組を対象に，妊娠後期，生後1か月，2か月，4か月の4時点において調査を行い，子どもの月齢による父親の育児行動（「抱く」「寝かしつけ」「入浴」「授乳」「げっぷ」「おむつ交換（尿）」「おむつ交換（便）」「着替え」「遊び」「お守」）の量的変化について検討を行った。その結果，これらの10項目の育児行動の中で，「抱く」「入浴（沐浴）」「遊び」の回数が，生後1か月から生後2か月，さらに生後4か月へと月齢がすすむに

第 1 部　親子関係と発達

表 3-1　生後 6 か月時の父親の語りの一例（八木下，2008 より作成）

【事例 8】
「社会的な生活の中で『家族』っていうものを自分の生活の中にどのような比重をおいて考えるようになったかという意味ではもちろん変わっていますよ……（勤務後の寄り道がなくなり）『まあとにかく帰ろう。まず子どもの顔を見に帰ろう』と思って帰ってくるとか……中心部分が外側から内側になってきたっていうことでしょうね」

【事例 9】
「子どものやっていることが分かるようになってきた……」

【事例 10】
「子どもは自分の思い通りにならない部分がある……しかたない」

【事例 11】
「こっちに接する時は『遊んでくれるんじゃないか』っていう期待感が見えているんだよね……顔を見ていると全然違うんでね」

【事例 13】
「僕を見ると，持ち上げて遊んでもらうとか，そういうことを（子どもが）希望しているような気がします」

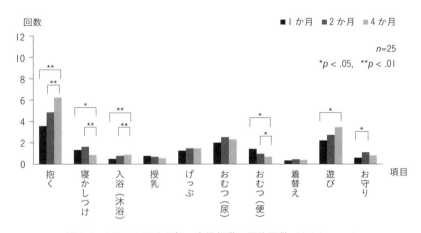

図 3-1　1 日における父親の育児行動の平均回数（小山ら，2014）

つれ増加することが示された（図 3-1）。
　そして生後 1 か月から 4 か月にかけて父親の育児行動が変化した要因として，生後 2 か月頃から始まる子どもの社会・認知能力の出現によって，母子関係にみられるような子どもとの情動交流を生後数か月の間に父親がもつことを指摘し，この父

子間の情動交流によって父親の育児行動が変化する可能性を示唆した。

　このほかにも，子どもの泣きが母親の養育行動を形成・修正・強化させるという母子研究のパラダイムを参考にして，父親が子どもの泣き声に対してどのような認知的処理を行うのか，その過程で父親としての意識が形成されているのかについて検討されている。神谷（2002）は，男子大学生，新婚期男性，初妊夫男性，父親を対象として，乳児のリアルな泣き声の認知を通して，父親の養育行動における発達について研究を行った。その結果，父親群よりも学生群の方がより泣き声をネガティブなものと知覚していること，さらに，父親群の中でも育児行動の頻度が高いほど泣き声をネガティブに知覚しないことが示された。また，泣き声の生起原因の類推については，父親群のみならず初妊夫群においても泣き声の火急性に対応する類推が行われていたことから，父親が子どもとの関わりを通して泣きに対処するための認知的枠組みをもつようになること，そして，それは産前より準備される可能性があることが示された。この研究は，父親が乳児の泣き声の認知を手掛かりに，初期の父子相互交渉をスタートさせていることに加えて，妻の妊娠中というかなり早い時期から父親としての意識が形成されつつあることを示唆しており，父子関係の形成を理解する上で貴重な知見といえる。

　子どもの発達に父親がどのような役割をもつのかという視点から始まった父親研究は，時代とともに役割だけでなく関係性を含め詳細に検討されるようになり，本邦における研究も蓄積されつつある。そこでは，育児を通して父親がどのように発達するのかという視点で検討され，子どもの発達による刺激によって相補的な関係性の中で父親としての意識が芽生え親行動をとるようになること，妻の妊娠中は準備段階としての意味をもつことが明らかにされてきた。しかしながら，これらの研究をもって父子関係を説明するには十分とはいえない。一般的に一次的養育者とされる母親と二次的養育者であることが多い父親では，子どもと関わる量に差が生じることは必然である。ある特定の子どものサインに対する情動表出も父親と母親とでは異なるであろう。むしろ，父親と子どもが母子関係とは異なる相補的な関係をもちながら互いに発達していると考えられる。

　父親の育児参加の必要性が社会的に大きく取り上げられるようになって以来，「イクメン」「イクボス」の用語がマスメディア以外でも一般的に用いられるようになり，一見して乳幼児期の父親の育児参加が多くなったように思われる。しかしながら，それは父親の中で育児をしている父親とそうでない父親の差が大きくなっただけのようにも思える。また，長期的な育児期の中で，ある特定の時期に限定して関わっていることを取り上げて，父親の育児参加の必要性を強調することに本来の

意味があるのだろうか。成人期初期の男性の生活様式は多様であることが予測され，父親の発達は決して一様ではないと考えることができる。今後，父親の個人差を考慮し，かつ長期的な検討を積み重ねていくことで父子関係において新たな知見が得られることが望まれる。

……● 2節　父親と母親の関係 ●……

1. 父親の育児参加と夫婦関係

　夫婦関係にとって，育児期はそれまで対等であった関係に変化が起こりやすく，その変化に対して多くの場合，妻の側に不満が生じる（Belsky & Kelly, 1994）。夫婦関係に葛藤や対立を生じさせる主な要因には，妊娠による妻の身体的変化，出産を契機とした妻の離職，夫婦間の役割関係の変化，人間関係の変化等があり，これらの変化を契機に夫婦が「対等」な関係と認知する状態から「非対等」な関係と認知していくことで夫婦関係が悪化しやすくなる（庭野，2012）。もちろん，夫婦関係が強い緊張や葛藤状況に陥った場合に，話し合いや考え方を冷静に主張し合うことで「非対等」から「対等」な関係の認知になるよう努めることは重要であるし，そのような行動がとれた場合，一時的な夫婦関係の悪化は，むしろその後の夫婦関係にとって有意味なものとなると考える。しかしながら，強い緊張や長期的な葛藤状況におかれている場合，冷静に話し合うことはなかなか困難といえる。したがって，夫婦関係をよい状態に保つため，あるいは適度な緊張状態にとどまるために，育児期の早い段階から夫婦が協力して育児を担うことで，互いに「対等」な関係と認知できる状況であることが理想的と考える。

　夫婦関係を測る指標として心理学研究で多く取り上げられてきたのが，結婚満足度（あるいは夫婦関係満足度）である。結婚満足度と父親の育児参加との関連は，これまでにも多くの研究者によって検討されてきた。たとえば，妻の認識する夫の育児・家事参加度の高さが，妻の夫婦関係満足度を高めることや（柏木，1998；柏木・平山，2003），夫の育児参加によって，子どもへの過干渉などによる妻の育児ストレスを軽減させ，その結果，夫婦関係が良好になることが指摘されている（Parke, 2002）。また，日常的な子どもの世話だけでなく，子どもに関する相談にのるといった情緒的なサポートが，妻の夫婦関係満足度を高めることが指摘されている（福丸，1998）。したがって，明確な父親の行動的サポートだけでなく，日常の情緒的サポートを含んだ育児参加によって夫婦の緊張状態が低くなるといえるだろう。その一方で，結婚満足度と父親の育児参加の関連については，夫婦関係が良好であ

るほど，父親の育児参加度が高いことが報告されている。たとえば，加藤ら（2002）は，夫婦の会話の頻度を用いて夫婦関係を捉え，夫婦の会話の頻度が高いほど父親の育児の関わりが増えることを示している。また，福丸ら（1999）の研究でも，夫婦関係の調和性が父親の育児参加を促すことが示されている。これらの先行研究から父親の育児参加と夫婦関係との因果関係についての報告は一致していないことがうかがえる。

　青木（2009）は，夫婦で協力して育児をすることが良好な夫婦関係にとって大切であることを前提に，配偶者という重要な他者から育児に関する役割期待を感じ取ることが父親の育児参加の要因となることを指摘した。具体的には「妻は，私と協力し合って育児をしたいと思っている」「妻は，私と話し合って育児をしたいと思っている」「妻は，私と役割を調整し合って育児をしたいと思っている」などの母親からの役割期待によって父親の育児参加が促進されるという。実際に筆者が生後2か月の子どもをもつ夫婦を対象に行ったインタビューからも，父親が母親からの役割や期待を感じ取って育児行動をとっていることがうかがえる語りが認められた。父親に対して「夫婦が揃った状況で子どもが泣いたときに父親が育児行動（抱く）をとった理由」を尋ねたところ，「昼間（母親が）子どもと2人きりで疲れていると思うし，妻がそうしてほしいと思っていることがわかるから……自分がいるときに子どもが泣いたら，できるだけ早く抱くようにしている」「普段から（母親が）一緒に育児をしたいということを言っているから，……そうなんだなぁと思って，夜中に泣いたとき，母親が起きずに自分の目が覚めたときは，（母親は）疲れているんだなと思ってミルクをつくって飲ませることもある」というのである。これらの語りにみられる父親の行動は，母親が気持ちを言語化しているか否かの違いはあるが，どちらの父親の行動も夫婦間の役割分担によって明確に割り振られた行動ではなく，まさに妻からの役割期待を感じ取った上での行動といえるだろう。ただし，このような重要な他者である母親からの役割期待は，夫婦関係が強い葛藤状況にある場合に感じ取ることは困難であり，良好な夫婦関係において初めて感じ取ることができるといえるだろう。したがって，夫婦関係と父親の育児参加は，因果関係という一方向的な関係ではなく，双方向的な関係にあると考えることができる。

2. 夫婦関係における母親の調整

　母親の場合，子どもを生んだ数時間後（出産後母子ともに順調に経過していることが確認されて）から助産師のアドバイスのもと初めての授乳を経験する。そして，次の日には母親の養育スキルの程度に関係なく，2～3時間おきあるいは子どもの

欲求に応じておむつ交換や授乳がスタートする。母親にとって，出産後数日間の入院期間は，これから始まる育児の準備期間ともいえるだろう。一方，父親の場合，子どもとの生活がスタートするのは母子の退院後からであり，母親が里帰りをする場合は，子どもとの生活はさらに数週間後になる。ほぼ育児経験のない父親であれば，初めての育児場面で子どもの泣きに対して困惑することは少なくない。困惑する父親に対して母親は病院で自分が教わったように子どもの抱き方やおむつ交換の方法を説明するであろう。あるいは母親からの説明を受けなかったとしても母親の育児を手本にして育児をする父親は多いのではないだろうか。一般的に初めて育児を経験する父親にとって母親の存在は大きく，母親の養育スキルや調整能力は重要な影響要因の１つと考えられる。先行研究においても，育児期において夫婦関係が良好であるための要因の１つとして，一次的養育者とされる母親（役割が多く負担が偏ってしまう側）が，できるだけ自身に負担が偏らないように，夫婦関係が強い葛藤状態になる前に調整を行っていることが報告されている。

　中川（2008）は「夫が育児・家事において何を手伝えばよいのかわからないことがあり，口頭で頼むことがよくある」という妻の発言や「妻に『○○をやって』，と言われないと気づかないので妻に頼まれてから育児をやるようになった」という父親の発言に注目し，父親の育児参加を促す要因の１つとして，「育児における夫婦間の役割調整」をあげ，父親の育児・家事参加への影響について検討を行っている。そこでは，妻と夫に対して，「妻は夫に，よく育児／家事を頼みますか」「妻は夫が育児／家事をやることをあてにしますか」の項目について妻に回答を求めている。その結果によると，妻から夫への働きかけが，夫の育児・家事参加を促す要因となっていることが指摘されている。また，Ishii-Kuntz（2003）は質的研究によって夫が妻の仕事に対する真摯な姿勢に日々接することや，仕事と家庭の両立へのサポートを妻に求められることが育児参加のきっかけになった事例などを紹介し，妻から受ける影響によって，父親が育児に積極的に参加するようになることを報告している。このほかにも，育児行為の中で保育園の送迎分担に焦点を当て，夫婦間の調整過程を比較した研究がある。柴山（2007）は，保育園児をもつ共働き夫婦を対象にインタビューを行い，子どもの送迎分担をどのように調整しているかについて質的分析を行っている。分析の結果によると，送迎分担には「母専任型」「父母分担型」「父専任型」「祖母依存型」「ベビーシッター利用型」の５タイプがあり，送迎分担タイプと夫婦間での調整過程との間には対応関係があることが示された。父親が送迎を分担する家族では，妻の多くが送迎は夫婦で分担すべきであると考え，夫が送迎を分担するように積極的に働きかけ，「話し合い」によって形成したルールに従っ

て夫婦で送迎を行う。一方，父親が送迎を分担しない家族では，妻の多くが送迎は自分の仕事と考え，夫に働きかけて話し合うこともなく，妻が送迎の方針を決めて送迎をすることが報告されている。これらの結果から，夫からの自発的な分担の申し出がない場合には，妻がまず分担案や要求を言語化して夫に伝え，夫が妻の提案や要求を引き受ける形で夫婦の合意を形成するという調整方法は，妻側に心理的負担はかかるものの，夫の分担を実現する上では有効といえよう（柴山，2007）。暗黙の了解よりも話し合いという夫婦間のプロセスによる合意が夫婦満足度をさらに高める傾向にある（門野，1995）。良好な夫婦関係を保つためには，父親の育児参加は重要となるが，それ以前に父親の育児参加を促すために，夫の意識や行動の変化をただ待つばかりでなく，妻もそれを促すために働きかけ，夫婦間で役割調整をしながら新たな夫婦関係を築いていくことが必要であるといえよう（中川，2008）。

　このような妻からの働きかけや役割調整は，育児期に限定されるものではなく，すでに子どもが生まれる以前から始まっていると考えられる。たとえば，妊娠期に病院や自治体で開催される講習会などに夫婦で参加することを妻が夫に相談したり，誘ったりする行為がそれにあたるだろう。実際，筆者が主催したマタニティーセミナーにおいて夫婦で参加した男性に参加理由を尋ねたところ（複数回答可），「初めてだから……」とか「子どもへの関わり方を知りたいから」といった回答もあったが，全員「妻に誘われて」を理由としてあげていた（小山ら，2017）。妻の勧誘がなければ男性はそのような教育の場に足を運ぶことはほとんどないし，そもそも育児に関する情報源が妻であることから，妻から情報が発信されなければ男性が育児セミナーの存在を知る術はほとんどないのである。こうした意味で，母親の働きかけや役割調整は妊娠期から始まっているといえるだろう。出産前の育児セミナー等の効果については，地域学習などで子育てスキルを習得した父親は子育てに自信がつくことが報告されている（Cowan & Cowan, 2002）。また，父親が子育てに自信があるほど，より子育てに参加する傾向にあることが報告されている（Hawkins et al., 2002）。したがって，父親が育児セミナーなどに参加して子育てや子どもの発達に関する知識を得ることは，父親の育児参加，さらには後の子どもとの関係にとって効果的といえよう。ただし，そこには調整役として妊娠期からの母親の役割が重要な意味をもつと考えることができる。

3. ゲートキーピングの要因

　夫婦関係をよい状態に保つために，夫婦が互いに働きかけ調整を行う。とりわけ母親のイニシアチブが重要であることがここまで紹介した研究からうかがえる。た

だし，すべての母親がうまく父親に働きかけができるわけではない。母親のゲートキーピング行動が強くなる（母親と子どもの関係が密になる）ことによって，父親を育児から遠ざけてしまい，子どもと父親との関係が抑制されてしまうこともある。一般的に母親のゲートキーピング行動が強くなる要因として，伝統的な性役割観によるものがある。母親が「自分が育児に専念した方がよい」「子どもの世話をするのは自分が最善である」と考えるほど，父親と子どもとの関係を抑制してしまい，その結果，父親の育児関与が低くなるというのである。しかしながら，母親の中には伝統的な性役割観がなくても父親に子どもを「預ける」ことに抵抗を感じる層が少なからず存在する。中谷（2006）は，保育園と幼稚園に通う子どもをもつ夫婦に対して質問紙調査を行い，父親に子どもを「預ける」ことへの抵抗感を生じさせる父親側の要因について検討を行っている。その結果によると，育児遂行得点が高い父親ほど，母親は「預ける」抵抗感を感じていないことが示されており，特に父親が風呂や着替えなど日常の世話をこまめにするほど，父親に子どもを「預ける」抵抗感が少ないという。また，母親抜きで子どもと2人で遊んだり，してはいけないことや人への迷惑を教えようとしたり，子どもの疑問に思うことについて子どもの目線に合わせてつきあったりと，父親の子どもへの接近欲求も母親の抵抗感を低くすることが指摘されている。そのほかに父親の帰宅時間が遅く子どもの就寝時間に重なって帰宅する父親や，父親が自分の父親（子どもから見た祖父）に対してもつ，「養護や養育に積極的でなかった」という定位家族体験に対する母親の認知が，父親に子どもを「預ける」抵抗感に影響する要因となっていることが示唆された。夫婦で子どもを一緒に育てたいという意識はあっても，父親に子どもを預けることへの抵抗感が存在する場合もあり，夫婦であれば「何かあったら父親に子どもを預ければいい」「父親にお願いすればいい」と単純に捉えられるものではなく，すべての母親が同じ条件で父親に子どもを預けられるわけではないことがうかがえる。

　母親がゲートキーパーになる要因が夫婦のいずれかにあったとしても，「父親が子どもと2人きりになる時間」をもつことは，父親が子どもの「世話役割」へ移行する過程で重要な契機となることが知られている。庭野（2007）は，就学前の子どもをもつ父親7人にインタビュー調査を行い，父親が子どもの「世話役割」を引き受けていく過程と，その過程においてどのように意識が変容したかについて検討した。その結果，「世話役割」へ移行していく重要な契機となった出来事として，①妻の仕事の都合，②育児休業・育児時間の経験，③父親自身の転職の3点をあげ，それぞれの出来事の中で，「父親が子どもと2人きりの時間をもつこと」が重要な契機となったことを指摘した。特に突発的な「妻の仕事の都合」という状況において

は，最初は戸惑いながらも試行錯誤して育児をすることで，育児に自信がつき，かつ妻の仕事の状況を配慮できるようになっていったことが語られていた。偶然の出来事であったとしてもゲートキーパーとしての母親が不在となったことが，父親と子どもとの距離を接近させ父親が世話役割を担う契機となっていることがわかる。

　結婚満足度という指標に示される夫婦関係と父親の育児との関連，そして夫婦関係を良好にするための母親の働きかけや調整，ゲートキーパーとなる母親とその要因，これらの視点で育児期における父親と母親の関係を扱った研究を整理した。夫婦の関係性について，子どもが生まれる前から子どもが生まれて3年後までを縦断研究した小野寺（2005）の研究によると，夫婦の関係性は親になって2年後に父親，母親ともに顕著に低くなり，その後は変化しない。そして，その関係性の中で母親は夫に対して頑固になる傾向があり，逆に父親は母親の顔色をうかがって母親に対して不快なことがあっても我慢する傾向にあるという。さらにそこには子どもの育てやすさや，父親の育児参加が要因となることが示されている。夫婦間での調整や話し合いは，何かトラブルが生じたときやこれから生じるかもしれない出来事への対処行動として計画的に行われることもある。しかし，良好な夫婦関係にとって必要な話し合いとは，日常の些細な出来事についての考えを主張し合うことなのではないだろうか。夫婦の関係性の低下によって互いに「我慢」しなければならない関係になる前に，まず夫婦双方で主張し合うことの大切さに気がつくことが重要であり，そうすることが相手の気持ちや考え方を感じ取り，互いを理解することにつながるのではないだろうか。

3節　祖父母との親子関係

1. 現在の親子関係

　祖父母との親子関係は，成人した子どもが親となり育児を通して関わりを深めることでそれまでの親子関係から再構成される。祖父母にとっても孫の世話をすることは，親となった子どもとの傾きある親子関係の一時的な復活を意味する（氏家，2011）。では，育児期における祖父母との親子関係とはどのような関係が基盤となっているのであろうか。氏家（2011）は，祖父母が成人した子どもの子育てを支援する理由として，①進化論的説明（生殖活動を終えた親が，子どもの生殖活動を支援することで，自分の生殖の成功をより確実なものにすることができる）②社会的要因（保育施設の不足や母親の就業が関連している）③心理的互恵性（子ども（孫）の世話や子育ての助言や支援を通して，相互に配慮し，関与し合っている。親子関

係の互恵性，孫と祖父母との互恵性）の3つをあげている。たとえば，母親の就業のために親が祖父母に育児支援の要請をしたとしよう。親の支援の要請に対して祖父母は孫の世話や子育ての助言といった育児支援を提供する。その結果，親は祖父母から育児の支援を得られるし，祖父母は親に孫の世話や子育ての助言を受け入れてもらうことで育児の役割を達成したことによる満足感や，孫との関係における心理的互恵性という報酬を得る。このような関係は親子関係の心理的互恵性が成り立っている状況といえる（氏家，2011）。小野寺（2004）は，育児支援の主な担い手である祖母との親子関係に焦点を当て，祖母の育児支援を身体的支援，経済的支援，精神的支援の3つに分類した。そして，祖母にとって特に精神的支援が多く認知されたときに育児支援への満足感が高まることを明らかにした。さらに，精神的支援の規定要因として①日常生活において行き来が多く，親子間で「同一家族」との認識が共有されていること，②子育て支援によって自分の楽しみや生きがいが侵害されないと認識されていること，③老後のケア（できれば同居）が期待できると認識されていること，④祖父母間の意見の不一致がなく関係が良好であることの4つの条件があることを指摘している。したがって，育児期にこれらの条件が基盤となっている親子関係において精神的交流が多くなり，その結果，心理的互恵性が成立しやすい状況になると考えることができる。

　一方，親側が祖父母に育児支援を依頼する理由にも，①社会的要因，②心理的互恵性があると考える。ただし，一般的に一次的養育者とされる母親と二次的養育者であることが多い父親とでは，そもそも子どもと関わる時間が違うことで，祖父母から育児支援が得られたときの認識が異なるであろうし，父親の中にも母親と同等の割合で育児をもする人もいれば，ほとんど育児に関与しない人もいることから，父親間でも育児支援の認識にズレがあると考えられる。したがって，父親と祖父母との親子関係において心理的互恵性が成立する状況は一様ではないであろう。当然そこには夫婦関係も影響する。父方の祖父母からの支援によって，父親が「自分は仕事で忙しいため両親が育児をしてくれる」「両親が手伝ってくれるから自分は育児をしなくてもよい」と捉えた場合，父親の育児参加は減少し夫婦関係は悪化する可能性がある。また，母方の祖父母からの支援によって，母親と祖父母，そして孫の関係が密になることで，父親と子どもの関係が抑制されてしまう可能性もある。夫婦関係が良好であることは親子関係における心理的互恵性が成立するための条件といえよう。

　祖父母との親子関係は，居住環境，祖父母の就業状況，経済状況，地域の特性など条件は多様であり，さらに祖父母世代，親世代，孫世代の3世代の関係性を同時

に扱うことで，その関係性はさらに複雑となると考えられる。したがって，祖父母との親子関係が父親の育児行動にどのように影響し，父親の育児行動が祖父母との親子関係にどのように影響するかについて容易に説明することはできない。しかし，子どもが生まれたことで新たに始まった父子関係が形成されていく過程で，父親がこれまでの親子関係を再構成しつつそれらを自らの父親像や育児にどのように取り込んでいくのかという視点で父子関係を捉えることは興味深い点であり，これからの父親研究において取り組むべき課題の1つといえるだろう。

2. 父親の成育歴

　父親自身の父子関係の成育歴は，現在の父親と子どもの関係や父親が育児をする上で重要な要因の1つとなっていることが知られている。たとえば，Ishii-kuntz (2013) は，父親の成育歴と育児参加の関連について検討し，自分の父親が積極的に育児に関わっていた場合，「男も女も仕事と家庭」という意識をより強くもつようになり，そのような経験をした男性ほど，育児や子育てに関わる確率が高いことを明らかにした。また平川 (2004) は，父親自身の父子関係が現在の父親の育児参加や家族関係に及ぼす影響について検討するために，未就学児をもつ父親14名を対象に自身の父子関係について（現在の父親との関係はどのようなものか。自身が子どもの頃の関係はどのようなものであったか。子どもの頃の父と母の夫婦関係全般について，親にされたので，している育児の方針はあるか。逆にしたくない方針はあるか。現在の育児には，自分の育てられ方が影響していると思うかなど）インタビューを実施し質的な分析を行った。その結果，父子関係による世代間の継承として，従来の「モデリング型（自分の父親が育児に参加していたので，それをモデルにして自分もやっている）」と「埋め合わせ型（自分の父親は何もしていなかったので，その反動として自分は育児に参加している）」に加え，自身の父子関係の影響を受けない「ニュートラル型」の3タイプを導きだしている。そして，父親が有する性役割分業意識に父親自身の父子関係（子どもにとっての祖父との関係）が影響しており，自身の父子関係が良好な父親は，育児に積極的に参加し，育児を通して「多くのことを学べる」など肯定的・積極的な認識をもっていることを報告している（平川，2004）。このように父親にとって重要な他者である祖父との関係は，父親の育児行動を検討する上で重要といえよう。

　このほかにも子ども時代の親子関係の影響については，父親との関係だけでなく母親との関係についても指摘されている。南ら（2016）は，母親並びに父親との関係性によって，父親の有する愛着の質が規定されることを示唆している。母親が

「過保護で統制的」であったり，父親が「冷淡」であったりする場合に，その子どもである父親の愛着の質が「回避的」になるという。そして，そのような父親は「育児に対して自信をもちにくく，結果として，我が子への育児行動に向かわない」ことが示された。また，父親の育児を規定する諸要因の基礎には，父親自身の両親との関係性があり，さらにそのような両親との関係性を通して形成される愛着の質が，妻や子どもとの関係に影響することが示唆されている。子ども時代に両親から受けた育児スタイルや両親との関係性は，短期間で形成されるものではなく文化的要因，社会的要因の影響を受けて長期にわたり形成されるものであり，その関係性は夫婦関係よりも複雑といえよう。それゆえ，両親の関係が父親の育児行動や父親と生まれた子どもとの関係にどのように影響するかについて検討することは容易ではない。しかし，それが父親の育児行動の影響要因として両親の要因を外す理由にはならない。両親との関係性が自身の子どもとの関係に影響していることを知ることは，これまでの両親との関係性を振り返る行為であり，そうすることで一層親子の結びつきが深まるかもしれない。またその行為によって，将来の自身の子どもとの関係をよりよくするための手掛かりを得ることも期待できる。今後，両親との関係性を含んだ父子関係の形成について検討した知見が蓄積されることが望まれる。

4節　おわりに

　本章では父親が周囲の人々とのどうような関係性をもって育児をしているかについて，子どもとの関係，母親との関係，両親との関係に注目してこれまでの父親研究を概観した。

　近年，心理学や社会学，看護学や保健福祉学など多くの分野で父親を対象とした研究が行われている。そこでは父親の育児参加について単に促進要因を提示するだけでなく，具体的な育児場面における夫婦の調整や関係性のあり方が指摘されるようになり，父親の育児行動の実態が詳細にされつつある。しかし，成人期の男性（働き盛りの30代から40代）を研究対象とすることが困難であることも事実であり，母親研究で扱われるほど踏み込んだ研究は多くない。

　父親研究が始まり四半世紀がたち，子どもを取り巻く環境だけでなく，父親が育児と向き合うことに対する世の中の捉え方はずいぶん変化した。メディアを通して父親が育児に奮闘するシーンも度々目にする。しかし，それがかえって父親の育児に対してバイアスをかけている節があるのではないだろうか。実際，テレビで描かれる父親と現実の父親の育児とでは温度差があるように感じられる。内閣府の平成

28年度版男女共同参画白書（2016）によると「6歳未満の子どもを持つ夫の家事・育児関連時間」に示された1日あたり日本の父親の家事関連時間は1時間7分，うち育児の時間は39分であった。欧米諸国（米国，英国，フランス，ドイツ，スウェーデン，ノルウェー）と比較しても，日本はフランスに次いで下位に位置していることから，世の中の父親が育児に積極的に取り組んでいるとは言い難い。一方で，子どもと関わる時間が少なくても，子どもの発達，しつけや遊び方といった具体的な育児に関心をもつ父親も決して少なくない（小山ら，2017）。子どもの成長を夫婦で確認し合うこと，育児に関心をもつこと，妻からの役割期待を感じること，妻や両親への配慮などの間接的かつ情緒的サポートも育児をする上で重要であり，そのような父親のサポートが得られている家庭環境が子どもの発達にとっても大切となる。

　育児はその国の文化や社会，制度的な影響を受けるものであることから，単に育児の量的側面だけで父親の育児参加の有用性を語ることはできない。したがって，父親の育児について量的側面の評価に偏ることなく，情緒的サポートを含めた育児への関わりに焦点を当て，父親を取り巻く周囲の重要な他者（母親や両親）との関係性の中で父親がどのような役割をもっているのか詳細に検討することがこれからの父親研究に望まれるのではないだろうか。

COLUMN 3 非行と家族

　児童相談所で児童心理司として働いていると，多くの非行少年と出会う。連日のように仲間と深夜徘徊し，万引きを繰り返す女子中学生。怠学で学校に来ても規則に従わず，些細なきっかけで他の生徒や教師に暴力をふるう男子中学生。まだあどけなさの残る子どもから援助交際や恐喝，集団暴行や薬物に関わった事実を聞くこともあり，ここまでのことをしたのかと圧倒されたり，何ともいえないやるせなさを感じたりする。

　非行の問題には，その子自身の要因や家族，仲間，学校，コミュニティの問題など様々なリスク要因が複雑に関連している。心理学の研究でも，単純な因果関係ではなく，発達過程で複数の要因が絡み合い相互作用しながら現在の子どもの問題行動につながっていることが指摘されている。

　その中でも，児童相談所で非行少年と関わっていると，家族や養育環境の問題の大きさを目の当たりにすることが多く（たとえば，親自身が薬物依存など反社会的態度をとっていたり，一緒に暮らしていても養育をほとんど放棄していたり，一貫性のない不適切な関わりをするなど），家族の問題が子どもの非行の土台にあるように映ることが少なくない。実際，児童自立支援施設に入所している児童の被虐待体験が約7割という報告（国立武蔵野学院，2000）等もあり，非行と家族，養育環境の問題との関連は深いといえる。

　しかし，どんなに家族や養育環境に問題があっても，子どもは心のどこかで親を求めている。親が自分にしてきたひどい理不尽を恨み，「あんな親が親か」と泣いて悪態をつく子どもでも，親と離れて暮らすことになると，手紙を待ったり，記憶にある楽しかったエピソードを何気なく口にしたりする。「家に自分の居場所がない」と家出を繰り返し，児童相談所で久しぶりに会う母親と壮絶な言い争いをする子どもでも，「お前が」「お前のせいで」と罵りながら母親を強烈に求め，頼りたいという思いがあることが横で見てわかる。親のことを「知らん」「関係ない」と，冷めたように言う子どもが本当に吹っ切れて前向きになっているように感じられたことはない。どんなに親に反発していても，あるいは，諦めているように見えても，子どもは親という存在を必要としている。

　そうは言っても，子どもが問題を起こすと親にも相当の心理的負荷がかかるため，より親子関係が悪化し，親は時に子どもとの関係を断とうすることもある。児童心理司として，子どもの側に立ち，非行の背景にある様々な葛藤や満たされない思いを知ると，親にはつい，「子どものしんどさを受け入れて欲しい」「もっと理解して関わり方を変えてあげられないものか」と訴えたくなる。しかし，ほとんどの場合，それでは親の自責感や葛藤，回避傾向をいたずらに高めるだけで，子どもが得るものはない。そればかりか子どもを余計に不利な状況に追い込み，悪循環を生む。

だからこそ，非行問題への対応には子どもと親をつなぐ親支援が要になると感じる。非行問題へのアプローチとして親への介入の重要性を指摘する藤岡（2015）は，親自身が受け入れられ，認められる体験をもつこと，安心できる他者との関係性の中で，自分の気持ちを話せるようになることが大切だと述べている。実際，親自身が大変な生育歴を経て今でも実家の家族との間に強い葛藤があったり，社会的なサポートとつながれず孤立しがちであったりすることが少なくない。時間をかけて親の気持ちを安定させることが，即時的に非行問題が解決されなくても，子どもへの理解や親機能の促進につながり，ひいてはそれが子どもの情緒や社会性の安定につながる。実際にはうまくいかないことも多いが，このことは現場でよく感じることである。

　親との情緒的つながりが不安定なままであったり，あるいは，ほぼ断たれてしまうような場合でも，親にかわる重要な他者が子どもに安心感を与え信頼できる対象となることで子どもが変わることもある。たとえば，家庭裁判所の審判で施設入所が決まり，嫌がって暴れた子どもが，施設生活を重ねる中で見違えるように表情がいきいきとなり，よく笑い，何よりよく自分のことを話すようになったことがあった。また，別の子どもは，当初何事にもやる気がなく，周囲の大人に強い不信感を向けていたのに，定時制高校に入ってから約1年経つと，雰囲気が明るく変わり，嫌がっていた勉強にもそれなりに楽しんで取り組むようになった。学校によると，その子は毎日のように教師に他愛のない話をするために職員室に来ており，大きな問題行動もみられなくなったと言う。いずれの場合も，子どもが生活をともにする大人に信頼をよせ，見守られ世話されているという安心感をもち，寂しさや辛さを含めた自分の気持ちを話せていることがその子どもの肯定的な変化につながっているように思う。信頼できる大人が複数でなくたとえ1人であったとしても，また，そうした大人との関わりの期間がその子の発達過程におけるごく限られた短い期間であったとしても，子どもにとって大人から充分に見守られ大切にされた体験はその子の中に蓄積され，その後の生きる糧になるのではないか。

　富田（2009）は，児童自立支援での実践を紹介し，子どもを取り巻く対人関係や環境が変われば，攻撃性が速やかにみられなくなると述べている。親支援を通して子どもと親との結びつきを強めていくこと，あるいは，親に代わる大人が子どもをしっかりとケアし，安全や安心が感じられる人間関係や環境をつくること。非行少年の発達過程を追うなかで，この大切さをよく感じる。

第 2 部

仲間関係と発達

第4章
葛藤処理方略の発達と文化差
文化から個と関係性を眺める

　人は生活している中で，たとえば職場で同僚と，たとえば友人と遊んでいるとき，たとえば家族との間で，様々な社会的な場の中で，否応なく葛藤場面に遭遇する。そのような葛藤場面において，相手を説得しようとしたり，相手の願望を受け入れたり，両者の落としどころを探ったりするなど様々な方略を用いており，それらは葛藤処理方略と呼ばれる。この葛藤処理方略は，個人個人の性格や考え方によって異なるが，国などの文化によっても異なることが実感されると思われる。職場で同僚と意見が合わない場合，欧米の人々であれば，率直に相手に意見を伝えている様子を想像しやすい。日本人であれば，相手の様子や自分との関係をうかがいながら，意見を言うか言わないか調整する人が多いだろう。また，成人同士の葛藤場面だけではなく，子どもの日常生活にも葛藤場面は数多く存在する。幼稚園や保育園で子どもたち同士がおもちゃを取り合ったり，けんかしたりすることは日常茶飯事であり，そういった場面での子ども自身の葛藤処理方略もまた様々な文化で異なり，発達していくことが予想される。本章のこうした論述は，私たちが，毎日の生活の中で起こる様々な他者との葛藤と向き合い対処していくこと自体が，さらなる関係の変化と自己の発達を引き起こしていくという，個と関係性の様相について，文化という切り口から眺めることで，その複雑なメカニズムを解き明かす手がかりとする試みである。

　本章では，この葛藤処理方略の発達と文化差を検討するため，まず比較文化研究と葛藤処理方略研究で多く用いられる理論について概説し，続いて葛藤処理方略の文化差，葛藤場面，相手との関係性について報告する。そして，現在まだ発展途上である葛藤処理方略の発達と文化差についての最近の研究を紹介し，その後，発達と文化差に影響を与える要因について検討する。最後に，複雑な葛藤処理方略の発達と文化差のメカニズムの検討に迫る今後の研究の方向性について考えてみたい。

1節　比較文化研究

　比較文化研究において，最も有名なのは，個人主義文化・集団主義文化であろう（Hofstede, 1980; Triandis, 1994 など）。個人主義・集団主義は，個人目標と集団目標の比重から定義される。個人主義文化においては，個人目標の達成が優先され，個人の個性，独自性，自律性などに重点が置かれる。自己の権利や欲求を重視することが自然であり，相手との関係性によって行動やコミュニケーションが変わることはあまりない。主にみられる地域はアメリカやヨーロッパなどである。一方，集団主義文化においては，集団目標が優先され，個性よりも集団の発展や調和が重視される。相手との関係性によって行動やコミュニケーションが大きく変わる。主にみられる地域にはアジア，中東，メキシコなどがあげられている。

　より個人レベルでは，Markus & Kitayama（1991）の文化的自己観の理論が有名である。自己を個人主義的存在として認識する人は相互独立的自己観をもち，自分を他者や周りの事象とは区別した独立な存在と認識している。自分と相手は異なるという前提に立つため，相手に対して自己主張を頻繁に行い，直接的で明確なコミュニケーションを行う傾向が強い。この相互独立的自己観は，欧米文化圏の多くの人が共有していると考えられている。一方，相互協調的自己観を有する人は，人は他者や周りの事象との関係によって存在していると考え，家族や友人など親しい人々を自分のアイデンティティの一部とし，他者の感情や悩みも理解しやすい。コミュニケーションはあいまいで間接的な傾向が強い。この相互協調的自己観は，東洋文化圏の多くの人が共有していると考えられている。

2節　葛藤処理方略の文化差

1. 文化差を捉えるモデル

　こうした個人主義・集団主義，文化的自己観の理論に関連して，葛藤処理方略の比較文化研究に多く適用されたモデルとして，二重関心モデル（Blake & Mouton, 1964, Rahim, 1983, 1986; Rahim & Bonoma, 1979 など），Falbo & Peplau（1980）の直接性・間接性と双方向性・一方向性の2次元モデルがある。二重関心モデルは，自己への関心（自己の関心事を満たす程度）と他者への関心（他者の関心事を満たす程度）の2軸を設定し，自己への関心が高く，他者への関心が低い「支配・競争方略」，自己への関心と他者への関心の両方が高い「統合・協調方略」，自己への関

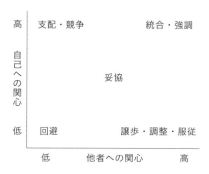

図 4-1　二重関心モデル（Blake & Mouton, 1964, Rahim, 1983, 1986; Rahim & Bonoma, 1979 などを参考に作成）

心が低く，他者への関心が高い「譲歩・調整・服従方略」，自己への関心と他者への関心の両方が低い「回避方略」，自己への関心と他者への関心の両方の中間に位置する「妥協方略」が設定されている（図 4-1）。

　さらに，Ting-Toomey（2005）は，この二重関心モデルをベースに，世間に対する自己や他者の立場や評価などを表した「面子（めんつ）」という概念を導入し，面子交渉理論（face-negotiation theory）を提唱している。この理論をもとに Oetzel et al.（2001）は，日本，中国，アメリカ，ドイツの葛藤処理方略のスタイルを比較した。その結果，全般的な傾向として，日本人，中国人は他者面子への関心が高い一方，自己面子への関心が低かった。それに対してアメリカ人，ドイツ人は逆に自己面子への関心が高い一方，他者面子への関心が低かった。

　Falbo & Peplau（1980）の直接性・間接性と双方向性・一方向性の 2 次元モデルでは，直接性・間接性の次元は相手に自分の願望をどのくらい明確に表現するかを表す。直接性の高い方略では自分が何を期待しているかを明確に相手に伝えるが，間接性の高い方略では婉曲に伝えようとする。双方向性・一方向性の次元では相手の立場や感情に配慮する程度を表す。双方向性の高い方略では，自他双方の願望を配慮するが，一方向性の高い方略では，相手の願望や気持ちを配慮せず，自分の要求を押しつけようとする。Ohbuchi & Takahashi（1994）は，このモデルに相手に何も反対しないといった受動的な回避・同調方略を加え，日本人とアメリカ人を比較した。その結果，日本人はアメリカ人に比べて，回避・同調方略と間接方略が多く，直接・双方向的方略が少なかった。

　これらの葛藤処理方略とは別の方略として，第三者介入という方略がある。葛藤

の際，当事者だけではなく，友人や上司などの第三者の介入を促したり，あるいは調停や仲裁の専門家に依頼したりするなどの方略である。ただ，第三者介入と文化差について検討した研究は少ない。その中でもたとえばアメリカ人と中国人で，損害賠償を請求されたなどの仮想場面での方略について検討した Leung（1987）の研究がある。その結果は，基本的には中国人は第三者介入をあまり好まなかった。これは，集団主義文化の国では，第三者に相談する時点で事が公になり，それを恥と感じて隠そうとするといった傾向があるのではないかと考えられる。

2. 成人の葛藤処理方略の文化差

　これらの研究の知見から，葛藤処理方略の分類の仕方についての差異はあるものの，全般的には，葛藤処理方略の文化差については，アメリカ，ヨーロッパなどの個人主義文化の国々の人々は，相互独立的自己観をもち，自己への関心が高く，葛藤の相手や葛藤状況にあまり左右されず，相手を説得する，意見を主張するなどの直接的葛藤処理方略を多く用いることが示されてきた。一方，アジア，中東，メキシコなどの集団主義文化の国々の人々は，相互協調的自己観をもち，葛藤の相手や葛藤状況により変化するものの全般的な傾向としては，他者への関心が高く，自己を抑え，葛藤を表に出さず，相手に合わせる，折り合いをつける，回避するなどの間接的葛藤処理方略を多く用いることが示されてきた。こうした結果のうち，集団主義文化の国々の葛藤処理方略については，欧米的価値観から創出された多くの理論体系では評価されない葛藤処理方略ということにもなり得る。しかし，このような対人的関わり方が自然であることを人々が暗黙のうちに了解している社会では，このような方略が有効に使われると考えられる。さらに，たとえば日本人の回避方略には，相手を気遣う社会的配慮や自分と相手の両者にとって葛藤が顕在化した後の悪い事態を予測して避ける意図があるという研究（中津川，2007; 2008）があるように，同じような葛藤処理方略が，別の文化では別の意味をもっているかもしれない。それぞれの葛藤処理方略が，それぞれの文化においてどのような意図，意味があるのかを検討していくことは今後の重要な課題であると思われる。

　また，近年，おおまかに同一グループとしてみなされてきた地域の中でも，多種多様な文化差があることが注目されるようになってきた。たとえば，中国，日本，韓国の 3 か国は東アジアの同一グループとしてみなされることが多いが，Ting-Toomey et al.（1991）によるアメリカ人，中国人，日本人，韓国人，台湾人を比較した研究では，中国人は，韓国人，日本人より，服従方略，支配方略，回避方略を好むこと，中国人，韓国人は，日本人より，統合方略，妥協方略を好むこと，日本

人は，韓国人より服従方略を好むことが報告されている。会社の上司と部下の間の葛藤処理方略を検討した Kim et al.（2007）では，日本人は，韓国人，中国人よりも服従方略を好み，韓国人は，日本人，中国人よりも妥協方略を好むことが示された。アメリカ人，カナダ人，中国人，日本人，韓国人の対人的問題状況での意思決定についての文化比較の研究では，韓国人は，支配方略，服従方略を好み，日本人はどの方略の得点も低かった（Yi & Park, 2003）。前述の Oetzel et al.（2001）でも，日本人は比較的回避方略を好むに対して，中国人は回避方略を好まなかった。また，中国人よりもドイツ人の方が回避方略を避ける傾向が低かった。

　このように，当初は大きな地域などを単一の文化としてくくり，その中の代表的な国や地域などのデータをもってステレオタイプ的な認識を行う研究が多かったが，それでは実際の葛藤処理方略の文化差を表すには不十分である可能性がある。より細やかに国や地域単位の分析を行うことは文化差の実相に迫る方法である。ただ，現実にはそういった国や地域の中にもさらに文化差があることも想像される。私たちが現実に生きている社会は，幾重にも重なる多層の文化的環境である。よって，それぞれの研究および研究者が，どの層の文化差に着目しているかを認識することは重要なことであり，研究結果の一般化を試みる際には，過度な，ステレオタイプ的な一般化にならないよう注意が必要である。

3．子どもの葛藤処理方略の文化差

　こうした葛藤処理方略は，成人についてだけではなく，幼児，児童，青年期においても文化差がみられるという研究も報告されている。たとえば Zahn-Waxler et al.（1996）によると，4，5歳児でアメリカと日本の子どもに違いがみられた。図版や人形を用いた仮想的な葛藤場面で，アメリカの子どもは日本の子どもよりも多くの怒りや攻撃性を示した。日本と中国や日本と韓国を比較した研究も数少ないが存在する。6つの葛藤場面で日本人と中国人の小学生，中学生，高校生，大学生の葛藤処理方略を比較した羅ら（2007），羅（2008）の研究がある。そこでは以下の知見が示されている。大学生では，おおむね，中国人より日本人の方が多くの方略を好み，自分の興味よりも相手との関係を上において自分の意見の表現を回避する方略に変えていた。中国人は騒ぎが大きくならないように自分の意見を抑制する方略を多く用いるが，自分の意見を主張する方略は日本人より多く用いていた。小学生に注目すると，同様のパターンが確認されたが，同じ日本人であっても，小学生は，大学生に比較して，相手に自分の意見を主張する方略を用いていた。中国人の小学生は，一般的に，自分の意見を抑制する方略を多く用いた。一方，友人との意見の

対立場面では，直接的な意見の主張を行っていた。発達的変化に関しては，中国人は直接的な主張と意見の抑制という方略を一貫して用いる傾向がある。しかし，日本人は葛藤場面の性質に応じて広いレパートリーの方略を用いる。徐（2004a；2004b）は日本人と韓国人の小学生で，友人と意見が対立した場面の葛藤処理方略を比較した。日本人の小学生は，韓国人よりも，自分を抑制する方略，葛藤を回避する方略，協力的方略を多く用いた。韓国人の小学生は，日本人よりも自分の意見を主張する方略，自分は譲歩し相手に合わせる方略を多く用いていた。このように，少なくとも小学生などの児童期，あるいはそれよりも幼い時期から葛藤処理方略は文化や社会を背景にして分化し始めているといえる。

3節　葛藤場面と葛藤の相手との関係性

　葛藤処理方略の多くの先行研究では，広範囲にわたる葛藤場面は検討されてこなかった。また，葛藤が起こった相手との関係性も検討されてこなかった。それはおそらく，焦点が当たっていたのが，文化間の差異であって，葛藤場面などの状況的な違いではなかったからであろう。多くの研究は，自分と相手が何かを一緒に行うとき，自分の意見や希望と相手の意見や希望が食い違うという意見の不一致場面に限定されている。あるいは，場面を特定せず一般的な葛藤処理行動について調査している。あるいは実際の葛藤場面を思い出してもらい，葛藤場面の選択を回答者の想像にまかせる場合もある（たとえば Elsayed-Ekhouly & Buda, 1996; Gabrielidis et al., 1997; Kim et al., 2007; Oetzel & Ting-Toomey, 2003; Ting-Toomey & Kurogi, 1998）。それは，対象者が想起する葛藤場面の種類や深刻さが異なるかもしれないことを意味する。しかし，人間の行動は状況的要因を考慮せずには理解できないと主張した Mischel（1968）をはじめ，状況的要因の重要性は強調してもし過ぎることはない。それゆえ，葛藤状況の一貫性のなさや平均化は，知見の重要な見落としにつながるかもしれない。よって，こうした葛藤場面について整理することは重要な観点である。主に葛藤場面としてあげられることが多いのは，上述の意見不一致場面のほかに，自分と相手が同じものを欲しがっているが，両者を満たす資源はないという資源不足場面である。資源不足場面は，幼稚園や保育園などで頻発する子ども同士の物の取り合いの場面でもあり，幼児期の子どもが多く体験する場面（Shantz, 1987）である。また，対人関係において相手から妨害，非難されることも葛藤場面の一種である（Kelley, 1987）。この場合，表だって抗議しないかぎり葛藤は顕在化しない。しかし，個人の主観的には葛藤状態であり，特に日本人では回避

的な葛藤処理方略が多くとられる場面である（たとえば Ohbuchi & Takahashi, 1994）。

　また，葛藤の相手との関係性の違いによって用いられる葛藤処理方略に差異があることも報告されている（Holt & DeVore, 2005; Lee, 2002; Rahim, 1983, 1986 など）。このことは集団主義文化の場合に顕著であるが，個人主義文化の人々でも差異があり得る。葛藤の相手との親密さが異なる場合，使用される葛藤処理方略が異なると想定できる。Laursen（1993）は先行研究のメタ分析を行い，親密な相手（恋人，親しい友人）に対しては主張方略や回避方略ではなく相手と交渉する方略が多く選択されるが，親，その他（先生，クラスメート）には主張方略が多く選択されることを報告している。つまり，葛藤場面だけではなく，葛藤の相手との関係性を規定しなければ，葛藤処理方略の詳細な検討を行うことは難しいということである。

4節　葛藤処理方略の発達と文化差

　このように葛藤処理方略は，一見すると同一に見なされるような近隣の国であっても異なることがあるものである。それでは，文化によって異なる葛藤処理方略は，いつ，どのように獲得されていくのだろうか。このことは今もなお明らかになっていない。上にあげた研究にあるように，児童あるいは幼児の時点でも葛藤処理方略には文化差がみられている。そこで，Maruyama et al.（2015）は，児童よりもさらに幼い年齢においての葛藤処理方略の文化差と変化を検討するため，日本，中国，韓国の3〜4歳と5〜6歳の子どもの葛藤処理方略について調査を行った。上にあげた葛藤場面の中で，自分と相手が何かを一緒に行うとき，自分の意見や希望と相手の意見や希望が食い違うという意見の不一致場面，自分と相手が同じものを欲しがっているが，両者を満たす資源はないという資源不足という2つの葛藤場面と，仲のよい相手と知り合ったばかりの相手という2つの関係性の条件を設定し，葛藤場面（2）×親密さ（2）で計4場面を作成した。調査者が複数の人形とエプロンを使って葛藤場面のお話を語り，子どもにその人形の主人公となって自由にお話の続きをつくってもらうという方法を用いた。意見の不一致場面は，2人の子どもが一緒に遊びたいのだが，遊びたい遊具（滑り台と鉄棒）が異なっている場面である。資源不足場面は，2人の子どもが一緒に遊びたいのだが，遊びたい遊具（揺れる虫の乗り物）が1人用しかない場面である。人形の種類は，クマ（主人公），サル（仲がよい相手），クマのお母さん，ブタ（知り合ったばかりの相手）であり，エプロンを場面のステージに用いた（図4-2）。

図 4-2 人形とエプロンのサンプル

表 4-1 葛藤処理方略の分類の定義と分類例（Maruyama et al., 2015）

方略	分類の定義	分類例
支配	自分の主張を相手に強要して押し通す。それぞれがばらばらに自分のやりたいことをする。競争で早い者勝ちで行う。自分の要求のみを出す。	相手も一緒に自分の遊びたい遊具で遊ぶ。それぞれ別の遊具で遊ぶ。
妥協	2人がお互いに少しずつ譲り合い、取り分を減らしあって、そこそこの達成で収める。	順番にお互いの遊びたい遊具で遊ぶ。交代で遊ぶ。
統合	2人の主張とは別の、お互いに納得できる方法。あるいはその方法を模索する。	別の遊具で遊ぶ。相談する。
服従	自分の主張を引っ込めて、相手の主張に従う。	譲る。相手の遊びたい遊具に合わせる。
その他の分類 分類不能	課題と全く異なった発言、行動をしている。発言、行動の情報が足りないため、分類ができない等	泣く。ケンカするなど。

　子どもの自由回答は二重関心モデルに沿って支配・妥協・統合・服従の葛藤処理方略に分類した（表4-1）。回避方略は葛藤が顕在化する前にとられる方略であるため、今回の場面のような葛藤が顕在化した場面での方略の分類には適当ではないと判断し、回避方略の分類は行わなかった。実際に回避方略と考えられる方略はほとんど出現しなかった。方略数についてχ^2検定を行って、それぞれの場面、年齢において、有意に多く用いられる方略を分析した。そして、各場面で多く用いられる葛藤処理方略の変化を、自己への関心と他者への関心の2軸による同一平面上に外挿し、モデル図に表した（図4-3, 図4-4）。

　図4-3（意見の不一致場面）から、日本、韓国、中国の3か国ともに、仲がよい相手の場合、知り合ったばかりの相手の場合の両方で、3歳児では、支配方略を多

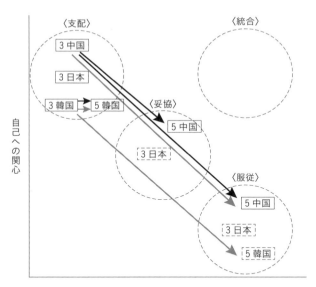

図 4-3　意見の不一致場面　親密さと年齢の違い（Maruyama et al., 2015）
注）矢印は各国の多用される方略の変化を意味する。太い実践は3歳及び5歳時点で，関係（仲が良い，知り合ったばかり）両方での主要な葛藤処理方略を示す。また，簡略化のため，3〜4歳を3歳，5〜6歳を5歳と表記している。
　　i．実線で囲まれた国の名前：仲が良い相手の場合で示された3歳か5歳の時点での主要な葛藤処理方略
　　ii．点線で囲まれた国の名前：知り合ったばかりの相手の場合で示された3歳か5歳の時点での主要な葛藤処理方略
　　iii．国の名前の前の数字：年齢
　　iv．実線の矢印：仲が良い相手の場合で示された3歳から5歳の葛藤処理方略の変化
　　v．白抜きの矢印：知り合ったばかりの相手の場合に示された3歳から5歳の葛藤処理方略の変化

く用いていた。このことは自己への関心の高さを表していると考えられる。日本の3歳児は，知り合ったばかりの相手の場合では，妥協方略，服従方略も用いていた。5歳児になると，仲がよい相手の場合，知り合ったばかりの相手の場合の両方で，日本は主要な方略がなくなった。韓国は，仲がよい相手の場合，3歳児のときと同様，支配方略を多く用いており，自己への関心が高いといえる。知り合ったばかりの相手の場合は，支配方略に加えて，服従方略も主要な方略となり，自己への関心と他者への関心の両方が同時に高くなったことが表れている。中国は，仲がよい相

第4章　葛藤処理方略の発達と文化差

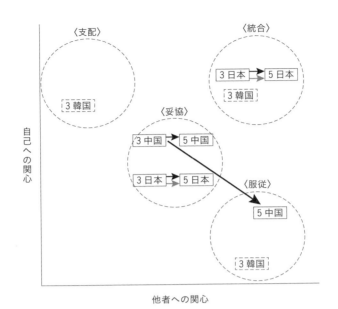

図 4-4　資源不足場面　親密さと年齢の違い（Maruyama et al., 2015）

手の場合でも，知り合ったばかりの相手の場合でも服従方略が主要な方略となっており，このことは，関心の焦点が，自己から他者へとシフトしたことを表している。仲がよい相手の場合は，服従方略に加えて妥協方略も主要な方略となった。

　図 4-4（資源不足場面）から，日本は，仲がよい相手の場合，知り合ったばかりの相手の場合ともに，3 歳児では妥協方略，統合方略を多く用いており，このことは自己と他者の両方に関心があることを表している。5 歳児でも同様の傾向がみられる。仲がよい相手の場合，韓国の 3 歳児 5 歳児ともに主要な方略は特にみられなかった。知り合ったばかりの相手の場合は，3 歳児では支配方略，統合方略，服従方略を用いており，自己と他者の両方への関心が同時に高いことを表している。5 歳児になると主要な方略はなくなった。中国は，仲がよい相手の場合，知り合ったばかりの相手の場合ともに，3 歳児では妥協方略を多く用いていた。5 歳児になると，仲がよい相手の場合に，妥協方略に加えて，服従方略も多く用いるようになり，関心の焦点が自己から他者へのシフトしていくことが表れている。

　全体の結果として，場面によって異なるが，3 か国の葛藤処理方略は 3 歳児からすでに異なっていることが示された。意見の不一致場面では，3 か国の 3 歳児はすべて同じ支配方略を多く用いたのに対して，資源不足場面では，すでに 3 歳児で多

く用いる方略の差異が示された。また，各国の子どもの葛藤処理方略は，3歳から5歳の間で変化していた。そして，5歳児の意見の不一致場面の結果と児童の結果は一致するものが多く，資源不足場面では異なるものが多かった。児童の葛藤処理方略の先行研究では，意見の不一致場面が用いられている研究が多い（羅，2007；羅，2008；徐，2004a，2004b）。場面によっては，3歳児以前ですでに葛藤処理方略の文化差が表れるような社会化が起こっているということである。

5節　葛藤処理方略の発達と文化差に関わる要因

　このように，たとえば中国，日本，韓国の子どもたちは葛藤場面によって，3歳から5歳で葛藤処理方略が分化したり，すでに3歳児から異なる葛藤処理方略を用いたりしている。このような葛藤処理方略の発達と文化差に影響を与える要因を系統的に調べた研究はない。ただ，近隣の領域，たとえば子どもの情動制御や攻撃性などと子どもの環境や養育者のパーソナリティ，態度，行動との関連性を検討した研究は多い（Dennis, 2006；金丸・無藤，2004；久崎，2011など）。こうした研究では，養育者の要因と子どもの気質，認知的能力など子ども側の要因も検討し，さらに親子の相互作用に焦点を当てた研究が増えている。子どもの気質などの個人差と葛藤処理方略の個人差には関連がある（水野・本城，1998など）。しかし，気質と文化的な葛藤処理方略の発達との関連はまだほとんど検討されていない。たとえば気質や認知的能力，共感性の発達の程度など，子ども側にどのような特徴があるということと，文化的な影響を与える要因との関連の仕方を検討することが必要だろう。では，葛藤処理方略の発達と文化差にはどのような要因が影響を与えているのだろうか。

　まず，子どもの発達に影響を与えている最も大きな要因として考えられるのは親のパーソナリティや普段の行動や考え方，子どもとの関わり方などである。たとえば，東らの研究（東ら，1981；東，1994など）では，日米の母親について，しつけ方が異なることが示されている。子どもの発達に影響を与える親の要因は主に3つの側面に分けて考えることができるだろう。1つ目は，親が直接的に子どもに関わる行動，発言などの意図的な社会化である。2つ目は，親の普段の生活における行動様式である。人は他者の関わり方を見て学ぶものである。子どもの最も身近なモデルとなるのは親であり，親の普段の生活における行動様式が非意図的な社会化となっている可能性は高い。3つ目は，これらの意図的な社会化，非意図的な社会化の背景となる親の価値観，信念，子どもへの期待などの考え方である。これらの3

つの側面は複雑に絡まりながら，子どもの発達に影響を及ぼしている可能性が高い。

　続いて，子どもが多くの時間を過ごす保育園，幼稚園，学校などの施設での社会化の影響が考えられる。日本，アメリカ，中国の就学前教育を比較した Tobin et al. の研究（Tobin et al., 1989, Tobin et al., 2009 など）は興味深い。各文化の保育場面のビデオを，同文化内，異文化の保育者，保育系学生などに見てもらい，それぞれの文化の就学前教育の特徴を抽出している。そこでは，たとえば日本の就学前教育の特徴として，他者との協調性，思いやり，共感性，他者への配慮が重要視されていることが示されている。また，日本の保育者は子どもの問題行動場面においても，即座には介入しないことが多い。一方，中国の保育者は，子どもの葛藤場面において，早期に介入し具体的解決方略を子どもたちに指示する傾向がある（劉・倉持，2008）。親の要因と同様，このような保育者や先生の意図的な社会化，非意図的な社会化，価値観，信念，期待もまたそれぞれの文化で異なり，複雑な影響を与えていると考えられる。

　さらに，子どもが生活する物理的な空間や様々な有形無形の存在するものにも多かれ少なかれ文化的な社会化を促す可能性がある。塘（2008, 2011）は，日本，韓国，中国，台湾およびヨーロッパの小学校で使用されている教科書の量的，質的分析を行った。教科書は各文化の大人たちが時間と労力をかけて作成したものであるため，教科書を分析することによって，それぞれの文化，時代の大人から子どもへの期待を明らかにできると考えられるからである。その結果，全体的にアジアの教科書の主人公はヨーロッパに比べて，相手に合わせて自分のやり方や考え方を変える問題解決を多く行うこと，アジア内でも，日本では関係を重視して自分を抑制する方略，暗に自分の考えや感情を伝えるといった間接的主張が多いこと，中国では相手に直接主張することが多いことなどが示された。ほかにも，たとえば学校行事やカリキュラムなども文化的雰囲気が反映される可能性が高く，テレビなどのメディアにも無数のそのような番組があるかもしれない。このような要因が子どもの文化的な発達に少なからず影響を与えていると考えられる。

　そして，最も大きく，かつ複雑な作用を及ぼす可能性があるのが子どもたち同士の関わり合いの影響である（Harris, 1995; 寺川ら，2011; Thornberg, 2006 など）。たとえば寺川ら（2011）の研究では，初めて出会う4人の子どもたちが自由遊びや組織的な遊びを通じてグループのピア関係が成熟していくこと，そして，6歳児では，ピアとして高い成熟度を示したグループの方がそうでないグループよりも葛藤場面において相互交渉的な問題解決を図ろうとすることが示された。このことは実際に人間関係を形成する関わり合いの成熟と葛藤処理方略とが密接に関わっている可能

性を示している。子どもにとって，関わり合う友だち，子ども集団自体が重要な社会化のエージェントであるといえる。

このように葛藤処理方略の発達に影響を与える可能性のある様々な要因が想定され，しかも，それらは各文化で異なっている可能性が高い。さらに，そのような多種多様な要因同士に相互作用が起こり，それぞれの文化によって異なって子どもに影響を与えているかもしれない。Bronfenbrenner（1979）は，子どもが発達する環境を，マイクロ，メゾ，エクソ，マクロという4つのシステムとして表し，生態学的環境と呼んだ。一人ひとりの子どもたちが生活し，体験する最小単位がマイクロシステムであり，そのマイクロシステム同士の相互ネットワークがメゾシステムである。子どもが暮らす場としての家庭，学校などはマイクロシステムであり，子どもはその中で生活することを通じて文化的な影響を受ける。同時に，子ども自身がそのシステムの構成員であり，システムのあり方にも影響を与えていくことがあり得る。子どもの変化に伴って親や友だちが変わっていくかもしれない。そして，家庭と学校との関わりがメゾシステムである。家庭の親と学校の先生が関わる中で両者が変化していく可能性もある。エクソシステムは，（必ずしも明確な境界を引くことはできないが）子どもが直接は関わらないが，子どもに影響を与えているシステムである。たとえば親の職場はエクソシステムであり，親が職場で疲れていたら，子どもへの関わりも変化するかもしれない。マクロシステムは，文化全体の雰囲気を示す。日本で生活している場合に共有される価値観などである。これらのシステムは入れ子構造を形づくり，システム同士が影響を与え合いながら，その中で生きる子どもの発達に影響を及ぼしていく。このようなシステム同士の相互作用は，上にあげた多種多様な要因同士の相互作用と考えることができる。

また，葛藤処理方略とは異なるが，文化的行動様式や文化的特徴のある認知傾向とそれらに関連する要因の研究も近年増加している。写真や映像などを見たとき，アメリカ人をはじめとする欧米人は，中心となる物体や行動した人物の内面的特徴（性格）などに主に注意を集中する傾向が強いのに対して，日本人などの東アジア文化圏の人々は，物体の背景や人物の置かれた状況にも注意を払う傾向がある。前者は分析的認知，後者は包括的認知と呼ばれる（Nisbett, 2003; Nisbett et al., 2001）。Imada et al.（2013）はこういった注意傾向の文化差がどのくらいの年齢から表れるのかという問いについてアメリカ人と日本人の子どもで実証的な研究を行った。その結果，4～5歳，6～7歳，8～9歳と年齢が上がるにつれて，アメリカ人も日本人も包括的認知傾向が強くなるが，日本人の方がより包括的認知が強くなった。分析的認知では，いわば，ものごとの中心を見てそのままストレートに読み取るのに

対して，包括的認知ではより文脈を重視し，複層的な関連性を読み取ろうとする。つまり，より幼い年齢では，どちらの文化圏の子どもも，ものごとをストレートに読み取っていたのに対して，年齢が上がると周りを見るようになっていくがその程度に差が出てくるということである。そして，その文化差の発達に，家庭や就学前施設，学校などの影響があると考えられている。

いずれにしろ，葛藤処理方略などの文化的行動様式や認知傾向などの発達のメカニズムの複雑さは容易な想像を超えるものである。そのような様々な要因と子どもの発達との複雑な関係を包括的に理解し，検討する方法論が必要であると思われる。

・・・・ 6節　葛藤処理方略の発達と文化差の関連を検討する ・・・・

1. 関係的―発達的―システム論的モデル

このような様々な要因と子どもの発達との複雑な関係を理解し，検討する方法論として，関係的―発達的―システム論的モデル（Overton, 2015）の導入が考えられる。近年発達科学の様々な領域において，古典的な分割的機械論的モデル（親から子どもへの一方向的，線型的なモデルなど）から，関係的―発達的―システム論的モデルへと考え方の枠組みの変化が起こっている（Overton, 2015）。関係的―発達的―システム論的モデルとは，個人と文脈（あるいは環境）の相互的関係を，生物学的，生理学的プロセスのレベルから，行動，社会的関係プロセス，物理生態学的，文化的，歴史的プロセスに至るまですべてのレベルのシステムが統合された時間性をもった関係と捉えるモデルである。このモデルの特徴は，人は，その人が生きている物理的かつ社会文化的な文脈との間での活動と行為のプロセスを通じて，主題特定的（subject-specific）に，確率論的（蓋然的にあるいはランダム）に発達すると考えることである。ある出来事が文脈に影響して変化を引き起こし，さらにその変化に伴って個人やほかの文脈に反応が連続的に起きていくことで，組織的系統的な発達が成されていくということが起こりうる。言い換えれば，人はその人それぞれが体験する個別的で特殊的な（すべてのレベルのシステムが関わり合った）経験に伴って発達するということである。また別の言い方をすれば，たとえば同じ家庭のきょうだいや，同じ学校のクラスメイトなど，一見すると同じような文脈（環境）で育っているように考えられる人々は，実は，全く異なった個人の特徴と文脈（環境）との相互作用の中で発達しているかもしれないということである。そして，関係的―発達的―システム論的モデルでは，その個人と文脈との間で働くプロセスの解明を試みるのである。

この関係的―発達的―システム論的モデルを活用して，実際の研究を行う際には，氏家（2004）で言及された以下の3つの発達研究の条件が参考になると考えられる。それは①多時点のデータを得ること，②発達を表現するときに，変化の特殊性をつぶさないこと，③多変量的であること，である。

　多時点のデータをとることについては，可能であればより多くのデータがあることが望ましいが，少なくとも発達の変化が起こっているであろう時点の前後のデータが必要である。変化の特殊性をつぶさないようにするには，分析を個人ベースで行う必要があるが，潜在成長曲線モデルなど集団をあるクラスターに分類する方法論と，そうした方法論に基づいた研究も増えている。文化差に焦点を当てる場合，まずは同じ国の人々を同じ文化のクラスターとして分類する方法が考えられる。もちろんそれぞれの国の内部にも複数のクラスターが存在することが想定されるが，まずは可能なことから検討していくことも必要である。ここでの多変量的であるということは，初期条件と現在条件を扱うということである（氏家，2004）。ある時点での子どもの認知的発達の程度や親のパーソナリティ傾向，親子の関係性などが初期条件となり得るが，それがそのまま葛藤処理方略の発達に影響を与えるとは限らない。ある初期条件がそれに続く様々な現在条件を生み出すことと，それと異なる現在条件が無関係に発生することが起こり得る。

2．葛藤処理方略の発達と文化差の関連を検討する方法

　最後に，これらの条件に基づいて，様々な要因が複雑に相互作用しながら子どもの葛藤処理方略の発達に影響を与えていると考えられるメカニズムと，そのメカニズムを検討する方法の提示を試みる。

　子どもの葛藤処理方略は，おそらく3歳頃（葛藤場面によってはそれより以前）の子どもの認知的発達と親との関わりなどに制御されて，その萌芽が自己主張のような形で出現する。その子どもの行動の意味や効果について，それぞれの文化の親や保育者は，各々の文化に沿った考え方や信念をもって子どもの社会化を行う。一方で，子どもは親や保育者から子どもへの意図的な働きかけに限らず，親や保育者自身の対人的な関わりを見聞きし，そうした見聞きした経験が非意図的な社会化を促す。さらに，その子どもが生活する生活空間や就学前施設などには，明示的および非明示的な文化的働きかけが存在する。さらに，親や保育者の視界の内外で子どもたち同士の葛藤が出現し，親や保育者の介入，あるいは子どもたち自身での方略の洗練が成されていく。そして，そのすべての要因が，時間とともにお互いに関連し，変化する可能性がある。

対象年齢としては，少なくとも3歳と5歳で葛藤処理方略の変化がみられるので，2歳～6歳ほどの間で多時点のデータが望ましい。そして，初期条件として，子どもの葛藤処理方略の発達が起こる前の時点での，親や保育者の意図的，および非意図的な社会化，子どもの認知能力，生活空間や就学前施設での文化的な社会化，子ども同士の関わりなどの変数を測定する。続いて，現在条件として，可能な範囲で上述の変数を多時点で測定していく。そして，文化のクラスターとして，比較検討する複数の国でこれらのデータを測定することである。変数があまりに多いため，現実的に可能な分析が主となると思われるが，分析はまず多母集団分析を行うことが望ましい。そして複数時点の分析となるので，マルチレベル分析，成長曲線モデル，あるいは交差遅延モデルなどの適用が望ましいだろう。これらの分析を行うには多くの調査協力者が必要であるが，国際的な文化研究で多くの調査協力者を得ることは非常に大変である。想定されるすべての変数，分析を行うことは理想ではあっても，現実には難しい。測定時点を少なくしたり，測定する変数や文化の数を少なくしたり，分析手法を工夫する必要が生じるだろう。しかし，そうした現実の制約を受けながらも，こうした研究を行うことは，個と関係性の複雑なメカニズム，そして，人がどのように発達するかという根源的な問いかけに迫る1つの有用な方法だと考えている。

COLUMN 4　文化差の研究

　文化差の研究については，これまで，文化心理学や社会心理学，比較文化心理学の領域で多くの研究がなされてきた。北山（1998）によれば，文化心理学における文化とは，日常的慣習と公の意味構造を合わせたものとして捉えられており，「心は，文化に生きることにより成り立ち，さらに，そのような心をもった人が，その文化を生きることを可能にしている」と考えられている。こうした文化について比較，検討がなされ，欧米文化と東アジア文化の違いについて，様々なモデルが提唱されている。その中で代表的なものに，文化的自己観の研究と世界についての認識法の研究がある。
　文化的自己観とは，Markus & Kitayama（1991）によると，人の主体の性質についての通念で，ある文化において歴史的につくり出され，暗黙の内に共有されているという。そして，文化的自己観は，現実を構成する機能をもち，実際に行動する際の「準拠枠」をその文化で生きる人々に提供する（北山，1998）。この文化的自己観には文化差があることがわかっている。欧米文化における自己観は「相互独立的自己観」と呼ばれ，自己は他の人やまわりの物事とは区別され，切り離されたものであるとされている。一方，東アジア文化における自己観は，「相互協調的自己観」と呼ばれ，自己は他の人やまわりの物事と結びついており，本質的に関係志向的であるとされている（Markus & Kitayama, 1991）。つまり，「人とは何か」という自己観，人間観において，欧米文化と東アジア文化には違いがあり，それぞれの文化に基づいて，人々は自己と他者との関係を形成し，それぞれの文化を生きていると言える。
　世界についての認識法の研究では，Nisbettらがその文化差を明らかにしている（Nisbett, 2003; Nisbett et al., 2001）。Nisbettらは世界を認識するための思考様式の違いに着目し，欧米文化と東アジア文化の比較検討を行った。Nisbett（2003）によれば，欧米文化の思考様式は「分析的思考」と呼ばれ，その背景には古代ギリシア文明と西洋哲学があるとされる。「分析的思考」は，分析的に世界を理解する方法で，人や物といった対象そのものの属性に注意を向け，カテゴリーに分類することによって，対象を理解しようとする考え方である。一方，東アジア文化の思考様式は「包括的思考」と呼ばれ，その背景には古代中国文明と儒教思想，仏教思想，老荘思想があるとされる。「包括的思考」は，包括的に世界を理解する方法で，対象を認識し，理解する際に，対象を取り巻く場に注意を向け，対象と場の要素との関係を重視する考え方である。つまり，「世界とは何か」という世界観においても欧米文化と東アジア文化には違いがあり，それぞれの文化に基づいて，人々は世界を認識，理解し，それぞれの文化を生きていると言える。
　このように，文化心理学における研究では，欧米文化と東アジア文化において，人や世界の認識の仕方に違いがあることが明らかになっている。そして，そうした認識の仕方は，それぞ

コラム4　文化差の研究

れの文化の中に暗黙の了解として存在しているのである。文化の中に暗黙の了解として存在する認識やそれに伴う行動は，そこで発達し，社会化する中で身につけていくものである。よって，発達を考える際には，発達を社会・文化的プロセスで捉え，文化における違いを発達の多様性として見ていくことが必要である。

　発達心理学の領域では，Rogoff（2003）やCole（1996）において，発達は個人内のプロセスとして起こるのではなく，社会・文化的文脈において起こると主張されている。また，Rogoff（2003）は，「人々は文化コミュニティの一員として発達する」立場をとっている。つまり，子どもはコミュニティに参加し，そのコミュニティの中に埋め込まれている社会文化的活動を通して発達していくことになる。その社会文化的活動に違いがあれば，それに応じた発達が起こり，それを発達の多様性として捉えることができる。

　発達の多様性は，文化間だけでなく，同じ文化内の違いを見ることでも，明らかにすることができる（氏家，2012）。たとえば，塘（2005）は，アジア6か国（日本，韓国，台湾，中国，タイ，バングラディシュ）の教科書を分析し，「家族像」，「親役割・性役割」，「いい子像」を比較検討することで，アジアにおける発達期待の多様性を明らかにしている。また，王（2000）は，東アジア文化内における文化差について論じており，日本と韓国，中国を比較し，その異質性を明らかにしている。王（2000）によれば，日本人は，同類意識と集団帰属意識が非常に強い集団主義者であり，韓国人は，人間関係における最大の絆は血縁であるとする宗族主義者だという。そして，中国人は，集団や親族より，頼れるのは自分自身しかないという意識が強く，個人主義者であるという。つまり，同じ東アジア文化に属する日本と韓国と中国においても，文化差があることがわかる。

　このような文化差が，発達する中でどのように生じてくるのかを検討することで，社会・文化的プロセスの中で起こってくる発達の多様性を明らかにすることができると考えられる。今後の文化差の研究では，文化間だけでなく，同じ文化内の違いも見ることで，発達と文化の関係をより明らかにすることが期待されるだろう。

第5章
つながりを希求する子どもたち
ネットいじめに内在する不安定な関係性

　本章◆1では，児童・青年期の問題行動の中でも，近年，特に対応の難しさが問題となっている「ネットいじめ（cyber bullying）」を取り上げ，その現象に内在する「仲間関係を構築することの難しさ」について「個と関係性」の視点から論じる。

　スマートフォンが急速に普及する中，若者たちが，電車やバスの中で，あるいは，歩きながらまでも絶えずスマートフォンを操作する姿をしばしば見かける。内閣府による調査（2017）では，小学生27.0%，中学生51.7%，高校生94.8%がスマートフォンを利用しており，中高生では1日のスマートフォンの平均利用時間が2時間を超え，また，スマートフォン利用の目的として「コミュニケーション」が最も多くあげられたことが報告された。また，総務省情報通信政策研究所（2014）が高校生を対象として実施したスマートフォンとの接し方に関する調査では，スマートフォンユーザーの42.6%が「ひまさえあれば，スマートフォンでネットを利用している」と回答し，その目的として最も多くあげられたのが，ソーシャルメディアの利用であった。そして，ソーシャルメディアを使う理由のうち「友だちや知り合いとコミュニケーションをとるため」が71.8%と最も高い割合を示した。このような状況を背景として，ネットいじめは「いつでも」「どこでも」「誰にでも」起こり得る現象であり，ますます大人たちからその容態が見えにくくなってきている。実際に，文部科学省の調査（2016）では，高校生が経験したいじめ被害のうち，「パソコンや携帯電話等で，誹謗・中傷や嫌なことをされる」が全体の18.7%を占め2番目に高い数値であることが報告された。

　子どもたちにとって，「友だちや知り合いとコミュニケーションをとる」ことがどのような意味をもつのか，まずは，最近の子どもたちの仲間関係から見てみよう。

◆1　日本学術振興会科学研究費 基盤研究（C）［課題番号：26380913］により実施された調査内容を含む。

⋯⋯• 1節　最近の子どもたちの仲間関係 •⋯⋯

　内閣府の実施した「小学生・中学生の意識に関する調査」(2014a)では,「悩みや心配なこと」として「友だちや仲間のこと」をあげた中学生の割合が, 2014 (平成26) 年2月の調査で, 前回 (2006 (平成18) 年3月) の調査と比較して20.0%から15.1%へと減少した。その一方で,「人といると疲れる」という項目に「あてはまる」と回答した中学生の割合は前回の調査より増加した。また,「直接だと言えないことも, 携帯電話やメールなら言えると思う」という項目に「あてはまる」と回答した小学生 (4年生以上) の割合は20.1%→39.2%, 中学生は43.6%→46.9%へとそれぞれ増えており, これらの結果から, 友だちや仲間との関係に複雑な思いを抱く子どもたちの姿が垣間見える。

　土井 (2014) は, 価値観が多様化した現代において, 相互に異なった価値観を調整するため, これまで以上に高いコミュニケーション能力が要求されており, 若者たちは高いコミュニケーション能力の証としての豊かな人間関係を希求し, つねに誰かとつながっていないと安心できなくなっていることを指摘した。また, 土井 (2009) は, 友人関係の中で仲間はずれにされることを極度に怖れ, 友人関係を維持することに涙ぐましいまでの努力をする子どもたちが少なからず存在することを示唆した。

1. 仲間関係の発達

　児童期後半から青年期にかけて, 子どもたちは, 仲間が実際に何をするのかということより何を考えているのかということに影響される (Fischhoff et al., 1999)。この時期に仲間への同調傾性の高まりがみられる (Berndt, 1979) のは, 親からの心理的離乳を経て, 自立した大人になる過程での通過点のようなもの (Steinberg & Silverberg, 1986) とされてきた。すなわち, 親から心理的に巣立ち, 自立した大人になるまでの過渡期の期間を仲間に依存することで心理的な支えを得ていると考えられる。

　内閣府の実施した「小学生・中学生の意識に関する調査」(2014a)では,「何でも話せる友だちがいる」と回答した小学4年生から中学3年生の割合は, 2000 (平成12) 年9月の調査で71.0%, 2006 (平成18) 年3月の調査で84.4%, 2014 (平成26) 年2月の調査で90.2%と, 調査の回を追うごとにその割合が増加している。また,「気の合わない人とも, 話をすることができる」と回答した人の割合についても同

様に，2000（平成 12）年 32.0％，2006（平成 18）年 41.9％，2014（平成 26）年 46.4％と増えてきている。一方で，「友だちとのつきあいが，めんどうくさいと感じることがある」と回答した人の割合も，2000（平成 12）年 10.1％，2006（平成 18）年 15.1％，2014（平成 26）年 19.7％と増加しており，これらの数字から見えてくるのは，友だちとの親密さを求め，また，誰とでも関われる対人スキルを周囲から求められ，その状況に疲弊する子どもたちの様子ではないだろうか。

さらに，上記の調査では，「気の合わない人とも，話をすることができる」「友だちとのつきあいが，めんどうくさいと感じることがある」の 2 項目について，中学生女子でその割合が高くなっていることが報告された。榎本（1999）は，女子の友人とのつきあい方には，友人との趣味や行動の類似性を重視する「親密確認行動」が多くみられること，そして，行動や趣味の類似性で友人関係を保とうとするような表面的なつきあい方であっても，中学生女子にとってはそれが相互の信頼と安定をもたらすことを指摘した。心の中では「めんどうだな」と思いながらも，仲間に同調せざるを得ない状況の背景に何があるのだろうか。

2. 仲間への同調

次に，筆者が 2015 年 7 月に小学 4 年生から中学 3 年生を対象に実施した調査の分析結果を紹介する。

(1) 仲間への同調傾性の発達とその規定要因

小学 4 年生から中学 3 年生までの 728 名（小学生 230 名，女子 55.2％；中学生 498 名，女子 50.0％）を対象として，仲間への同調傾性について，学年差と性差，および個人特性との関連について検討した。仲間への同調傾性を測定する 9 項目

表 5-1　仲間への同調傾性尺度項目（西野，2017a）

友だちがどのように行動するのか気になる
しばしば自分を友だちと比較する
他の子が着ているような洋服を着るようにしている
他の子とどう関わっていいかわからない時には，その子たちを観察して手がかりを探す
他の子が使っているような流行語を自分も使ってみる
仲間内でカッコいいと思われている髪型にする
一緒にいる仲間に合わせることは自分にとって重要だ
友だちが面白がるので，うわさを流す
仲間内で「いいね」と言われている音楽を聴く

（4件法／1：全くあてはまらない〜4：非常にあてはまる）を表5-1に示す。仲間への同調傾性と関連する個人特性について，自己価値（松尾，1999で用いられた5項目4件法／「自分に自信があります」「今の自分のままでいたいです」など）を測定する尺度を使用した。図5-1に学年ごとの仲間への同調傾性尺度得点を示す。

　仲間への同調傾性の学年差および男女差について分散分析を実施した結果，双方ともに有意な差が確認され，中学生の得点が小学生の得点に比べて有意に高く，また，女子の得点が男子の得点に比べて有意に高かった。さらに，仲間への同調傾性と個人特性との関連について，小中学生とも女子においてのみ，仲間への同調傾性と自己価値との間に弱いながら負の有意な相関（小学生 $p<.05$，中学生 $p<.01$）が確認された。このことから，小学4年生から中学3年生の女子において，自分自身に対するネガティブな認知が仲間への同調傾性を高める可能性も推測できよう。中学生女子の友人関係で親密確認行動が多くみられる（榎本，1999）のは，自分自身に対する自信のなさの表れなのかもしれない。

　土井（2014）は，今日のように価値観の多様化した社会の中では他者からの評価に度々食い違いが生じることで自己評価が安定せず，自分を評価してくれる仲間の存在が自尊感情を支える最大の基盤であり，それゆえ，子どもたちは周囲からの反応を絶えず探り，それを自分の態度決定に有効な羅針盤とせざるを得ない状況にあることを指摘した。こうしてみると，現代の子どもたちにとって，仲間への同調は子ども社会の中でうまくやっていくための方策の1つであり，男子よりも女子の方がそれを敏感に察知して行動しているのかもしれない。実際のところ，仲間への同調が精神的健康や環境への適応とどう関連するかについては今後さらに検討すべき課題であろう。

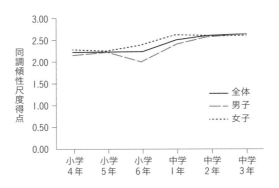

図5-1　同調傾性尺度得点の学年推移（西野，2017a）

·・・・・ 2節　従来のいじめとネットいじめ ・・・・・

　従来のいじめ（traditional bullying）に関してこれまで様々な検討が行われ，実証研究やそれに基づく介入を通して，現象を理解するための理論的枠組みが明らかにされてきた（詳細については西野（2018）を参照）。インターネットの普及とともに，ネット機器を用いたいじめとして出現した「ネットいじめ」と従来のいじめとの間には，いくつかの共通点や相違点があることも検証されつつあるが（Kowalski & Limber, 2013; Williams & Guerra, 2007），それぞれを規定する要因の詳細な比較についてはいまだ解明の途にあるといってよいだろう。本節では，従来のいじめと比較しながら，ネットいじめに顕著にみられる特徴について，筆者の収集したデータから検証する。

1. ネットいじめの特徴

　ネットいじめについて，Smith et al.（2008）では，「個人または集団により，電子機器を用いて，時と場所を選ばず，繰り返し行われる意図的な攻撃」と定義されている。森田（2010）は，インターネットが手段としてではなく，その特性が強力なパワー資源として機能することで被害者を予想以上に追い込む危険性を指摘したが，Smith（2014）では，ネットいじめにみられる顕著な特徴として，「匿名性」（なりすまし，素性を明らかにせず攻撃できる），「不可視性」（加害者が誰なのかわかり難いし，加害者からも被害者の反応が見えない，など），「無境界性」（いつでも，どこでも起こり得る），「群衆化」（数限りない傍観者が存在する可能性），「不可避性」（四六時中，どこにいても攻撃される可能性）があげられている。

　海外の研究報告では，ネットいじめ経験者の半数ほどが従来のいじめを経験していることや（Ybarra & Mitchell, 2004），ネットいじめ被害者の多くが従来のいじめで被害と加害の両方を経験していること（Smith et al., 2008）が示されており，本邦においても従来のいじめの延長線上にネットいじめが存在する可能性が予測される。

　そこで次に，筆者が2016年に小学4年生から中学3年生を対象に収集したデータを分析した結果から，従来のいじめ経験とネットいじめの経験との関連についての知見を紹介する。

(1) 従来のいじめ経験とネットいじめ経験との関連

　小学4年生から中学3年生までの812名（小学生232名，女子50.4%；中学生

表5-2 従来のいじめ経験とネットいじめ経験との関連（西野，2017b）

従来のいじめ		ネットいじめ			
		経験なし	加害のみあり	被害のみあり	加害被害あり
	経験なし	539^c	2^d	5^d	0^d
	加害のみあり	43	2^a	0	0
	被害のみあり	132^b	1	9^c	1
	加害被害あり	58^d	3^c	4^a	5^c

注）数値は該当する人数を表す。英字は残差分析の結果を示す。
a：5％水準で有意に多い，b：5％水準で有意に少ない，c：1％水準で有意に多い，d：1％水準で有意に少ない

580名，女子48.7％）を対象として，従来のいじめ経験とネット上のいじめ経験について，それぞれ該当する項目の経験人数についてその重複の状況を調べた。従来のいじめ経験について，岡安・高山（2000）で使用された加害と被害各3項目を，過去3か月間に，どのくらいの頻度で経験したのか4件法（1：一度もなかった〜4：何度もあった）で尋ねた。同様に，ネットいじめの経験について，加害2項目（「ネットで，だれかの悪口を書いた」「ネットで，だれかを友だちリストからはずそうと仲間に呼びかけた」），被害2項目（「ネットで，だれかから，悪口を書かれた」「ネットで，友だちリストからはずされた」）を，4件法で尋ねた。

表5-2にそれぞれの経験の重複に該当する人数と残差分析の結果を示す。なお，それぞれの経験を測定する項目について「1」と回答した人を「経験なし」，「2〜4」と回答した人を「経験あり」とした。χ^2検定の結果，従来のいじめ経験とネットでのいじめ経験との間に有意な関連が示された。これにより，従来のいじめを経験した人はネットいじめを経験する可能性があることが示唆されたといえよう。つまり，従来の，現実場面でのいじめの延長線上にネットいじめが存在することは明らかであり，ネットいじめの問題には，さらに上述したようなインターネットの特性が加わることで，予防や介入が難しくなっているとも考えられる。

2. SNSの利用とネットいじめ

総務省（2015）の情報通信白書によれば，SNS上でのトラブル経験について年代別にみると，20代以下が最も経験率が高く，また，SNS利用者のうち26.0％が何らかのトラブルにあった経験があることが報告された。さらに，SNSの年代別利用率で20代以下ではLINEの利用が62.8％と最も高いことも示された。ここから，LINEの使用とネットいじめ経験との関連が予測される。そこで，次に，LINEの利

用とネットいじめ経験との関連についての検証結果を紹介しよう。

(1) LINE の使用頻度とネットいじめ経験との関連

先に紹介した小中学生 812 名のデータを用いて，過去 3 か月間の LINE 使用状況とネットいじめ経験との関連について，先の研究と同様の方法で検討した。その結果を表 5-3 に示す。χ^2 検定の結果，ネットでのいじめ経験と LINE の使用頻度との間に有意な関連が示された。これにより，LINE の使用頻度が高いほどネットいじめを経験する可能性があることが示唆された。

上記 2 つの研究結果から，ネットいじめが従来のいじめの延長線上にある可能性，そして，ネットいじめの生起に LINE の使用状況が関わっている可能性がそれぞれ明らかになった。最近の子どもたちにとって，スマートフォンなどモバイル機器を介したコミュニケーションは，友だちとの人間関係を円滑に維持していくために必須なものであり，土井 (2014) は，いつでもどこででも誰かとつながろうとする子どもたちが増えている現象の背後に，人間関係への強いこだわりが潜んでいることを指摘した。さらに，土井 (2014) は，多くの子どもたちにとって，ネットを介したコミュニケーションが何らかの用件を伝えるための手段ではなく，それ自体が目的となっており，いつでも誰かとつながれる環境が与えられたことで，逆に，1 人でいることの孤立感が高まっていることを指摘し，過度の「つながり依存」を示す子どもたちの存在を危惧した。誰かとつながっていないと安心できない心理の背景に何があるのだろうか。次節では，ネットいじめ経験と関連する個人特性について見てみよう。

表 5-3　LINE の使用状況とネットいじめ経験との関連（西野，2017b）

		LINE の使用			
		経験なし	1 度だけ	数　回	何度もある
ネットいじめ	経験なし	399[c]	24	65	286[d]
	加害のみあり	4	1	0	3
	被害のみあり	2[d]	0	1	15[c]
	加害被害あり	1	0	0	5[a]

注）数値は該当する人数を表す。英字は残差分析の結果を示す。
　　a：5% 水準で有意に多い，c：1% 水準で有意に多い，d：1% 水準で有意に少ない

······ 3節　ネットいじめを規定する要因 ······

　森田（2010）は，本邦におけるいじめの背景に「集団へのロイヤリティや凝集性への圧力」「関係の囲い込み」「異質性の排除」といった日本社会に普遍的に観察されるメカニズムが横たわっている可能性を示唆し，「自分も被害にあうのではないかという不安感から付和雷同していじめる側にまわる場合や，遊びが昂じてみんなでいじめてしまう場合，あるいは相手への苛立ちが場の雰囲気を支配して，いじめとなって表れる」のではないかと指摘した。対面上ではない，ネット上で行われるいじめの場合も同様であろうか。本節では，ネットいじめと関連する個人レベルの要因について，個人の脆弱性（vulnerability）に注目して検討する。

1. ネットいじめと個人の脆弱性

　脆弱性とは，心的病理に陥りやすい傾向や環境を指すが，最近マスコミでもしばしば取り上げられて話題となった「レジリエンス（resilience）」と対極をなすようなものというとわかりやすいだろうか。脆弱性とレジリエンスとの関係について，Garmezy（1991）では，子どもが発達していく過程で，脆弱性とレジリエンスは相互に影響し合うものであり，脆弱性を生じさせるような過酷な環境にあってもそれを乗り越えていける能力がレジリエンスであると説明されている。また一方で，「脆弱性」は「リスク（risk）」とも対比される。Compas & Reeslund（2009）では，脆弱性はリスクとは区別されるべきものであり，リスクにさらされた人がネガティブな結果を引き起こす理由を説明するものが脆弱性であると述べられている。

　本節では，「ネットいじめ」というネガティブな事象を説明する要因について検討するにあたり，先ず，個人レベルで捉える「脆弱性」と「レジリエンス」いう視点でネットいじめの背景にあるものを探る。海外の先行研究では，冷淡で感情を表出しない特性（Callous-unemotional（CU）traits），自己愛（narcissism），衝動性（impulsivity），自己統制（self-control），道徳不活性化（moral disengagement），敵意帰属バイアス（hostile attribution bias）などがネットいじめと関連する個人要因として検討されてきた（Fanti et al. 2012; Pornari & Wood, 2010; Vazsonyi et al., 2012）。これらの要因は，ネットいじめに対する個人の脆弱性ともいえるものであり，一方で，ネットいじめに対するレジリエンスとして，ソーシャル・サポートが報告されている（Fanti et al., 2012）。本邦においてネットいじめに関する研究は散見されるものの，ネットいじめに対する効果的な予防や介入に資する知見は未だ十分ではな

い。そこで次に，筆者が小学4年生から中学3年生を対象に収集したデータを分析した結果から，ネットいじめの経験と個人特性との関連について紹介しよう。

(1) ネットいじめ経験と個人特性との関連

小学4年生から中学3年生までの579名（小学生131名，女子53.9%；中学生448名，女子50.4%）を対象として，ネットいじめ経験の有無と個人特性との関連について検討した。ネットいじめの経験については，先に紹介した研究と同じ尺度項目（加害2項目，被害2項目）を用いた。個人特性について，自己価値（先の研究と同じ5項目），所属感・信頼感（高坂（2014）で用いられた5項目5件法：「自分は周りにいる人たちを信じることができている」「自分は今いるグループや集団の一員だと感じている」など），道徳不活性化（西野（2015）で用いた10項目4件法：「人に迷惑をかけるような人は，仲間はずれにされてもしかたない」「だれかをからかうことは，必ずしもその人を傷つけることにはならない」など）の3要因を用いた。道徳不活性化とは，社会的認知理論に基づき，人が内的自己制御の欠如により有害な，あるいは攻撃的な行動をすることを自分自身で正当化するような認知プロセスとされている（Bandura, 2002）。「暴力をふるうことはよくないが，悪口を言うくらいならだいじょうぶである」といったような自分たちにとって都合のよい正義に基づき，誰かを排除したり攻撃したりすることを指す。

全対象者を「ネットいじめの経験なし」「ネットいじめ加害のみ経験あり」「ネットいじめ被害のみ経験あり」「ネットいじめの加害と被害両方経験あり」の4群に分けて，個人特性の得点についてそれぞれ比較した。その結果を図5-2に示す。

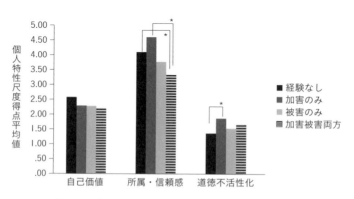

図5-2 ネットいじめ経験と個人特性（西野，2017b）
注）*$p<.05$

分散分析の結果,「所属感・信頼感」について,経験なし群と加害被害両方経験群との間,加害のみ経験群と加害被害両方経験群との間にそれぞれ5％水準で統計的に有意な平均値の差が示された。また,「道徳不活性化」についても,経験なし群と加害のみ経験群との間に5％水準で有意な差が確認された。自己価値について有意な群間差は確認されなかった。

　この結果から,自分のいるグループ,あるいは学級への所属感やそこにいる仲間への信頼感が高ければ,ネットいじめの負の連鎖を経験する可能性が低いといえよう。また,自分にとって都合のよい正義に基づき,誰かを排除したり攻撃したりする傾向が低ければ,ネット上でのいじめ加害を経験する可能性は低いだろう。

　土井（2014）は,「つながり依存」の背景に現代社会における人間関係の自由化が生み出した「関係の不安定さ」があると指摘した。すなわち,つきあう相手を自由に選べることは,自分が相手から選んでもらえないかもしれないリスクとセットになっており,そのような不安定な関係性が子どもたちを「つながり依存」へと駆り立てるのである。上記の研究結果からも,仲間内でお互いに信頼し合えるような関係性が構築されていれば,その関係に不安を感ずることなく,ネット上で相手を攻撃したり,傷ついたりすることもないだろうと推測できよう。

2. ネットいじめ経験と従来のいじめ経験との違いを規定するもの

　インターネットやモバイル機器の急速な普及により,それ以前であればいじめの被害にあわなかったであろうと思われる子どもたちまでもがネットいじめの被害にあっているという報告がある（David-Ferdon & Feldman Hertz, 2007）。また,ネットいじめの加害者と被害者は,従来のいじめ加害者や被害者とは異なる特徴を示すという指摘もある（Smith et al., 2008）。従来のいじめとネットいじめとの間には,どのような相違点があるのだろうか。次に,筆者が小学4年生から中学3年生を対象に収集したデータを分析した結果から,ネットいじめ経験と従来のいじめ経験との違いを予測する要因について検討しよう。

(1) ネットいじめ経験と従来のいじめ経験との相違を説明するもの

　先に紹介した小中学生812名のデータを用いて,いじめ経験の相違を説明する個人特性について検討した。個人特性について,所属感・信頼感（高坂,2014）,自己受容（高坂（2014）で用いられた4項目5件法：「今の自分を大切にしている」「自分で自分自身を認めることができている」など）,道徳不活性化（西野,2015）,ピアプレッシャー（Nishino, 2015で用いられた8項目4件法：「友だちにきらわれな

いよう，合わせる」「周りの人の意見に流されやすい」など）の4要因を使用した。全対象者を「ネットいじめと従来のいじめ，両方経験なし」「ネットいじめのみ経験あり」「従来のいじめのみ経験あり」「ネットいじめと従来のいじめ，両方経験あり」の4群に分け，個人特性の得点についてそれぞれ比較した。結果を図5-3に示す。

　分散分析の結果，「所属感・信頼感」について，経験なし群と従来のいじめのみ経験群との間に5％水準，「自己受容」について，経験なし群と両方経験あり群との間に1％水準，「道徳不活性化」について，経験なし群と従来のいじめのみ経験群および両方経験群との間にそれぞれ0.1％水準，「ピアプレッシャー」について，経験なし群と従来のいじめのみ経験群（0.1％）および両方経験群（1％）との間に，それぞれ統計的に有意な平均値の差が示された。

　この結果からいえることは，今回取り上げた個人特性に関して，加害か被害かいずれにしてもネットいじめのみ経験する群とネットいじめも従来のいじめも経験しない群との間に有意な差はみられなかったということである。「所属感・信頼感」「自己受容」「道徳不活性化」「ピアプレッシャー」，いずれもこれまでの研究において，従来のいじめ経験との関連が確認されてきた要因であるが，これらはネットいじめの経験を予測するマーカーにはなり得ない可能性が示唆された。では，ネットいじめに対する効果的な予防や介入を考える上で，何か指標となるようなものはあるのだろうか。

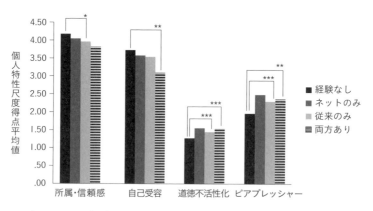

図5-3　ネットいじめ経験と従来のいじめ経験との相違を予測する要因（西野，2017b）
　　注）$*p<.05$，$**p<.01$，$***p<.001$

……• 4節　ネットいじめと学級風土 •……

　海外の研究では，ネットいじめを経験した生徒はネットいじめを経験していない生徒のおよそ2倍の自殺企図がある（Hinduja & Patchin, 2012）ことが報告されている。ネットいじめの「閉鎖性」「不可避性」といった特性が，被害者を一層追いつめてしまうのだろうと考えられる。子どもたちをこのようなネットいじめの危険から守るために，どのようなアプローチが可能であろうか。

1．子どもにとっての「学校風土」

　欧米では，いじめの問題について環境面からアプローチする際に，しばしば学校風土（school climate）が関連する要因として取り上げられる。学校風土とは，生徒や教師にとって学校がどのように感じられているかという，学校という1つの社会における雰囲気を表すものであり，生徒や教職員が互いに関わる際のスタイルとなる信念や価値観，態度だとされる（Welsh et al., 1999）。学校風土と従来のいじめとの関連については多くの研究で有意な結果が報告されている（Doll et al., 2004; Wang et al., 2013 など）。また一方で，学校の風土を「よい」と評価した生徒は，そうでない生徒と比べて学校の内外で適切な行動をとっていた（遅刻や欠席，他者への暴力，万引きなどがより少ない）という研究報告もあり（Hinduja & Patchin, 2012），学校風土が児童生徒に及ぼす影響の対象範囲は学校内のみにとどまらず広く子どもたちの生活全般にわたる可能性が予測される。

2．ネットいじめに対する学級風土の役割

　欧米と異なり，日本の子どもたちは学校にいる時間のほとんどを1つの学級で過ごし，また，学級単位での行動が多いため，子どもたちにとって，学校よりもむしろ学級からの影響が大きいと考えられ，学級風土に焦点を当てた研究が散見される（伊藤・松井，2001; 大西ら，2009 など）。そこで次に，筆者が2016年に中学生を対象に収集したデータを用いて，ネットいじめと学級風土との関連について検討した結果を紹介する。

　学級風土という学級レベルの変数を扱う際に，同じ学級に所属する児童生徒同士は，他の学級の児童生徒と比べて，より類似性の高い反応を示す可能性があると考えられる。そのため，回帰分析や構造方程式モデル（SEM）など，従来の統計手法で分析を行うと，推定値の精度を正しく評価できないといった問題が生じることが

あり，近年では，個人レベル（within-class）の分散と学級（集団）レベル（between-class）の分散に分解して，それぞれのレベルの効果を推定するマルチレベルモデルを用いた分析を行うことが望ましいとされる（清水，2014）。次に紹介する研究では，個人特性とネットいじめにおける被害の生起との関連を学級レベルの変数（学級風土）が変化させるかどうか，学級風土の調整効果に注目して検討を行った。

(1) ネットいじめ被害に対するネガティブな個人特性を調整する学級風土の働き

20学級に在籍する中学生575名（女子48.8%）のデータを用いて，ネットいじめ被害に対してネガティブな個人特性が及ぼす影響を調整する学級風土の働きについて検討した。ネットいじめ被害2項目（先に紹介した研究と同じ項目），個人特性として，所属感・信頼感の低さ（先述した研究で用いた「所属感・信頼感」5項目すべて逆転），ピアプレッシャー（Nishino, 2015）の2要因，学級風土として「学級への満足感」（伊藤・松井（2001）で用いられた5項目5件法：「このクラスは笑いが多い」「このクラスが気に入っている」など）をそれぞれ使用した。学級風土尺度得点は学級平均値を用いた。階層線形モデリング（HLM: Hierarchical Linear Modeling）によるマルチレベル分析を行った結果，所属感・信頼感の低さ，ピアプレッシャー，学級風土，それぞれの固定効果が有意な値を示すとともに，所属感・信頼感の低さと学級風土との間にクロス水準の交互作用（$p<.001$）が確認された。そこで，交互作用の内容を検討するため単純傾斜の検定を行った結果を図5-4に示す。学級風土を低く評価している群では，ネガティブな個人特性の効果は正で有意であったが，学級風土を高く評価している群では有意でなかった。この結果は，学

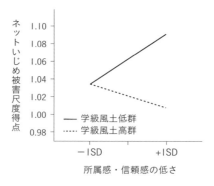

図5-4 所属感・信頼感の低さがネットいじめ被害に及ぼす
影響に対する学級風土の調整効果（西野，2017b）

級への満足感が低い学級では,「頼りにできる人がいない」「自分が今いるグループや集団の人たちを信頼することができていない」と思っているような生徒は, ネットいじめ被害を経験する可能性があることを示唆する.

海外では, 学校風土を肯定的に評価する者ほどネットいじめへの関与が少ない（Williams & Guerra, 2007）という研究報告もあり, ネットいじめ問題へのアプローチの1つのカギが学校環境にあるのではないかと推察される. 本邦において, ネットいじめと学級風土との関連についての研究はまだ少なく, 今後さらなる検証が期待される.

5節　まとめと今後の課題

菅野（2008）は, 多くの情報や多様な価値観が錯綜する現代社会において, 子どもたちが相互に不安を抱き, 不安を解消するために「群れ」, そして, 個人と個人がつながりながら, 同調圧力のような形でお互いに消耗し合う状況に対して,「同質性から並存性（共存性）」へとシフトする必要性について論じた. 菅野（2008）は,「みんな同じ」ということを重視する考え方から, 人それぞれの個性や考え方を尊重する姿勢へと移行することで,「この人とつきあえて本当によかった」と思えるような「人とのつながり」を経験できるのではないかと説いた. 土井（2014）もまた,「つながりの質的転換」を目指すべきだと主張し, 内部で閉じた強固な結束ではなく, 多様性を認め合うゆるやかなつながりの必要性を指摘した.

1. つながることの意義

「誰かとつながる」ことは, 人に, 安心感を与えたり, 喜びや楽しさを共有する機会を提供してくれたりするポジティブな側面がある一方で, 葛藤や怒り, 憎しみ, 悲しみ, 羨望など様々にネガティブな感情や経験をもたらすという側面もある.「人とのつながり」にはそういった2つの側面があることをあらためて認識することで, 新たな「つながり」を模索できるのではないだろうか.

青少年研究会（2016）による10代後半から20代の若者を対象とした調査（回答者平均年齢22.67歳）では, 友だち全般とのつきあいについて, ①友だちといるより, 1人でいる方が気持ちが落ち着く, ②友だちとの関係はあっさりしていて, お互いに深入りしない, ③友だちと意見が合わなかったときには, 納得がいくまで話し合いをする, ④遊ぶ内容によって一緒に遊ぶ友だちを使い分けている, という4つの項目に対して, それぞれ「そうだ」「どちらかというとそうだ」と肯定的に回答

した人の割合が，① 59.5％，② 57.6％，③ 26.1％，④ 70.6％，であったという分析結果が報告された。互いに気を遣い合い，葛藤場面を避け，その場に合わせて自由に友だちを選択するという表面的なつきあい方をする子どもたちの姿が，この結果から垣間見えるのではないだろうか。土井（2014）は，「人間関係とは，互いの衝突を契機にそのあり方が見直され，再構築されていくもの……。（中略）あらかじめ衝突の危険性を回避し，予定調和の関係を営んでいるかぎり，その関係が次のバージョンへとレベルアップされ，深まっていくことはあり得ません」と説く。「雨降って地固まる」という諺のごとく，揺るぎない関係性の基盤をつくるために，お互いに相手としっかりと向き合うことが必要であろう。では，つながりの新たなステージに進むために重要なことは何であろうか。

2. 良好な関係性の構築に向けて

　内閣府（2014b）では，満 13 歳から 29 歳までを対象として 2013（平成 25）年に実施された若者の意識に関する調査結果から，友人関係の不安として現れてくる心配事が若者自身の自己イメージの低さと関連し，その傾向は若年層に強いことが報告された。

　本章で紹介した実証研究からも，仲間への同調傾性と自己価値との間に負の相関があること（自己価値の低さが仲間への同調傾性を予測する可能性）が明らかとなっており，「今の自分の生き方や生活でよいと思う」子どもであれば，「友だちがおもしろがるので，うわさを流す」「友だちがどのように行動するのか気になる」といったことは少ないであろうと推察される。周囲に流されることなく，自分の中に自らの行動基準をもち，自分が正しいと思えることを正しいと言えるような子どもたちを育てていくことが，子どもと関わる大人たちに求められていることではないだろうか。

　また，本章で紹介した研究の結果から，ネットいじめと従来のいじめの両方を経験する群は，どちらも経験していない群と比べて，自己受容が低いことが示されており，「自分で自分自身を認めることができている」子どもたちは，ネットいじめと従来のいじめのどちらも経験しない可能性が高いことが推測できる。ただし，いじめ被害者にみられる自己価値や自己受容の低さが，もともと被害者に備わった特性なのか，それとも，いじめの被害経験に由来するものかという議論について，いくつかの研究でいじめ被害の経験による自己概念の低下が明らかにされており（Smith, 2014），この点については更なる検証の必要があろう。

　さらに，本章では，「頼りにできる人がいない」「自分が今いるグループや集団の

人たちを信頼することができていない」といった所属感・信頼感の低さが，ネットいじめの負の連鎖を予測する可能性について明らかにした研究を紹介した。その一方で，所属感・信頼感の低さを学級風土が調整する可能性に関する研究にも言及した。たとえば，学級という集団を取り上げてみると，学級にはメンバー自らが選択して加入するわけではなく，その集団に所属せざるを得ない状況でメンバーの一員になるため，学級という集団への所属感や他のメンバーへの信頼感は一からつくり上げていかなくてはならないものであろう。そういった状況で，メンバーたちが学級に対して抱く「学級への満足感」が低い学級では，「頼りにできる人がいない」と思っているような生徒が，ネットいじめ被害を経験する可能性があることが明らかとなり，ネットいじめに対する効果的な予防や介入を考える上で，学級風土の向上という1つの方策が浮かび上がってきたといえるだろう。学級風土は教師と子どもたち双方が関わり合う中で醸成されていくものであり，教師と子どもたちがどのように関わり合っていくべきなのかについても更なる議論が必要であろう。

3. 今後の課題

本章では，児童・青年期の問題行動として「ネットいじめ」を取り上げ，現象に内在する「個と関係性」の問題について，発達的視点を交えながら論じた。本章では，仲間との関係性に焦点を当てて検討したが，海外の先行研究では，ネットいじめについて，仲間関係だけでなく，親子関係の視点から言及した知見も報告されている (Wang et al., 2009) ことから，今後は，親子関係にも焦点を当てた検討が必要であろうし，さらには複数の関係性を多面的に捉えることでこれまでと違った予防介入への糸口が見つかる可能性も否定できない。さらなる検証を続けていきたい。

COLUMN 5　向社会的行動に対する文脈に応じた認知の発達

　困っている人を助けたり，他者に何かを分け与えたり，誰かと協力したりといった向社会的行動は，一般的に「善いこと」として認識されている。しかし，これらの行動に対する評価は，その行動が生じる文脈に応じて異なる。たとえば Newman & Cain（2014）は，自己利益のために慈善活動に従事した人と，同じ自己利益のために慈善的な価値をもたない活動に従事した人に対する評価を比較し，慈善活動に従事した人の方が，道徳性の側面についてネガティブに評価されることを示している◆1。この研究において，動機は両者ともに利己的であり，行動については，一方は慈善活動，もう一方は慈善的な価値をもたないニュートラルな活動であるため，動機や行動内容といった要素を個別に比較する限りにおいては，慈善活動に従事した人の方が低く評価される要素はないはずである。それにもかかわらず，慈善活動に従事した人の方がネガティブに評価されたという Newman & Cain（2014）の知見は，向社会的行動に対する人々の認知の文脈依存性について，その奥深さの一端を示しているように思われる。ここでは，向社会的行動に対する認知の発達変化について，特に文脈の影響に焦点を当てて，概観してみたい。

　まず，向社会的行動をポジティブな行動とみなす基本的な認知については，発達のごく初期から示されることが確認されている。Hamlin & Wynn（2011）は，乳児に対して，動物のパペットを使い，主人公が落としたボールを返してあげる向社会的行動と，主人公が落としたボールを持ち去ってしまう反社会的行動をそれぞれみせた。その後，パペットへの注視時間を指標として選好を測定した結果，生後3か月時点ですでにボールを返してあげる向社会的な行為者をより好む反応を示すことが明らかになった。

　では，これらの向社会的行動や反社会的行動が異なる文脈の中で行われた場合，乳児はどのような反応を示すだろうか。Hamlin et al.（2011）は，向社会的行動や反社会的行動の対象者として，向社会的なターゲットと反社会的なターゲットを設定することで，これらの行動の認知における文脈の影響を検討した。つまり，向社会的なターゲットに対して向社会的に振る舞ったり反社会的に振る舞ったりする場合と，反社会的なターゲットに対して向社会的に振る舞ったり反社会的に振る舞ったりする場合とで，乳児の反応に変化がみられるかを確かめたのである。その結果，5か月児は，ターゲットが向社会的か反社会的かにかかわらず，常に向社会的な行為者への選好を示した。一方，8か月児は，ターゲットが向社会的な場合には，向社会的に振る舞う行為者を好んだのに対し，ターゲットが反社会的な場合には，むしろ反社会的な

◆1　なお，参加者間計画を用いた場合と参加者内計画を用いた場合とでは異なる傾向が示されている。このような結果の差異もまた，認知の文脈依存性の興味深い一面を表すものである。関連する文献として，Kahneman（2011）も参照されたい。

コラム 5　向社会的行動に対する文脈に応じた認知の発達

振る舞いをした行為者の方を好むことが示された。

当初この結果は，5 か月の時点では文脈を考慮した包括的な評価は行わないが，8 か月の時点までに，そのような包括的な評価が可能になることを示唆するものとして解釈された。しかし，その後 Hamlin（2014）が手続きをよりシンプルで負荷の小さいものに変更して実験を行ったところ，4.5 か月児であっても，Hamlin et al.（2011）の 8 か月児が示したような文脈に応じた評価が可能であることが明らかになった。これらの結果は，生後 1 年未満の乳児がすでに向社会的行動を好む傾向をもっており，かつ，向社会的行動について，「大人のような」文脈に応じた評価を行うことが可能であることを示唆するものと考えられている。

一方，別の題材を扱った研究では，幼児期・児童期の子どもと大人が，向社会的行動に対する認知において，大きく異なる形で文脈情報を使用することが示されている。たとえば Suls et al.（1981）では，小学 1 年生，3 年生，5 年生，大学生を対象に，以前自分のことを助けてくれた相手に対して向社会的な振る舞いをした行為者（互恵行為者）と，以前自分のことを助けてくれなかった相手に対して向社会的な振る舞いをした行為者（一方向行為者）に対する評価を求めている。その結果，大学生は一方向行為者をより高く評価したのに対し，小学 1 年生から 5 年生はいずれも互恵行為者を高く評価したことが示されている。このような特徴的な評価の逆転現象は，互恵行為者と一方向行為者の比較のみでなく，向社会的行動に対する促進的な強要があった場合と抑制的な強要があった場合，向社会的行動に対する報酬の約束があった場合となかった場合（ともに Leahy, 1979），周囲に観察者がいた場合といなかった場合（Hayman et al. 2014）など，他の様々な題材においても同様に確認されている。

このように，一口に「文脈」といっても，その意味するものは多様であり，向社会的行動に対する認知における文脈の用いられ方や，その変化が生じる年齢などもそれぞれ異なっている。向社会的行動に対する文脈に応じた認知のうち，乳児においてすでに示されるものと，幼児期あるいは児童期において変化するものの差異がもつ意味については，課題の複雑さや測定指標といった研究手続き上の差異によるものである可能性も否定できないが，それぞれの文脈の内容とその文脈の使用あるいは使用方法の変化が生じる時期の対応関係が，ヒトの社会的発達を理解する上で重要な示唆をもっている可能性も考えられる。赤ちゃんや子どもは，私たちの知らない私たちの性質について，貴重な手がかりを与えてくれる存在である。

第6章
ソーシャル・サポート

　子どもたちが、自分の内外に起こる出来事を経験していく中で、たとえば仲間との関わりから生じた問題に直面しても、ある子どもは抑うつを示さない一方で、別の子どもは抑うつを高めてしまうというように、子どもによってその適応状態は異なる。こうしたストレスに対する反応の個人差の問題について、ストレス過程における様々な緩衝要因（buffer）の存在が重視されており、代表的な緩衝要因の1つとして、ソーシャル・サポートが指摘されている。

　本章では、ソーシャル・サポートについて、特に青年期に焦点を当て、精神的健康のうち、特に抑うつとの関係やサポートのあり方について考えていく。中学生、高校生、大学生といった、いわゆる青年期の人たちにとってのサポートについて、周囲の人との関係から青年がどのようにサポートを受け、危機的状況に陥らないようにしながら困難を乗り越え成長していくのか。様々なストレスを経験しつつ、周囲の人から支えられることによって、いかに心の健康を維持・回復していくことができるのかといった点に注目していきたい。

•••• 1節　ソーシャル・サポートとは ••••

　サポートとは、「特定の個人が、特定時点で、関係を有している他者から得ている、有形無形の諸種の援助」と説明される概念である（南ら、1987）。ソーシャル・サポートは、ストレス過程における調整要因や緩衝要因として取り上げられることが多い概念であり、対人関係のあり方が心身の健康に影響する中でも、ポジティブな側面に注目するものである（福岡、2010）。久田（1987）は、「ある人を取り巻く重要な他者（家族、友人、同僚、専門家など）から得られる様々な形の援助（support）は、その人の健康維持・増進に重要な役割を果たす」と述べている。心身の健康を「維持」することの中には、心身の健康が阻害されるような出来事が起こった際に危機的状況に陥らないよう、心身の健康が阻害されることを和らげるように「緩衝」する働きも含まれるだろう。また、「増進」には、ソーシャル・サポートが対人

関係の中でもたらす安心感，信頼感，心強さといった感情からくるものもあるだろうし，生きていく上で経験せざるを得ない様々な困難を，サポートを受けながら乗り越えることからの心身の健康の「増進」も考えられる。

　ソーシャル・サポートの概念には様々な見解があり，切り口や定義も様々である。まず，Barrera（1986）は，サポートを以下の3つの観点で分類している（水野ら，2003；岡安ら，1993）。1つ目は，「社会的ネットワーク」の立場，2つ目は，「知覚されたサポート」の立場，3つ目は，「実行されたサポート」の立場である。「社会的ネットワーク」は，友人などの数が測定され，個人のもつ社会的ネットワークの大きさやネットワークを構成する成員間の緊密性など，人間関係の構造を意味している。2つ目の「知覚されたサポート」は，援助の可能性の知覚を測定しており，自らがサポートを必要とするような状況に陥った際，どの程度援助してもらえるかというような予測を測定しているものである。3つ目の「実行されたサポート」は，他者から実際に受けたサポートを測定している。

　このうち，心理学の先行研究の中で多く採用されてきたのは，「知覚されたサポート」についてだった。久田ら（1989）が作成した学生用ソーシャル・サポート尺度（SESS: The Scale of Expectancy for Social Support）は，Cobb（1976）の定義を踏襲し，ソーシャル・サポートを「ふだんから自分を取り巻く重要な他者に愛され大切にされており，もしなにか問題が起こっても援助してもらえる，という期待の強さ」と捉えて作成された尺度である（表6-1）。SESSは，大学生用として作成されたものだが，改変して小学生用（嶋田ら，1993）や中学生用（岡安ら，1993）が作成されている。「父親」「母親」「きょうだい」「学校の先生」「友だち」ごとに，それぞれの援助に対する期待感を4件法で評定させるもので，過去の体験に基づく将来の援助の可能性の予測について測られている。なお，「友だち」は，尺度の原文の通りでは，「それ以外の友人・知人」という表現がされている。つまり，「あなたのお父さん」，「あなたのお母さん」，「あなたのきょうだい」，「いま通っている学校の先生」以外の，学校での同級生，恋人，先輩，近所のおじさんなどを含む幅広い範囲を含んでいる。

　近年では，「実行されたサポート」に関する知見も増えてきている。福岡（2007）は，実行されたサポートの研究は，「実際に何をすることが」「どのように」有益なのかという問いについて直接的な知見を提供してくれる可能性があることを指摘している。尾見（1999）のように，サポートを受けている相手を選択するものや，水野ら（2003）のように，受け取った相談や援助について5件法で尋ねるという方法もある。近年では，福岡（2010）の「友人からのソーシャル・サポートの受容尺度」

表 6-1　学生用ソーシャル・サポート尺度（SESS）（久田ら，1989）

1. あなたが落ち込んでいると，元気づけてくれる
2. あなたが失恋したと知ったら，こころから同情してくれる
3. あなたになにかうれしいことが起きたとき，それを我が事のように喜んでくれる
4. あなたがどうにもならない状況に陥っても，何とかしてくれる
5. あなたがする話にはいつもたいてい興味を持って耳を傾けてくれる
6. あなたが大切な試験に失敗したと知ったら，一生懸命なぐさめてくれる
7. あなたが元気がないと，すぐ気づいて気づかってくれる
8. あなたが不満をぶちまけたいときは，はけ口になってくれる
9. あなたがミスをしても，そっとカバーしてくれる
10. あなたが何かを成し遂げたとき，心からおめでとうと言ってくれる
11. ひとりでは終わらせられない仕事があったときは，快く手伝ってくれる
12. 日頃からあなたの実力を評価し，認めてくれる
13. 普段からあなたの気持ちをよく理解してくれる
14. あなたが学校での人間関係で悩んでいると知ったら，いろいろと解決方法をアドバイスしてくれる
15. 良いところも悪いところもすべて含めて，あなたの存在を認めてくれる
16. あなたを心から愛している

のように，ストレス状況の頻度と，その状況に対してサポートを得られたかどうかをあわせて回答させる方法も発表された。

　次にサポートの内容に着目してみよう。House（1981）は，ソーシャル・サポートを「情緒的サポート」，「手段的サポート」，「情報的サポート」，「評価的サポート」の 4 つに分類している。1 つ目の「情緒的サポート」は，共感したり愛したり信じてあげたりすること，次の「手段的サポート」は，援助を必要としている人に直接手を貸すことや，仕事を手伝ったりお金や物を貸したりすること，3 つ目の「情報的サポート」は，個人的あるいは社会的問題に対処していくために必要な情報や知識を与えること，最後の「評価的サポート」は，個人の業績に適切な評価を与えることである。House（1981）では，ソーシャル・サポートとはこの 4 つのサポートのうち，1 つあるいは 2 つ以上を含む個人間の相互交渉と定義されている。また，ソーシャル・サポートには，ストレスに苦しむ人たちに対してそのストレスを解消するために役立つ手段を提供したり，それを入手しやすくするための情報を提供したりする「道具的サポート」と，ストレスの状況下にある人の傷ついた自尊心や情緒をいやすような励ましを与えたりする「社会情緒的サポート」がある（浦，1992）という捉え方もある。「道具的サポート」と「社会情緒的サポート」はそれぞれ，「手段的サポート」「情緒的サポート」と表現されることもある。福岡（2010）は，4

つのサポート内容（助言・相談，慰め・励まし，物質的・金銭的援助，行動的援助）を設定し，「父親」「母親」「同性の友人」「異性の友人」など計11種類の対人関係別にサポートの入手可能性を評定させ，因子分析により情緒的・間接的なサポート（助言・相談，慰め・励まし）と手段的・直接的なサポート（物質・金銭，行動的援助）に二分されることを示している。

　本章では，青年期のソーシャル・サポートについて焦点を当て論じていくが，ソーシャル・サポート研究は，幅広い年齢や幅広い文脈を対象として行われている。ソーシャル・サポートの尺度を見てみても，小学生用（嶋田ら，1993）や中学生用（岡安ら，1993）のほかにも，一般の地域住民を対象とした「地域住民用ソーシャル・サポート尺度」（堤ら，1994; 堤ら，2000）や，中高年を対象とした尺度（岩佐ら，2007），高齢者を対象にした尺度（野口，1991），さらには，留学生用の尺度（周，1993）もつくられている。

…・・ 2節　青年期の特徴とソーシャル・サポート ・・…

1. 青年期の特徴

(1) 大人への過渡期としての思春期・青年期

　ソーシャル・サポートは，ストレス過程における調整要因や緩衝要因として取り上げられることが多い概念であることを述べた。そのような背景から，まず，青年期がどのような時期か整理していきたいと思う。

　青年期のうち，青年期のはじまりである11歳から15歳の時期は，思春期とも表現される時期である。青年期は心理社会的な用語であるのに対して，思春期は第二次性徴の発現から骨端線の成長の収束に至る時期を指す医学的・身体的な用語である。思春期は量，質，形態での身体発達の急進期として位置づけられ，それをベースに身体，心理，対人関係，社会面という子どもの内と外に急激な変化が起こる時期なのである（中村，2005）。この11歳から15歳の年齢は，まさに子どもから大人に成熟していく過渡期であり（最上，2005），子どもから大人への移行過程（乾，2005）である。この時期の子どもたちの変化は，人生の中でも，幼児期と並んで，わずかな年月の間に劇的な心的世界の展開を遂げる時期にあたる（齋藤，2005）。一方，身体は青年期に入ったばかりのタイミングで「大人」としての基本系を獲得するものの，その獲得から実際に心理社会的な成長を遂げ「大人」となるまで，10年近くの年月を要するともいえる。この期間が思春期（青年期）と呼ばれている（滝川，2017）。

(2) 青年期の親子関係

　Blos（1962）は，青年が親の影響から分離し，心理的に独立する過程を「第二の分離個体化」として重要視した。親との関係，友人との関係の変化が，青年期では自分自身の心の世界を形づくることにつながる（上手，2013）。そうして，親に対する心理的な依存関係から脱して，1人の独立した大人としての心理的な自立へ向かおうとするのが「心理的離乳」である（宮川ら，2010）。青年期は，生活範囲が家庭外へ広がり，両親よりも友人が身近な存在となってくる時期である。加えて，思春期の親からの心理的分離のプロセスの中で，親や教師など周囲の大人や社会に対して，反発を抱いたり，反抗的な行動が現れたりすることがあり，第二次反抗期と呼ばれている。

　しかしながら，現代社会の親子関係の変化が，反抗期の喪失や平穏化をもたらしているという意見もある（上手，2013）。滝川（2017）は，反抗期と称されるように，波乱と葛藤に満ちたこれまでの典型的な思春期像が一般的でなくなり，思春期の葛藤がよりおだやかな形で経過するようになってきたと述べている。滝川（2017）は1950～1960年代を「第一世代の思春期」と表現している。この頃は伝統的な価値観や権威性が親たちにまだ残っており，そういった親世代の価値観や権威の下におかれることへの反発や反抗が，「疾風怒濤の時代」と表現されるような，思春期の反抗と攻撃の時期として表れていた。70年代になると，戦後の経済成長がもたらしたゆとりを親たちは子育てに注ぐようになり，また，親世代が伝統的な価値観や親の権威性を否定して大人になってきた世代に移る。そういった背景から，おだやかで優しく育つ子が多数となり，思春期的な困難に出会ったときも，アグレッシブにぶつかるよりも退いて葛藤を回避するという対処法をとる思春期が多くなった（滝川，2017）。酒井ら（2002）が，中学生を対象に親子の信頼関係と学校での適応を調べた調査によると，子どもの学校適応に影響を与えていたのは，親が子どもに抱く信頼感ではなく，子どもが親に抱く信頼感であるということが明らかになった。このことから，親からの自立の過程において，思春期の子どもが親に対する意識や関係を変化させ，親への幻滅を体験しながらも，親に対する信頼感をもち続けられることや，安定した家庭の基盤があることが重要であることが示唆されている。近年，変化してきている青年期の親子関係のあり方についての知見は，ソーシャル・サポートを考えていく上でも重要であると考えられる。

(3) 青年期の友人関係

　青年期の友人関係はどうだろうか。友人関係も児童期までとは異なり，大きな変

化を遂げていく時期である。児童期までは,両親が最も重要な他者としての役割を担うが,青年期からはその役割が友人へと移行する。たとえば,小学生の間は,「家が近いから」,「クラスが一緒だから」という理由で友だちとしてつきあうことができていたが,中学生になって自分の趣味や価値観が形成される時期に入ると,こうした比較的単純な理由でできた友人と,どうも仲がうまくいかなくなったという傾向が多くみられるようになるといわれている(伊藤,2000)。このように,青年期の対人関係は,「浅く広く関わるつきあい方」から,数人の親友と深く関わっていくスタイルへ変化していく過渡期にある(難波,2004)。さらに,親友の出現は,発達上,重要な側面をもっている。宮下(1995)は,親しい友人をもつことの意義について,精神的な安定化,自己理解,人間関係を学ぶという3点をあげている。また,青年期は認知発達において,形式的操作の段階に入る。すなわち,抽象的な思考が可能になり,具体的な事物だけでなく,自分の生き方や自己や恋愛などに関心が向くことになる。抽象的思考が可能になることで,自己だけでなく他者の思考についての概念化も可能になる(滝川,2013)。

親子関係のように,現代の友人関係にも変化がみられているのだろうか。現代の青年期の友人関係のあり方について,以前の方が人間関係は濃密で,現代の友人関係が「希薄化」しているという指摘もあれば,「深い―浅い」とは異なる枠組みで捉えた「選択化」という視点を入れた示唆もある(大野,2010)。岡田(2016)は,1989年から2010年の調査のまとめから,必ずしも現代の若者に「希薄化」「表面化」が進んでいるとはいえないことを指摘している。一方,「選択化」とは,従来の「浅く広い」関係と「深く狭い」関係という対比に加えて,場面場面に応じて友人関係を使い分けるものである(大野,2010)。そのため,場面や用途で友人を使い分けることで友人関係が一極化せず,結果として希薄化しているように見える。また,滝川(2017)の述べた「おだやかで優しく育つ子が多数となり,思春期的な困難に出会ったときも,アグレッシブにぶつかるよりも退いて葛藤を回避するという対処法をとる思春期が多くなった」という特徴も,現代の青年期の友人関係のあり方を的確に表している。

2. 青年期の特徴と精神的健康

(1) 青年期の対人関係と抑うつ傾向

齋藤(2005)は,青年期のうち,特に思春期の子どもたちの特徴を述べており,子どもたちは,親離れの過程において,仲間関係や親友関係,教師との関係といった外界での関係性を利用して親離れに耐えていくが,より多くの支援を求めるため

に「過剰適応」を強化することを指摘している。この過剰適応という姿勢は，社会的失敗への感受性を過度に高めるため，しばしば外界での些細な失敗の過大評価を生むことになり，驚くほど決定的な挫折となる（齋藤，2005）。第二の分離個体化過程において，親に代わる依存愛情欲求・同一化の相手として同性の友人と相互依存の関係を形成できるか否かが，適応障害など，青年の様々な問題と関連していることが明らかになっている（皆川，1980）。つまり，青年期は，友人や，彼らの属する集団から受け入れられることを強く必要とする。友人から，自分がどのように見られているかも重要な側面である。そのため，友人関係が大きなサポートとなる一方で，友人とうまくいかないことや，集団にうまく溶け込めないということが大きなストレスや不安となる。個人差があるものの，対人関係での脆弱性や過敏性はこの発達段階に特有な共通の心性であり，この時期の精神的健康とも密接なつながりがあるといえる。ここからは，青年期の精神的健康を考える上で，特に抑うつ傾向との関連について考えていく。

　日常生活で起こる数多くのストレッサーの中で，最も抑うつ傾向と関連があるとされているものが，対人的な文脈からのストレッサーである（Cole et al., 1996; Rudolph & Hammen, 1999）。Eley & Stevenson（2000）の調査では，喪失体験，学業ストレッサー，家族関係の問題，友人関係の要因が抑うつ傾向と関連があり，その中でも，家族関係の問題，友人関係の問題が大きいことで，抑うつ傾向が強くなっていた。また，本邦で行われた高倉ら（2000）の調査においても，日常生活におけるストレッサーとして，部活動，学業，教師との関係，家族関係，友人関係を取り上げ，抑うつ傾向との関連を検討したところ，友人関係，家族関係，学業のストレッサーが抑うつ傾向と関連していた。抑うつ傾向には，もともと子どもが遺伝負因として持っている気質等が影響するものの，ストレッサーやライフイベントの影響が大きく，その中でも特に，対人関係の問題が抑うつ傾向と大きく関わることが示されている。また，縦断研究からは，慢性的に友人関係・家族関係をはじめとした対人関係の問題があることで抑うつ傾向が高くなっており，リスク要因になることが明らかになっている。一方で，うつ病の子どもたちに対する5年後のフォローアップを行った調査からは，慢性的な対人関係の問題がなければ，5年後には問題がみられなかったことも明らかとなっている（Hamman, 2009）。

　岡村（2005）は，子どもたちの学校における心身（抑うつ・不安，不機嫌・怒り，身体反応，神経症傾向，不登校傾向）の「適応」にとって，「友人」への「適応度」が最も重要らしいことを報告している。また，子どもたちは「友人」を最も重視しており，「友人」を重視している子どもたちの方が，心身の「適応」がよいことを述

べた。高校生の問題行動や情緒的な問題を生み出す対人関係要因について検討した Garnefski & Diekstra（1996）の研究からは，親友と呼べる存在がいない人ほどけんかや盗みなどの問題行動や，うつ病や集中力の欠如などの情緒的な問題があることが示されている。同様に，本邦でも，親友の存在が中学生の主観的健康度を高めることが明らかにされている（中山ら，1997）。酒井ら（2002）が，一般の中学生とその両親を対象にした調査においても，親友との間の信頼関係が高いことは，学校における不安な気分や孤立傾向が低下し，リラックスした気分が上昇することを予測していた。また，親との間に相互の信頼関係があまり形成されていない家庭の子どもであっても，親友との信頼関係の高さが学校での適応をよくすることが示されていた。

　高倉ら（2000）の調査においては，部活動，学業，教師との関係，家族関係，友人関係のストレッサーのうち，抑うつ傾向に最も関連していたのは友人関係のストレッサーだった。Cole et al.（1996）は，縦断研究から，ソーシャルスキルがないことや友人関係の問題があることで，その後の抑うつ傾向が引き起こされていたと報告している。このように，子どもたちが学校生活を適応的に過ごしていくことや，抑うつ傾向に対して，友人関係のあり方や，友人関係におけるストレスからの影響の大きさが示唆される。しかし，一方で，酒井ら（2002）が述べるように，不安や抑うつを中心とする内在化問題行動（internalizing problems）による学校不適応をもつ子どもたちにとって，親友はポジティブな効果をもつ一方，反社会的・攻撃的な行動を主とする外在化問題（externalizing problems）に近い問題をもつ子どもたちにとっては，親友は本人の学校でのリラックスには役立つものの問題行動自体を助長してしまうというように，学校不適応に対する親友との信頼関係の機能は問題行動の種類によって異なってくることが考えられる。友人関係が子どもたちにとって大きな比重を占めるようになっていく時期だけに，様々な面への影響があり，さらに，個人の特性によっても影響が異なるといえよう。

（2）抑うつ傾向が対人関係に及ぼす影響

　抑うつ傾向と友人関係の関連については，その後の対人関係にも影響を与えることが示唆されている。たとえば，抑うつ傾向が高い人は，対人関係に問題を抱えるため，社会的活動の減少につながり，受け身的なあり方や社会的引きこもりにつながる（Hammen & Rudolph, 2002）。Rudolph et al.（1994）は，抑うつ傾向の強い子どもの特徴として，1人でいる時間が長い，回避的，攻撃的，友だちとの葛藤を回避しにくい，情動制御が難しいことなどをあげている。さらに，友人関係の中でネガティブな行動を引き起こすことや，過度に友人からの承認を求める傾向が対人関

係を壊してしまうことが指摘されている。また，抑うつ傾向が強いことで，ストレスとなる出来事が引き起こされたり，ストレスを多く経験したりすることになり，これらは，特に対人領域のストレスについて起こりやすい（Rudolph & Hammen, 1999）。Shirk et al.（1998）は，抑うつ傾向が強い人は，対人関係で生じるネガティブな情報への反応性が高いことを指摘している。その中にも，いくつかの側面があり，ネガティブな対人関係の予測が生じること，出来事のネガティブな側面への選択的注意が働くこと，出来事のポジティブな情報とネガティブな情報の反応速度の違いなどが影響し，よりストレスとなるような出来事に遭遇しやすくなり，抑うつ傾向を維持・増強させる結果になりやすいといわれている。このように，子どもたちの適応や精神的な健康に対して，友人は重要な要因であるが，抑うつ傾向が高いことで，より一層，友人関係がうまくいかない方向へ変化していくという面があるだろう。

　Cole & Turner（1993）は，安定した認知スタイルが欠如している状態，つまり，ネガティブな認知スタイルが優勢であることで，ストレスの影響を受けやすいことを明らかにした。さらに，ストレスの影響を受けやすいだけでなく，ライフイベントによるストレスが多く捉えられる傾向も指摘されている。Hammen et al.（1995）は，対人スキーマを，依存，不安，親密性の3つの要因から検討している。このうち，不安の要因が，対人ストレスと関連して抑うつ傾向に影響を与えていた。Shirk et al.（1998）は，ネガティブな対人スキーマを，「他者が支持的でないこと，他者が自分を支配しようとするのではないかという予測」としている。青年期に入り，友人関係の重要性が増すために，友人関係に敏感になり，ストレスを感じやすくなると考えられる。そのため，対人関係におけるネガティブなスキーマが，抑うつ傾向へ影響しやすくなる時期ではないかと考えられる。この時期の子どもたちは，対人関係におけるスキーマと，対人関係におけるネガティブな出来事の相互作用が大きく，抑うつ傾向へも大きく影響していると思われる。

　家族や友人との対人関係のどちらにも共通することは，対人関係が，サポートとして，抑うつ傾向が強くなることの緩衝要因として働くこともあれば，子どもたちにとって衝撃の大きいストレッサーにもなり得るという二面性があることである。これには，青年期の心理・社会的な発達過程も関連していると考えられる。

3. 青年期を対象としたソーシャル・サポート研究

(1) 青年期の不安や悩み

　ソーシャル・サポートについて考える前に，まず，青年期の不安や悩みについて

見てみたい。内閣府（2015）による「平成27年版 子ども・若者白書」によると，不安や悩みを抱えている小学校5～6年生，中学生，高校生の割合は，2004年と比べ2009年は上昇している（図6-1）。2009年の調査では，小学校5～6年生の71.6%，中学生の81.2%，高校生の84.9%が何らかの不安や悩みを抱えていた。不安や悩みの内容をみると，いずれの年齢層でも「勉強や進路」が最も多いが，特に中学生と高校生でその割合が高い（図6-2）。

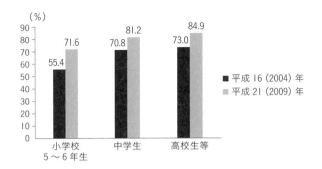

図6-1　不安や悩みを抱えている者の割合（内閣府，2015）
注）高校生等とは，高校生と，各種学校・専修学校・職業訓練校の生徒の合計。
厚生労働省「全国家庭児童調査」より

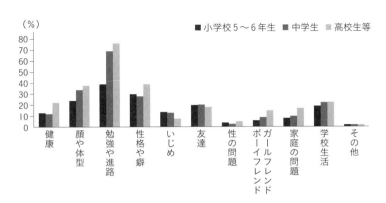

図6-2　不安や悩みの内訳（平成21年複数回答）（内閣府，2015）
注）高校生等とは，高校生と，各種学校・専修学校・職業訓練校の生徒の合計。
厚生労働省「全国家庭児童調査」より

20歳以上を対象とした「平成26年度 国民生活に関する世論調査」(内閣府，2014)によると，日頃の生活の中で，「悩みや不安を感じている」と答えた者の割合が66.7％だった。これらの調査結果からみても，青年期には不安や悩みが多いことがわかる。

(2)「知覚されたサポート」と青年期の抑うつ傾向

　青年期は，最も重要な他者としての存在が両親から友人に移行する時期であるため，親・友人からのサポートについての先行研究が多くみられる。ただし，サポートの効果に対する研究は，一貫した結果が得られておらず，また，サポートの種類，サポートを受ける対象や，性別にも関連がある。
　これまで，自らがサポートを必要とするような状況に陥った際，どの程度援助してもらえるかというような予測，すなわち，援助の可能性の知覚である「知覚されたサポート」が高いほど，抑うつ傾向に代表されるようなストレス反応が小さいことが報告されている(岡安ら，1993; 高倉ら，2000; 相場・上府，2010 など)。「知覚されたサポート」は，ストレッサーに対する嫌悪性やコントロール可能性といった認知的評価に影響を及ぼすと考えられ，抑うつ傾向のような，ストレス反応の生起を抑制する機能をもつと考えられる(岡安ら，1993)。小林(2009)は，小学校5年生および6年生を対象として調査を行い，友人関係や学業に関するストレッサーは抑うつ傾向との関連がみられ，友人からのサポートが多いほど抑うつ傾向が低くなること，親からのサポートは調査時期によって効果に違いがあることを明らかにした。Stice et al. (2004)が行った11〜15歳の女子に対する研究では，両親のサポートがなく，友人のサポートがあると認知している場合，その時点および2年後の抑うつ傾向と関連することが示されており，友人からのサポートを認知することで，抑うつ傾向が減ると述べた。一方，親のサポートについて，Ge et al. (1994)の9〜17歳を対象とした調査では，女子において，母親のあたたかさとサポートは，ストレスと抑うつ症状との関連を緩衝していた。岡安ら(1993)は，中学生に知覚されたサポートと学校ストレスの関連を検討し，ソーシャル・サポートのストレス軽減効果は，性別や，ストレッサーの種類，サポート源，ストレス反応の組み合わせによって異なることを明らかにしている。女子の方が，サポートが有効であることを明らかにしたことに加えて，女子の場合には，母親サポートが最も期待されていたにも関わらず，ストレス軽減効果としては，父親サポートの方が有効であることが示されていた。男子の場合には，ソーシャル・サポートのストレス軽減効果は，母親やきょうだい，教師に認められるものの，全体としてそれほど有効であるとはい

えなかった。村山ら（2016）は，小学校高学年（4～6年生）と中学生に対して，抑うつおよび攻撃性と，友人および保護者や教師など，周囲の大人のサポートについて調査を行っている。その結果，知覚されたサポートは男子よりも女子の方が高く，学年が上昇すると友人からのサポートが増加し，大人からのサポートは減少していた。また，男子では，年齢が高いほど，大人からのサポートと，抑うつ症状との関連が強かったことから，男子が大人からのサポートを知覚する場合には，女子よりもその効果が現れやすくなるのではないかと考察されている。

　高校生を対象とした研究（相場・上別府，2010）では，母親サポートおよび，友人・知人が含まれるその他サポート得点において，女子生徒の方がサポートを多く受け取っていた。また，抑うつに関連する要因として，その影響度の強さから，神経質傾向，ストレス量，その他サポート，母親サポートが認められた。大学生を対象とした調査に関しては，遠藤・大石（2015）が，サポートと生きがい感の観点から，抑うつ傾向との関連を検討している。大学生においては友人のサポートにより生きがい感が高まり，抑うつ傾向が低くなることが明らかとなり，この時期には，友人サポートが重要であることが述べられている。

(3)「実行されたサポート」と青年期の抑うつ傾向

　一方，実際に享受したサポートである「実行されたサポート」に関しては，ストレス反応とは無関係であるか，もしくは正の相関を示すという報告が多い（岡安ら，1993）。このような，実行されたサポートとストレス反応との関連については，ストレス状態にある人ほど，いわゆるコーピングの1つとしてサポートを求めたり，実際にサポートを受けたりする傾向が高いことが示唆されている（Barrera, 1986）。よって，「実行されたサポート」は，コーピングの方略の一部としての機能をもち，ストレスの軽減に直接作用するものと考えることができる（岡安ら，1993）。ストレッサーに直面した際，ストレスの軽減に直接作用する「実行されたサポート」がうまく機能することで，抑うつ傾向が深刻にならずに抑えられる可能性は十分に考えられる。また，福岡（2007）が指摘するように，実行されたサポートの研究は，「実際に何をすることが」「どのように」有益なのかという問いについて直接的な知見を提供してくれる可能性があるだろう。さらに，岡安ら（1993）は，実行されたサポートと知覚されたサポートは互いに独立しているわけではないことを指摘している。たとえば，実際にサポートを受け，ストレスを軽減できたという経験が多ければ，「知覚されたサポート」に代表されるサポートへの期待やサポートの有効性に対する評価は必然的に高まる。さらに，サポートの評価が高められることで，ス

トレスに直面した場合にサポートを活用する可能性が高まるという循環が生まれるというのである。また，知覚されたサポートのレベルは過去のサポート経験，つまり，過去に経験した実行されたサポートを反映しているとしている。

　性差に関しては，多くの研究で，「知覚されたサポート」と同様に，女子の方が多くのサポートを受けていることが明らかとなっている。久能・長谷川（2001）は，実行されたサポートを尋ねる16項目の尺度の大部分で，女子の得点が高かったとしている。また，尾見（1999）は，小学生，中学生，高校生を対象に大規模な調査を行った。この調査では，「父」「母」「きょうだい」「学校の教師」「塾・習いごとの教師」「親しい友だち」「ふつうの友だち」など多岐にわたるサポート源からの実行されたサポートが測定された。その結果，女子の方が全般的にサポートを受けていた。一方，大学生を対象とした本間・松田（2012）や遠藤・大石（2015）の調査では性差がみられていない。ソーシャル・サポートの性差に関しては，男子と女子の友人関係のもち方の違いを考慮する必要がある。たとえば，男子は相手に頼ろうとしないつきあい方をし，友人とは独立した意識をもつ（和田，1996）。それに対して女子は，同じように感じてくれる，あるいは，悩みを打ち明けることができることを友人に期待し，男子に比べて依存傾向が強い（榎本，1999）。さらに，女子は，男子に比べると，情緒的サポート源として，友人関係を利用している（Cross & Madson, 1997）。「同じ年の友人で，心から打ち解けられる相手」を求めるのが，この年齢段階の女子にとって自然な現象であるものの，友だちと一緒だとまた気を使う，という環境の中で神経をすり減らしていることも稀ではない（菅，1988）。こういった背景から，女子の方が男子に比べてソーシャル・サポートを多く期待し，多くのソーシャル・サポートを受けていることは，友人との関係のもち方と照らし合わせても自然なことである。一方で，菅（1988）が「友だちと一緒だとまた気を使う，という環境の中で神経をすり減らしている」と述べるように，友人関係はサポート源となる一方で，ストレッサーの源にもなる。そういった背景から，女子の方が対人関係でのストレスや抑うつ傾向が高いこともまた事実であり，そのために多くのサポートを必要とするという面もあるだろう。

(4) サポートを受ける相手による違い

　次に，誰からサポートを受けているのかという点について論じたい。水野ら（2003）が中学生を対象に，「受け取ったサポート」について調査した結果では，中学生が困ったときに相談をするのは友だち，保護者だった。水野・石隈（1999）は，本邦における子どもを対象としたソーシャル・サポートについての研究を概観し，

実行されたサポートに関しては，学年や年齢が高くなると家族のサポート得点が低下し，逆に友だちからのサポート得点が増加する傾向にあると述べている。問題領域によって異なるとする調査結果はあるものの，全体的には「友だち」を相談相手とする人が多く，他のソーシャル・サポート研究と一致する結果を見出している（水野・石隈，1999）。これらは，青年期からは最も重要な他者としての役割が両親から友人へと移行するという青年期の特徴に沿ったものであるといえる。丸山（2012）が，中学生を対象に行った調査では，サポート源の数や組み合わせの報告結果から，中学生は，友人や母親を中心としながら，様々なサポート源からサポートを得ており，友人からのサポートの割合が増えながらも，両親がサポート源になっている割合も依然として高いことが明らかとなった．一方，大学生が対象となっているソーシャル・サポートの研究では，友人からのサポートのみを扱っているものが多い。また，たとえば遠藤・大石（2015）が大学生において抑うつ傾向と生きがい感，知覚されたサポートについて検討した調査では，友人・家族のサポートのうち，友人のサポートのみ，生きがい感との関連がみられ，大学生においては，友人のサポートにより，生きがい感が高まり，抑うつ傾向が低減することが明らかとなっている。このように，青年期では，対人関係の変化に伴い，サポート源も変化している。

　水野ら（2003）では，それぞれの領域のサポートと「適応尺度」との関連を調査しており，社会領域と進路領域で，それぞれ，友人，保護者からのサポートが高いほど適応をしていた。森下（1999）は，小学生4～6年生，中学生，高校生を対象とした調査から，実行されたサポートの「ストレス反応」「学校ストレス」「いじめ」に対する効果を，小学生，中学生，高校生の男女別に分析している。サポートの効果は小学生，中学生，高校生によって異なっており，小学生では，サポートの効果は「登校拒否感情」についてのみ認められていた。中学生では，サポートの効果は女子だけにみられ，サポートが「抑うつ性」や「攻撃性」を低減していた。高校生は，「抑うつ性」は女子の場合にサポートによる低減効果がみられたが，男子ではみられなかった。中学生では，「学校ストレス」が高いにもかかわらず誰からのサポートも得られない女子において，特に高い「抑うつ性」や「攻撃性」を示しているのが特徴的だった。丸山（2012）でも，「学習」「友人関係」のどちらの悩みに関しても，サポートを受けていた子どもたちの中で，両親のどちらからもサポートを受けなかった中学生は，抑うつ傾向が強かった。また，父親から学習の悩みについてサポートを受けていなかった男子は，抑うつ傾向が高かった。同様の結果は，Ge et al.（1994）でもみられており，女子では，母親のあたたかさとサポートが，スト

レスと抑うつ傾向との関係を緩衝していたが，男子ではみられなかった。このように，ソーシャル・サポートの効果については，性別，年齢の影響が大きいと思われる。先行研究からは，中学生においては，友人のサポートが増える時期ではあるものの，親からのサポートの効果も依然重要である時期であるといえるだろう。父親と母親，それぞれのサポートについて検討したものもある。たとえば，Sheeber et al.（2007）が15歳から18歳の子どもとその両親を対象とした調査で，大うつ病の診断基準を満たす子どもたちと，大うつ病の診断基準は満たさないが，抑うつ傾向の高いsub-clinical群，健常群の子どもたちの特徴の比較を行っている。その結果，臨床群とsub-clinical群の両群で，健常群と比べると，父母と子どもの関係がサポーティブではないこと，さらに，葛藤的な親子関係であることが明らかになった。母子関係と抑うつとの関連は，3つの群の差が顕著であった一方で，父子関係も似たパターンではあるが，sub-clinical群では健常群との差が有意ではなかった。2人親の場合には，それぞれの親子関係が独立に子どもに影響をすることも明らかとなり，子どもの抑うつ傾向にとって，母親だけでなく，父親の関与も重要であることが明らかとなっている。サポートを直接調査したものではないが，本邦においても，菅原ら（2002）が，一般の中学生を対象として，父親，母親および子どもを対象とした質問紙調査において，母親のあたたかい養育態度は子どもの抑うつ傾向の低さと関連することを示唆した。友人からのサポートの場合は，必要なサポートが得られなければ異なる友人にサポートを求めることも可能であるが，両親の場合には，そういった対処法をとることができない。そのため，抑うつ傾向との関連が生じたのかもしれない。また，問題が大きくなるほど，友人だけでなく，親からのサポートも必要になり，その結果，親からのサポートの有無と抑うつ傾向に関連がみられた可能性がある。

(5) 抑うつ傾向の高さがソーシャル・サポートに与える影響

一方，抑うつ傾向が高いことが，ソーシャル・サポートに与える影響も考えられる。抑うつ傾向が高くなると，対人関係において，回避的・拒否的な行動をとりやすく，対人関係が貧困になり，1人で過ごす時間が多くなるということが指摘されている（Hammen & Rudolph, 2002）。そういった場合には，サポートを受けない，もしくは，受けられない可能性もある。また，Shirk et al（1998）は，抑うつ傾向の強い人は，そうでない人に比べてネガティブな対人スキーマをもつことを述べている。ネガティブな対人スキーマは，サポートがないという感覚につながっていくことが示唆されている。このように抑うつ傾向が強いことは，知覚されたサポート，

実行されたサポートの両面に影響を与えることが推測できる。抑うつ傾向が強い場合の対人関係の特徴として，社会的ではなく，アサーティブではなく，敵対的な問題解決方略をとることが明らかになっている。具体的には，低活動で，問題焦点型コーピングや受け身で反芻するコーピングを行い，回避行動が多くなり，アサーティブではなくなる（Harrington, 2002）。このことから，抑うつ傾向が高いことで，ソーシャルスキルをはじめとした対人関係を円滑にする行動や，ソーシャル・サポートを受けることが阻害され，その結果として，さらに抑うつ傾向が増すような出来事を経験しやすくなるという悪循環も考えられる。近年では，問題解決のために他者に対して直接的に援助を求める行動である「援助要請」（DePaulo, 1983）についての研究も，ソーシャル・サポートとあわせて検討されている（永井，2016 など）。個人が問題を抱え，それを自身の力では解決できない場合に，必要に応じて他者に援助を求めることは，重要な対処方略の1つである（永井，2013）。つまり，ソーシャル・サポートをより得やすい人と得にくい人がいるということになる。こういった側面に対しても，今後考慮していく必要があると思われる。

•••• 3節　ソーシャル・サポートのもつ意味と可能性 ••••

1. 今後のソーシャル・サポート研究への示唆

　福岡（2016）は，従来の実行されたサポートの測定では，サポート享受の前提になると考えられるストレッサー経験の量が注目されていなかったことを指摘している。ソーシャル・サポートやその効果を考える際には，「問題の内容や程度」，「ストレッサーが起こった状況」，「ストレッサーを経験する個人の特性」，「そのストレッサーによる影響の大きさの違い」，「誰からのサポートか」，「サポートをする人，サポートを受ける人との関係はどうか」，「サポートの内容」，「サポートされたときの本人の受けとめ方」，「サポートが有効だったかどうか」等の要因が複雑に絡み合っていると考えられる。福岡（2010）では，ストレス状況が多岐にわたると，それぞれのストレス状況に対するサポートは減少することが明らかとなり，これらは気分状態の悪化と関連していた。複数のリスク要因があることで，精神的健康に対しての影響は大きくなるが，サポートの享受という意味でも影響があったということであり，興味深い知見であると思われる。

　永井（2016）では，大学生の援助要請のスタイル，友人からの実行されたサポート，学校適応について，友人関係のもち方の違いからの検討を行っている。友人関係のタイプによって，援助要請スタイル，ソーシャル・サポート受容の影響が異な

っていた。加えて，サポートを受けることで劣等感を感じるタイプがあることが明らかになっている。ソーシャル・サポートは，ポジティブな側面に注目して研究されてきた概念であるが，ネガティブな影響があることも，今後注目していく必要があるだろう。また，永井（2016）ではさらに，サポートを受ける前に，自分自身で問題の解決を試みる援助要請自立傾向が高いと，劣等感が低減されるという結果が出たことが興味深い。そういった意味でも，「サポートのあり方」や「内容」に関して精査をしていく必要があるだろう。

　従来のソーシャル・サポートの研究では，「友人からのサポート」，「親・家族からのサポート」が対象となることが多かった。上手（2013）は，特に思春期の子どもたちを支える際の「斜めの関係」について述べている。「斜めの関係」は，親－子，担任－生徒といった縦の関係とも，友だち同士との横の関係とも違うものである。少し別の角度から関わることのできる斜めの関係が，心のセーフティネットの役割を果たす可能性があるのである。「斜めの関係」も多岐にわたり，大人との「斜めの関係」では，養護教諭をはじめ，担任以外の教員，学校の事務員，スクールカウンセラー，家庭教師といったものがある。一方，子ども同士の「斜めの関係」である「先輩後輩」の関係や「同年齢の，学校やクラス等の集団を別にする友人」，「年齢の近いきょうだい親族」等は，先行研究の中で「友人」に含まれてきた部分も多く，「友人サポート」の詳細を明らかにしていくことも，1つのソーシャル・サポート研究の方向ではないだろうか。

2. レジリエンスとソーシャル・サポート

　レジリエンスは，柔軟性，弾力性という意味の言葉で，傷つきにくさを示す言葉として使われる。本章の冒頭では，ストレスに対する反応の個人差の問題について，ストレス過程における様々な緩衝要因の存在が重視されていること，代表的な緩衝要因の1つとして，ソーシャル・サポートが指摘されていることを述べた。Werner et al. が行ったカウアイ島での調査研究では，のちの発達や精神健康によくない影響を及ぼす危険性の高い，リスクとなる出来事や個人の環境の特徴－リスク要因とともに，リスク要因が多いにも関わらず，問題行動を現さなかった子どもたちの特徴を，保護要因として示している（Werner et al., 1971; Werner & Smith, 1982 氏家 2011 より引用；表6-2）。

　リスク要因と保護要因の内容を見てみると，「子どもの特徴」「家庭環境」の中で，たとえば「遺伝的問題」や「出生順位」といったように，その子どもが生まれた段階で決定されてしまい，後からでは変えることができない，もしくは変えることが

表 6-2 リスクと保護要因の例 (Werner & Smith, 1982)

リスク	保護要因
子どもの特徴	子どもの特徴
周産期のストレス	出生順位（第1子）
発達の遅れ・不規則さ	中枢神経系の成熟
遺伝的問題	活動性の高さ
繰り返される重い病気	人への反応性の高さ
	困らせるような習慣がないこと
	適切なコミュニケーションスキル
	自尊感情
	打ち込めるものがあること
家庭環境	家庭環境
慢性的貧困	生後1年間に十分な注意が払われていたこと
教育水準の低い母親	母親以外の養育者の存在
親の精神疾患	情緒的支持を与えてくれる親戚や近所の人の存在
生後1年間の母親からの分離	
親の病気	親密な同年輩の友人の存在
慢性的な家庭内の不和・葛藤	相談できる教師や指導者の存在
親の離婚	
再婚による継親との同居	
年長あるいは親友との離別あるいは死別	

難しい要因と，そうではなく，よい方向・子どもを保護する要因として変えていくことのできる可能性があるものに分かれる。1つ1つの要因について論ずることができないのが残念ではあるが，「保護要因」の中の，「親密な同年輩の友人の存在」や「相談できる教師や指導者の存在」，「情緒的支持を与えてくれる親戚や近所の人の存在」に注目したい。これらは，これまで本章で論じてきたソーシャル・サポートと通ずるところがあるだろう。特に，「情緒的支持」という言葉が入っているところに注目したい。本章で紹介したソーシャル・サポートの先行研究の多くが，この「情緒的支持」の側面，サポートの種類でいうと情緒的サポートに焦点を当てている。氏家（2011）は，子どもたちの発達における環境の変化，それに伴う子どもの変化を述べている。「ハイリスクの子どもが，もし温かく，支持的で安定した関係をもってくれるような友人や教師と巡り合うことができれば，その子どもの環境は保護的に変化したことになる」こと，「ハイリスクの子どもに対する友人や教師の温かく，支持的な行動は，その子どもの学校での様々な活動に対する動機づけを高めると予想できる」と述べている。このような背景を考えると，ソーシャル・サ

ポートは,「保護要因」となり得る可能性がある重要なものである。

　加えて,青年期には,児童期に始まった,家庭の外にある社会的世界への能動的な参加（滝川,2013）がさらに広がっていく時期である。青年期は傷つきやすい時期ではあるが,一方で,人には回復する力が備わっている（氏家,2011）。「傷つきにくさ」だったり,「回復する力」の一助となるサポートはどのようなサポートなのかという問いに答えられるような知見が,ソーシャル・サポート研究に求められていくだろうと思われる。たとえば,American Academy of Child and Adolescent Psychiatry（AACAP）においては,子どもの抑うつに対する治療を行っていく場合に,家族に参加してもらうことの重要性が提唱されている。抑うつに対する家族の知識,親の精神症状,治療に対する動機,家族の葛藤,家庭での子どもの観察について,親に対する心理教育等が行われる（Hughes & Asarnow, 2011）。家族に対しての介入が行われた治療研究では,親子のコミュニケーションや,子どもへのサポート,親のあたたかさ・コントロールが介入目標とされ,治療効果を得ている。親の養育行動の変化は,サポートのあり方に関わるだろうと思われ,さらにそれが子どもたちの抑うつ傾向の改善に関わっていると考えると,サポートの有無だけではなく,具体的な内容について検討していくことも大切ではないだろうか。「いつ,どのようなサポートが必要か」ということは,ソーシャル・サポートに興味をもつ人であれば,当然,気になる部分だろうと思うが,明解な答えは難しい。そして,対人関係が社会のあり方に影響を受ける以上,有効なサポートのあり方も変化していくものであり,そういった視点も重要だと考えられる。

COLUMN 6 親子関係と仲間関係

● 親子関係と仲間関係の発達的基礎

　Bronfenbrenner（1979）の生態学的システム理論に基づけば，個の発達と表裏的に付置する関係性の発達は多層的に広がる。親子関係と仲間関係は，その基礎的かつ主要な例となる。両者は，一方が他方の発達を助けたり，妨げたりするように展開する。また，その動向は，発達時期や，より高次の生態学的性格に左右される。

　行動遺伝学的には，個の発達が，親子関係や仲間関係の発達を，自らの遺伝的潜在性の発揮に有利なあり方へ方向づけやすいと予測できる（遠藤，2005, 2012）。発達初期の親子関係には，そうした吸引性を備える子どもの遺伝的潜在性に対し，後の仲間関係が規範的に発達するよう，社会・文化的な標準に照らして，都合のよい側面ではキャップを外し，都合の悪い側面にはキャップを閉めるような，的確なガイドが期待される。

　引き続き，仲間関係でも遺伝的潜在性の発達的行方を決める経験が交換される。それは，親子関係で得る経験だけでは満足に刺激されることのない遺伝的潜在性が，仲間関係で得る経験に刺激されて，初めて発達的に顕在化する可能性を多分に含む。もちろん，社会情動的な有能さなどプラスの側面と，問題行動などマイナスの側面の両方があり得る。ここで，直接的に個の発達を導く経験の場を仲間関係へ譲ったとしても，親子関係の役割は終わらない。親子関係には，プラスの側面へ展開する仲間関係には積極的に開かれ，マイナスの側面へ展開する仲間関係には敢えて閉じるような，巧みなマネジメントが期待される。

　おそらく，こうした親子関係と仲間関係のダイナミクスは，青年期に最も複雑化する。この発達時期には，プラスの側面でもマイナスの側面でも，仲間に左右されて個の発達が大きく方向づけられるような神経科学的基礎の存在が疑われる（Haller et al., 2015; Sapolsky, 2017）。仲間関係は，親子関係の影響を選別化し，そのあり方は仲間集団の構成や居住地域，社会経済的地位等の生態学的性格に依存して変化する可能性が高い。直接的な証左ではないが，たとえば，一般的に望ましいと目される親行動でも，仲間集団の構成が向社会的であるか，反社会的でない場合にのみ，仲間から好まれる傾向やリーダシップ，そして社会的または学業的な有能さ等の発達を助けるのかもしれない（Chen et al., 2005）。反対に，一般的には望ましくないと目される親行動でも，逸脱的な仲間関係と関連が深い高次の生態学的指標が際立つ場合には，非行の発達を妨げ，親子関係自体の良好な発達を助けること等があるかもしれない（McElhaney & Allen, 2001）。

　これらの統合的な理解を目指すとき，Thelen & Smith（1994）の原始歩行の研究もメタなヒントとなる。原始歩行は生後間もなく可能となり，数か月後には不可能となるが，前者の時期でも足に重りをつけると原始歩行は抑制され，後者の時期でも身体を支えられた状態で水中

やベルト上に足が置かれると原始歩行は促進する。つまり，親子関係と仲間関係は，発達時期や他の生態学的性格と合わせ，潜在的に可能であり得る複数のあり方を相互文脈的に制約し，実際に可能な1つのあり方を自己組織的に発達させると類推し得る。自然実験の機会や，実践的介入の必要に応じて，実証的には，特定の文脈を操作し，潜在する他の親子関係や仲間関係のあり方が姿を現す可能性や，その幅が問われるべきだろう。

● 生涯発達と，「もう1つの」親子関係と仲間関係から見えてくる風景

　生涯発達の視点をもてば，現代社会における繁殖協力の文脈からも，親子関係と仲間関係の発達的問題は強調されるべきだと思われる。ママ友だちをはじめ，延いては保育士や保健師，職場の同僚等を包括し，広い意味で仲間関係と呼び得る様々な他者との間柄に子育て上の協力が成立することは，たとえば子どもに対する親の感受性や情動的利用可能性の発達を支え，親子関係の発達を左右すると予測できる（たとえばBelsky & Jaffee, 2006）。そのインフラストラクチャは，生物史上でヒトの子育てが，父親や「おばあちゃん」等のほか，血縁関係の有無を超えた，より大規模な協力の仕掛けと共進化した可能性へ求められる（たとえばHrdy, 2009）。しかし，文化史上の人間の歩みは，核家族化等へ代表されるように，その自然な仕掛けを部分的に解体し，子育て上の協力を可能にする仲間関係さえも限定しがちな節がある。親側の仲間関係は，規範的な親子関係の発達の基盤であり得るが，決して無条件で手に入るわけではない。知人の少ない慣れない土地で親子関係を開始するときに，仲間関係を改めて（新たに）発達させる必要があるとすれば，この問題はより肝心になる。こうした，「もう1つの」親子関係と仲間関係が検討される機会は少なく，理論，実証ともに進展が望まれる。

　この議論は，親子関係から他の関係へ，支配的な依存基盤の乗り換えが発達的に継起する可能性をも射程に収める。繁殖協力の文脈で顕著となるように，青年期や成人期以降も，規範的に依存が成立する関係性は欠くことができない。しかし，たとえば，自律性研究等の多くは，親子関係からの自立のように，特定の関係性からの分離の側面と発達的意義を強調的に結びつけやすい感が否めない。それは単に依存の関係性を必要としなくなるのではなく，ウエイトが他に依存を許す関係性へ移る背景を，同時に示唆することも忘れてはならないだろう。主要な候補は，やはり親子関係から仲間関係への乗り換え，延いては仲間関係から選択的に発展する可能性の高い恋人関係や夫婦関係への乗り換えであり，生涯発達的視点からの検討を要する。これらの内容は，神経内分泌学的なストレス制御システムの発達（Gunnar et al., 2015）や，過去の逸脱的な経緯を断ち切り，新たによい経緯を起源させて，レジリエンスを駆動する「機会の拡大」についての研究（Rutter, 2013; Werner, 2006）とも関連が深く，とりわけ意義深いものと思われる。

第7章
青年期の自己愛の発達

　青年期には，自己愛的な傾向が高まるという。この説明を聞いて，全くぴんとこないという人は少ないのではないだろうか。また，一般にも自己愛的な人を意味する「ナルシスト」（自己愛は英語で narcissism）という言葉は浸透しているが，この言葉を聞いたとき，多くの人は若者の姿を思い浮かべるのではないだろうか。

　朝，自宅の洗面台を独占し，通学時には，ガラスに自分の姿が映るたびに身だしなみをチェックする。それだけして登校したにもかかわらず，学校の休憩時間にはトイレの鏡の前に立って，念入りに髪型やメイクの手直しをしている……。このような青年の姿は，「自己愛的」，「ナルシスト」という言葉とよく合致するように思われる。しかし，鏡に見入る青年たちは，必ずしも自分の姿に見惚れているわけではないようにも思われる。自意識の高さの向こう側に「自分はこれで大丈夫だろうか」「これで格好よく（可愛く）思ってもらえるだろうか」という，社会的評価・他者評価への恐れのようなものも見え隠れする。

　また，傷つきやすくメランコリックな様子も青年らしいと感じられる姿である。第三者から見れば「ちょっとした行き違い」であるようなことで友だちと距離を置いたり，「小さなパフォーマンスの失敗」であるようなことで，この世の終わりかというくらい絶望し，意欲を失ってしまったりする。このような「傷つきやすい」青年が，「ナルシスト」の青年と同一人物であったりするのが興味深いところである。

　学問的な自己愛概念の意味する範囲は，一般的に使用される場合のそれとはやや異なり，たとえば「鏡に見入っている」姿と「傷つきやすい」姿は，いずれも自己愛の表現された状態であると捉えられている。本章は，自己愛の発達に着目し，自己の視点から青年期の対人関係について理解を深めることを目指す。具体的には，「青年期に自己愛的な傾向が高まる」という変化の具体的な様相について記述し，学問的な自己愛概念の意味について整理したうえで，その変化の意味について考えていく。また，その意味を踏まえて，青年の発達をどのように支えるかを考える。

……• 1節　青年期における自己愛の高揚 •……

1. 青年の自己愛に関する実証データ

　質問紙を用いた実証研究は，他の発達段階に比べて青年の自己愛得点が高いことを示してきた。たとえば Foster et al.（2003）は，大規模な Web 調査の結果として，自己愛が 15 歳から低下する傾向を示している（図 7-1）。Roberts et al.（2010）は，青年とその親，祖父母の自己愛を調査し，青年は親に比べて，親は祖父母に比べて得点が有意に高く，青年と祖父母の差は標準偏差 1 つ分よりも大きいことを明らかにしている。この傾向は青年・親・祖父母という役割を統制するとより顕著となることから，Roberts らは，年齢の効果が大きいことを指摘している。

　広い年齢範囲を対象とした研究からは，自己愛得点と年齢の強い直線的関係は示されていない（Foster et al., 2003 では年収，性別をコントロールした年齢と自己愛との関連が $\beta=-.22, p<.001$；Watson et al., 1984；Raskin & Terry, 1988 では $r=-.17 \sim .05$）。このことは，年齢による自己愛の変化は，青年期に入ってから高揚し，その後青年期後期，成人期，老年期と発達段階を進むにつれて低下する（あるいは青年期以前の水準に戻る）というように，曲線的なものであることを示唆している。

　青年期の中で自己愛がどのように変化するのかを検討した研究として，Carlson & Gjerde（2009）による試みがある。彼らは，California Adult Q-set（CAQ；Block,

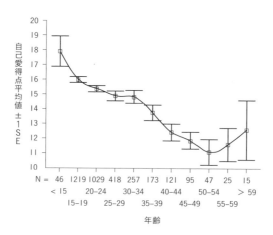

図 7-1　各年齢段階における自己愛得点平均値とその標準誤差（SE）（Foster et al., 2003）

1978）を用いて，観察者評定に基づく自己愛得点の年齢差を検討している。その結果，CAQ 内の自己愛性を示唆する項目の得点が，概ね 14 歳より 18 歳において高いという結果を示している。日本国内においても，自己愛得点が青年期の中で，加齢に伴い高まる傾向があることが示されている（相良，2006）。

2. 自己愛的な人のイメージと状態像

　自己愛（narcissism）という概念は，ギリシャ神話に登場する美少年，ナルキッソス（Narcissus）の名に由来する。若く美しい少年ナルキッソスは，女神や妖精からの愛を全て拒絶し怒りを買う。ナルキッソスは，この怒りの報いとして水面に映った自分の姿に恋い焦がれ，永遠に叶わぬ想いを抱えながら死んでいくこととなった。自己愛は，このナルキッソスの状態を彷彿とさせるような自己陶酔や他者への情緒的な関心の低さを説明する概念として生まれ，日常用語や専門用語として広く使用されてきた。

　自己愛という言葉そのものの意味は「自己に愛を注ぐこと」であり，自己への情動の向け方を表しているに過ぎないが，神話に描かれているのは，そのような情動の向け方が他者を傷つけ，自分自身を破滅させるという不適応的な結果である。そのため，「自己愛的（ナルシスティック）だ」とか「自己愛傾向が高まっている」という表現は，病的な状態を意味して用いられ，あまりよい意味では用いられないのが通例である。特に，学問的には，自己愛の問題は自己愛人格障害と関連づけて議論されることがほとんどであり，なかでも最も広く共有されている自己愛の定義はDSM（American Psychiatric Association, 1980 など）における「自己愛人格障害」の診断のための記述的な定義である。人格障害は偏った行動様式や考えをもち，それが社会的・内的に支障をきたしている人格の状態であり，この定義は病的な状態としての自己愛を反映している。

　また，自己愛人格障害に関する臨床的知見の蓄積から，病的な自己愛が大きく分けて 2 種類の状態像に分けられることが指摘されるようになり，本邦ではこの指摘に基づいて自己愛を理解することへの関心が高い。2 種類の状態像のうち一方は，「自己愛」の一般的なイメージとも対応のよい，誇大な姿である。しかし自己愛人格障害と診断される人々の中には，この姿とは表面上異なる過敏で傷つきやすい人々が含まれるという。過敏で傷つきやすい自己愛者は自己評価が低く，一見すると自己愛的であるようには見えないが，無力感や傷つきの訴えの奥に，自分を誇大視していたり自己陶酔的であったりするような姿が垣間見えることで，自己愛の問題を抱えていると診断されることになる。

表 7-1　自己愛における2種類の状態像 (Gabbard, 1994 舘 監訳, 1997 より一部改変)

周囲を気にかけない（誇大な）自己愛者 (無関心型：The Oblivious Narcissist)	周囲を過剰に気にかける（過敏な）自己愛者 (過敏型：The Hypervigilant Narcissist)
1. 他の人々の反応気づくことがない	1. 他の人々の反応に敏感である
2. 傲慢で攻撃的である	2. 抑制的で，内気で，あるいは自己消去的でさえある
3. 自己に夢中である	3. 自己よりも他の人々に注意を向ける
4. 注目の中心にいる必要がある	4. 注目の的になることを避ける
5. 「送信者であるが，受信者ではない」	5. 侮辱や批判の証拠がないかどうか，注意深く他の人々に耳を傾ける
6. 明らかに，他の人々によって傷つけられたと感じることに鈍感である	6. 容易に傷つけられたという感情を持つ

　Gabbard (1989, 1994) は2種類の状態像について整理し (表7-1)，これらの状態像が，いずれかの極端な形で示されるだけでなく，異なるバランスで混合した様々な形で現れることを指摘している。そして実証的な研究は，2種類の状態像の組み合わせによる自己愛の表現形が，この指摘に対応するような形で分布することを繰り返し示してきている（実証知見を整理した試みとして，清水ら，2013）。

　青年期における自己愛の高揚を示した先行研究のほとんどは，代表的な自己愛尺度である自己愛人格目録 (NPI: Narcissistic Personality Inventory; Raskin & Hall, 1981) を用いている。NPI は誇大な自己愛を主に捉える尺度であることが指摘されており（中山・中谷，2006），すでに示した先行研究は，青年期に誇大な自己愛の特徴が目立つようになることを意味していると捉えられる。自己愛の過敏な側面の年齢差に関する研究は非常に少ないが，中山らの研究（中山・中谷，2006; 中山，2007）からは過敏，誇大な側面がともに青年期前期から中期にかけて高まることが示されており，また，NPI を用いた研究においても，過敏な自己愛の特徴を扱っていることが指摘される下位尺度（「注目・賞賛欲求」）の得点が青年期に高揚することが示されている（相良，2006; 図7-2）。これらのことからは，青年期における自己愛の高揚という現象が，様々な状態像として観察されることが示唆される。

…… 2節　青年の自己愛の高さは何につながるか ……

1. 自己愛の「問題」と実証研究共通の関心事

　自己愛人格障害の患者らは不適応状態に陥っており，程度の差こそあれそれを自

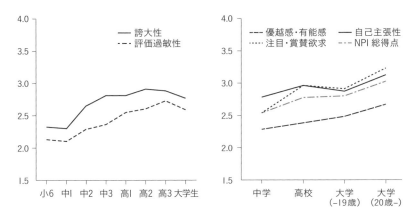

図 7-2 青年期初期から後期にかけての自己愛各下位尺度項目平均値
（左：中山・中谷, 2006; 中山, 2007 を元に作成, 右：相良, 2006 より作成）

覚してもいる（そうでなければ精神科を訪れることはない）。しかし，自己愛的な人にみられる独特な自己概念そのもの（自己への関心の強さや自己評価の高さなど）に問題意識や不適応感を抱いている患者はまずいない。彼らの自己概念が情動や態度・行動に影響し，それに対して周囲の他者が否定的な反応をすることなどが，彼らに「周りの人たちとうまくやれていなくて辛い」という社会的不適応の感覚をもたらす。独特な自己概念が不適応の原因であることは，不調を訴えにきた心理臨床の場において，セラピストとの治療関係の中で掘り起こされて明らかになってくる。つまり自己愛人格障害は，他者との関係を介して本人の不適応状態が引き起こされるという，対人関係的な問題である。

　実証研究で用いられる自己愛の質問紙は，自己愛人格障害に関する臨床的な記述に基づいて作成されており，自己愛人格障害の人々にみられるような「不適応的な自己愛傾向」を測定しようとしている。青年を対象とした実証研究が共通の関心事としていることの1つは，このような自己愛傾向をもつ一般の青年が，自己愛人格障害と診断される人々と同様の対人関係的問題を少なからず抱えているのか，彼らが人格障害の予備群ともいえる状況にあるのか，ということである。

2. 実証研究が明らかにしてきたこと

　NPIを用いた実証研究からは，自己愛的な一般青年に，自己愛人格障害の人々と同様の傾向があることが報告されている。特に多く報告されているのは，自己愛と

攻撃性・攻撃行動との関連である。自己愛と他者に対する攻撃行動との関係を調査した研究として，たとえば次のような実験研究がある。

　Bushman & Baumeister（1998）は，大学生たちを個別で実験室に招き，NPI を用いて自己愛の測定を行った後，人工妊娠中絶について賛成か反対かという一段落の文章を書き，その後ペアに指定された別の参加者と交換して評価し合うように依頼した。しかし，参加者がペアであると思っている相手は実はサクラであり，評価結果も意図的に操作されていて，半数は評定項目のすべてに悪い点数をつけられた上に「これまで読んだ作文の中で最悪」という手書きのコメントを渡され，もう半数は真逆の高評価を受けるという風に決まっていた。実験者は学生らにこのような実験状況を経験させた後，同じペアで「競争的反応時間課題」という別の課題にも参加するように求め，ペアより反応時間が速いと勝利でき，相手に対して大きさと長さを自由に設定して騒音を聞かせるという罰を与えられることを説明した。この実験の結果，自己愛の高い青年は，ひどいフィードバックを与えられた場合に，相手に対してより大きくより長時間騒音を聞かせるという攻撃的行動をとることが明らかになった（年少の青年を対象とした類似の研究として，Tomaes et al., 2008）。

　実験研究によって示された結果は，誇大な自己愛的青年が，自分と類似した他者との関係の中で批判や侮辱，敗北というような自己評価を貶められる経験をした場合に，その他者に対して攻撃的な行動をとることを示唆している。実験的操作として青年に与えられた経験はあからさまで強く，日常の友人関係の中では経験しにくいものかもしれない。また，お互いが別室にいるという状況で実行された攻撃行動は，現実場面ではより弱い形で表現されると考えられる。しかし，青年は学校において日々，同年齢の他者とともに様々な活動に取り組み，その中で重視している活動における経験が，彼らの自己評価を形づくっている。実験状況より弱い経験であっても，重視する活動での経験の影響力は大きく，自己評価を低下させやすいと考えられる。そのような経験のたびに他者に対して否定的な情動や攻撃性がむけられるとすれば，対人関係は少なからず影響を受けていくはずである。

　自己愛的な青年は対人関係において，搾取的であったり自己奉仕的であったりと，攻撃的である以外にも問題を抱えていることが指摘されており（小塩，1998），このような対人的行動・態度が，対人関係の継続を難しくすることも実証的に示されている。Paulhus（1998）は大学の心理学コースの 3 年生によるディスカッショングループ（1 グループ 4 ～ 6 名）を対象に，1 週間に 1 度のミーティングを行って，対人的評価の変化について検討した。その結果，自己愛的な青年ははじめ，仲間からおもしろい，知的であるなどと肯定的に評価されていたが，7 週間後には温かみが

ない，誇大，敵意的であるなど否定的に評価されるようになったという。

　ディスカッション場面は自分自身が価値を置く考え方について主張をし合う場であるため，批判・侮辱，敗北といった自己価値を貶められる状況が起こりやすく，自己愛的な青年の特性を引き出しやすいと考えられる。日常生活には様々な対人関係場面があり，それらがすべて自己価値を脅かすような状況であるわけではないため，ディスカッション場面で自己愛的な青年が人気や評価を下げてしまうことは，彼らがあらゆる集団の中で立場を悪くしていくということを意味しないと思われる。しかし，学校は個人の主張や能力を示し合う機会が比較的多い場であると考えられる。学校内の変動しにくい人間関係の中では，自己愛が社会的評価を下げるという結果を導きやすいということは指摘できそうである。

　過敏な自己愛と攻撃性の関連に関するデータは少ないが，過敏な自己愛を測定するための尺度や，NPIの下位尺度を活用した測定方法を用いて，いくつかの研究がなされている。たとえばOkada（2010）は，過敏・誇大な自己愛と攻撃性の関連を検討し，誇大な自己愛は身体的・言語的な攻撃行動や怒りの情動と関連し，過敏な自己愛は怒りや敵意感情と関連していることを示している。Dickinson & Pincus（2003）は，過敏な自己愛者は自己愛的でない人と同じくらい非主張的であるものの，誇大な自己愛者と同じくらい支配的で懲罰的であることを示している。また，蛭田・田名場（2012）は，自分自身に向かう攻撃性（内的攻撃性）に着目し，過敏な自己愛が自責感という形で自分自身に攻撃性を向けることと関係することを示している。

　これらの知見は，状態像によって異なる形ではあるものの，自己愛が攻撃と密接に関係していることを示唆している。誇大な自己愛は攻撃行動という形でわかりやすく，過敏な自己愛は敵意や自責という形で密やかに攻撃と関連しているようである。また，過敏な自己愛については，対人関係からの退却との関連も指摘されている。たとえば清水ら（清水・海塚，2002; 清水ら，2007）は，過敏な特性をもつ自己愛的な青年が，対人恐怖的であることを示している。相澤（2002）は，自己愛人格における誇大特性と過敏特性の構造について検討し，過敏特性に「人を避けてしまう」というような対人退却的な要素が含まれることを示している。

……3節　自己愛が高まるとはどのような現象なのか……

1．自尊感情の維持・調整機能としての自己愛

　様々な実証研究が，自己愛が不適応的な社会的結果に結びつくことを示している。

そのような心理がなぜ，青年期において高まるのだろうか。この問いに関して，多くの研究者が自己愛の本質を，「自尊感情を維持・調整する機能」であると考えている。すなわち，自己愛は青年が自覚的につくり上げるものではなく，自尊感情が低下しそうになることや，自己に対して肯定的な見方ができなくなることに伴って反応的に高められるものなのである。

Stolorow（1975）は，自尊感情と自己愛の関係について，自尊感情が外的・内的な要因の影響を受けて変動する室温のようなものであるのに対して，自己愛はその状態を監視し，適度な状態に保たれるよう調整・制御するサーモスタットのようなものであると喩えている。自己愛は自尊感情を監視し低下を検知するとともに，低下した自尊感情を調整する様々なプロセスを発動させることで，自尊感情を維持するという目標の達成を目指す。

「自尊感情の維持・調整」という視点から捉えてみると，青年期に自己愛が高揚するという現象が起こる仕組みについて理解しやすくなる。青年はこの時期，自尊感情を低下させやすい状況におかれており，その脅威から身を守ることにとらわれていると考えられるからである。青年が自尊感情を低下させやすい理由の1つとして，自己に対する客観的な見方ができるようになることがあげられる。児童期の終わりから青年期にかけて，子どもは他者との比較による客観的な自己評価を形成するようになる。認知的能力が高まり，複数の他者との比較によって自己を捉えることができるようになるということに加えて，成長の個人差や能力差が目立つようになることで，自ら認識した相対的な位置や，周りの人から与えられた相対的な評価から自己の価値を判断するようになる。児童期までに周囲の他者から与えられてきた評価は承認や励ましを意図した肯定的な内容であることが多く，それに基づいて形成される自己評価も自ずと高い。そのため，多くの青年は，思っていたよりも有能でない自分に直面していくことになる。

青年期には，自己の価値や自尊感情そのものへの関心も高まる。自分が何に向いているのか，人並みの能力があるのかといった自己価値に関わる問いは，精神的な発達によって内的に生まれてくるだけでなく，中学，高校での生活の中で，評価や選択の場面に直面することによって，外的にももたらされるようになる。そのため，自己評価・自尊感情というテーマは児童期までよりも重みを増し，子どもたちにとって，それまでの時期よりも大きな影響力をもつようになると考えられる。

自己愛が導く自尊感情の維持・調整機能の包括的な理解モデルとして，Morf & Rhodewalt（2001）は，「力動的自己調整過程モデル」を提唱し，自己愛的な人がどのように自尊感情を維持・調整しようとしているのかを，自己知識，個人内自己調

図 7-3 力動的自己調整過程モデル（Morf & Rhodewalt, 2001）

整，個人間（対人的）方略，社会的な関係という要素によって説明している（図7-3）。このモデルによれば，自己愛的な状態とは，自己構造が社会的な活動領域において認知・感情的な自己内過程や自己調整的な対人的過程に動機づけられた状態であり，自己愛的な人は，自分のおかれた社会的環境と戦略的に関わり，それでうまくいかない部分を認知・感情的な自己内過程によって調整して，自らが望ましいと考える自己像（自己知識）をつくり上げようとする。

2. 自己愛的な維持・調整機能の特異性

機能に着目してみると，自己愛はこの時期に出遭いやすい自尊感情の脅威から青年を守るための適応的な心的特性という側面をもつといえる。自己確証動機（自己概念に合った情報やそれを提供してくれる他者を求める傾向）のように，自己を安定的に認識しようとする動機や認知傾向は誰もが有する一般的な心理的機能であり，そのような機能をもつことは心理的健康の維持に役立つように思われる。しかし前節で示したように，実証的な研究からは，青年の自己愛の高さが不適応を引き起こす可能性が示唆されており，自己愛を純粋な適応機能としては捉えがたい。

自己愛的な人に特徴的なのは，攻撃や対人関係からの退却といった対人的な維持・調整であろう（この特徴的な対人過程を説明するモデルとして，Baumeister et al., 1996 による「自己本位性脅威モデル」を参照）。攻撃はほとんどの状況において社会的に望ましくない行動パターンであり，攻撃の相手や周囲の他者からの否定的な反応を導きやすい。否定的な反応は本来，自己意識や行動を修正していくための学びの機会となってよいはずである。しかし実際にはそのような社会的学習はうまくいかず，自己愛と攻撃との関係は，かなり頑健に示されている。また，過敏な自己愛者に特徴的な対人関係からの退却という反応は，対人関係に即時的な影響こそ

もたらさないが，対人関係の中で能力を発揮することは，社会的評価の重要な要素であるため，中長期的には自尊感情に否定的な影響を及ぼすと考えられる。つまるところ，自己愛的な人に特徴的にみられる対人的な自尊感情の維持・調整方略は自己に不利益をもたらすものであり，この特徴が不適応を導いていると考えられる。

　確かに，自尊感情低下の原因となる情報は他者から与えられることが多い。そのため情報の与え方が悪かったり本人の認識と大きく違っていたりという理由によって，情報源である他者に対して怒りや敵意，恐怖の情動が向くことは自然である。しかし，生じた情動のままに相手を攻撃したり評価の場から逃げたりすることは，自尊感情の維持・回復という目的に対して効果的な手段とはいえない。万一他者から否定的な評価や反応を受けなかったとしても，人間関係を変化させることで本人の本質的な部分が変化することはないため，非現実的・仮想的な自尊感情によって代償することになるだけだからである。本当にひどいエッセイを書いてしまったことに対して酷評を受けた場合など，与えられた情報が現実を反映したものであるならば，攻撃したり逃げたりせず，評価を受け入れてエッセイの技術を磨いた方が「本当に」自尊感情を維持・調整できる結果に繋がりやすい。また，現実と明らかに異なる情報を受け取ったのであれば，相手が攻撃的な人だったとか評価の能力が低い人だったと，情報そのものを無視すればよいはずである。

　自己愛に基づく対人的な自尊感情の維持・調整がどの程度社会的評価を下げるのかは，青年が所属している文化や仲間集団など，環境内の価値観に依存するところが大きい（小塩，2010）。そのため，自己愛がどの程度「病的」なのかは，自己愛的な青年の自己概念の内容ではなく，彼らにもたらされた心理・社会的な結果から判断するしかない（最も病的な自己愛の状態が，不適応感の訴えと社会生活の破綻を伴う自己愛人格障害である；Kernberg, 1998）。しかし，青年期に自己愛傾向が高揚することは，不適応状態に陥るリスクが増大しているサインと捉えるべきであり，その不適応の中心的な原因である自尊感情の対人的維持・調整における特徴的なあり方について理解を深めることが，青年の発達を支える上で重要だろう。

····· 4節　自尊感情の維持・調整を行う「自己」の発達 ·····

1. 重要な他者とのやりとりを通した自己の発達

　精神分析の諸理論では，自己の内的な機能やそれを実現するための自己構造の発達は，誕生と同時に始まる重要な他者とのやりとりによって導かれると考えられている（Tyson & Tyson, 1990 馬場訳 2005）。Stone（1998）の展望によれば，幼少期

から重要な他者の共感，愛着，無償の愛や寛容さを受け取り，社会的に受け入れがたい行動や態度にはきちんと不賛成の意を示されてきたという対人的な経験が「健康な自己愛」（healthy self-regard）を育て，それが後に，数々の逆境（失恋，挫折，不公平な状況など）に直面した際，適応的な自尊感情の維持・調整を可能にする機能を提供してくれるようになるという。

　このような自己の発達過程について，自己愛の病理の治療に関する研究に基づく詳細な理論を展開しているのが Kohut である。Kohut（1984 本城・笠原訳 1995）によれば，自己の構造は，思いを叶えてくれるはずの親が自分の思うように動いてくれないという適度な欲求不満を経験することによって形成され始め，適切なやりとりの蓄積とその内在化によって，野心や目標，現実的な自己評価を備えた成熟した構造へと変化していく（変容性内在化）。

　赤ちゃんの頃，子どもは泣くことで望みを叶えてもらう。この望みは生きるために必須の望みであり，機能的な親は，できる限りすべてに対応しようと努力する。この経験が，子どもに幼児的な完全性の感覚を獲得させる。しかし成長とともに子どもの要求は多様化し，親は子のすべての望みに対応しきれなくなり，また，しつけの意味で，子どもの要求にわざと否定的に応じたり無視したりするようにもなる。そのような経験によって完全性の感覚は否定され始めるが，子どもはそこから得ていた快の情動や効力感を忘れることができない。そこで，子どもはそれらの感覚を何とか保とうとして「自己」を形成する。

　当初自己の構造は未熟な構造をもっており，それがいわゆる自己愛的な自己である。未熟な自己の構造（自己愛的自己）は 2 つの構成要素をもっているという。1 つ目の構成要素は「誇大自己」であり，「誇大自己」は他者からの承認・賞賛によって幼児的な完全性を追求し続けようとする。もう 1 つの構成要素は「理想化された他者（親イメージ）」である。「理想化された他者」は完全で全能な重要な他者と一体化しているという感覚（「あなたは完全であるが，しかし私はあなたの重要な部分である」；Kohut, 1971 水野・笠原訳 1994, p.25）を提供してくれることで，自己の完全性を保ってくれる。

　未熟な自己の構造は，「誇大自己」を満たし，「理想化された他者」の機能を担ってくれる親などの重要な他者（Kohut の用語では「自己対象」）によって満足し，保たれる。しかし子どもはいつも承認・賞賛できる優れた行動をとるわけではない。そのため，時に親は子どもの行動に対して不承認の意を示すし，「誰しも得意不得意や限界があり，あなたも例外ではない」という現実を教えていく。親からの最適な働きかけを得ることで，子どもは心の安定を維持しながら現実的な自己評価を形

成し，誇大自己を目標や野心などに置き換え，理想化された他者を人格に統合して正義や道徳心（超自我）をもつようになる（Kohut, 1971 水野・笠原訳 1994）。

自己は成熟しても完全に自立することがなく，人は生涯を通して重要な他者による支え（自己対象体験）を必要とし続ける。しかし，成熟した自己を形成していれば，重要な他者による支えが一時的に得られなくても，内在化した重要な他者のイメージによってもちこたえることができる。つまり，自己の発達の過程において，重要な他者によって「確かに支えられた」経験と，それによってもたらされる「今も支えられ続けている」という内在化されたイメージが，危機的状況において自己を支える力になる。逆に，そういった経験やイメージを獲得できていない場合，自己は1人で危機に耐える力を発揮することができず，ストレッサーに敏感に反応して，激しい怒りやその場から撤退したいという感情が生じる。

2. 重要な他者が担う機能と具体的な担い手

自己愛に影響を及ぼす重要な他者に関する議論は，親（主な養育者）を対象としたものが中心である。本邦で報告されている実証的な知見として，たとえば宮下（1991）は，NPIと父母それぞれの養育態度を測定する項目群（形容詞対）との相関関係を検討し，ごく弱い値ではあるが，母親の情緒的支持・受容的態度が女子のNPI得点の低さと（$r=-.17, p<.05$），情緒的不安定が女子のNPI得点の高さと関連し（$r=.16, p<.05$），父親の支配・介入的態度が男女両方のNPI得点の高さと関連する（$r=.20, p<.05$）ことを示している。また，渡辺・岡（2013）は，養育態度が過敏な自己愛の特徴に及ぼす影響について検討を行い，親（小学生までに最も世話をしてくれた養育者）の情緒的不支持・非受容的態度が，無価値感の高さ（$\beta=.44, p<.001$）や過度の敏感さ（$\beta=.25, p<.001$）に影響を与えることを示した。これらの研究からは，青年が，両親から異なる機能を受け取りながら，自己形成に取り組んでいることが示唆される。病的な自己愛は母親によって情緒的な安定がもたらされることで弱まり，父親が支配的・介入的に関わったり，逆に尊重的に関わったりすることで強められる可能性がある。

しかし，青年にとっての重要な他者は親だけではない。子どもは児童期以降，仲間と同じ行動をとることによって自己概念や自尊感情を支えようとするようになるし，自己概念や自尊感情を維持することを目的として友人選択や恋人の選択を行うようにもなる（岡田，2005; 大野，1995）。青年期以降に重要となる対人関係は友人関係や恋愛関係，指導者との関係など様々であり，それら様々な関係性が，青年の自己愛に影響し，自己の成熟を支えていると考えられる。

Kohutによれば，未熟な自己を安定させたり成熟させたりするために必要な対人的機能（自己対象機能）には3種類ある。1つ目の機能は「鏡映」機能である。鏡映とは他者からの承認・賞賛や応答のことであり，自分の行動に対する肯定的な反応によって，自己価値の感覚がもたらされ，自己が支えられる。2つ目の機能は，「理想化」機能である。自分の一部であるかのように思っている他者に対して，尊敬や憧れの眼差しを向けているとき，その他者の素晴らしさを通して自己が支えられる。もう1つの機能は，「双子」機能である。双子とは言葉の通り，自分自身とそっくりの相手のことである。自分自身と共通点の多い相手に対して一体感を感じたときにも，自己愛の欲求は満たされるという。児童期の後期から青年期にかけて，子どもは自分と共通点のある他者と仲間になり，お互いの共通性を確認し合いながら行動をともにし，仲間同士の結束を強めようとする。自分とよく似た他者がいることは，自分のような人間が存在していいんだという安心感を与え，また，自分のような他者の行動は，子どもにとって有効なモデルにもなる。

　これら対人的機能の具体的な担い手について検討するため，対人的機能ごとに3項目を作成し，大学生に対して，青年の代表的な重要な他者であると考えられる5種類の他者（母親，父親，親友，恋人や好きな異性，その他思い浮かんだ人）のそれぞれが各項目をどの程度満たしてくれるかを尋ねた（回答協力者123名）。3項目ずつについて5段階で評定してもらったので，各対人的機能の得点範囲は3項目のいずれも全くあてはまらない（評定対象の重要な他者がその機能を全く担っていない）場合に3点，とてもあてはまっている（機能を十分に担っている）場合に15点となる（評定対象がいない場合を0点としたので，得点範囲は0〜15点）。すべて「どちらともいえない」と回答した場合の得点である9点を分割点として，10点以上を「当該対人機能あり」，9点以下を「当該対人機能なし」と考えて，個々の対人的環境について分類した。

　その結果，5種類の重要な他者に対する各3種類の対人的機能の割り当て数（最大15）の範囲は4から15であり，最頻値は12（123名中20名）であった。何人ずつの重要な他者が各機能を担っているかという視点から分類したところ，各機能について3人ずつの重要な他者をあげている回答者が全体の半数以上（63名）を占め，2人以上をあげた回答者は全体の約79％（97名）を占めていた。逆に，いずれかの機能で1人の重要な他者のみをあげている人は約15％（18名），担い手となる重要な他者がいない機能があった人は，約7％（8名）であった。両親に何らかの機能を満たしてもらっている回答者は圧倒的に多かったが（両親にいずれの機能も担ってもらっていなかったのは4名），それ以上の人が親友や異性をあげていた（たとえば，

親友がいずれの機能も担っていなかったのは 1 名のみ）（表 7-2）。

　Kohut の理論では親の担う機能に主な関心が向けられており，他の重要な他者が担う機能について捉えきれていない可能性がある。しかし，青年の自己を支える多様な重要な他者の機能を探索的に検討した研究からは，似通った知見が得られている。安達ら（安達ら，1987；安達，1994）は，青年が自己形成において学習すべき事柄という視点から項目を作成し，青年（高校生，大学生，30 歳までの社会人）から得たデータに基づく因子分析から，対人機能に関わる 4 つの因子を明らかにしている。4 つの因子とは「人生示範」（助言や指導を受けるなど，目標・尊敬の対象），「虎の威」（同一視や自己拡大をもたらす対象），「宿り木」（甘え，依存，自己の安定

表 7-2　大学生（男 28 女 95／計 123 名）における対人的機能の担い手

	「鏡映」機能 ・考えやすることをほめてくれる ・考えやすることを認めてくれる ・よいところを認めてくれる	「理想化」機能 ・目標としたい能力や性質をもっている ・色々なことを知っている ・優れた能力をもっている	「双子」機能 ・価値観や好みが一致している ・同じようだ（似ている）と感じる ・共通点が多い	N	N合計
1 つの機能で担い手なし	× ◎ ◎/○	◎ × ◎/○	○ ○ ×	1 1 6	8
1 つ以上の機能で担い手が 1 人のみ	△ △ ○ ◎	◎ ◎/○ △ ◎/○	△ ◎/○ ○ △	1 5 2 10	18
すべての機能で 2 人以上の担い手	○ ◎ ○ ◎ ○ ◎	○ ○ ◎ ◎ ◎ ○	○ ○ ○ ○ ◎ ◎	1 3 5 16 4 5	34
すべての機能で 3 人以上の担い手	◎	◎	◎	63	63

　注）◎：担い手が 3 人以上　○：2 人　△：1 人　×：0 人

のための援助を受ける対象），「共生」（親密性の形成に機能する対象）であり，これらは Kohut の指摘する 3 つの対人的機能とかなり重複している。また，安達らの研究（安達ら，1987; 菊池ら，1987）によれば，これら 4 つの因子について機能している人物は，両親や恋人・異性の友人であることが多いものの，青年たちの回答は「そんな人はいない」を含めて 40 種類以上とバラエティーに富んでいた（安達，1994）。

　理論的には，自己愛の障害の種はまず，子どもが最初に結びつきを形成する重要な他者，ほとんどの場合母親との関係の中でまかれるという（上地，2004）。母親から承認と賞賛を受けることができないと自己の成熟は始まらない。一方，父親は母親と子どもとの密着した関係の中に入ってくる存在であり，うまく入り込むことができれば，心理的・象徴的な意味で自己の成熟に影響を及ぼすようになる。青年の自己愛や自己形成にとって両親の担う機能が重要であることは，実証的な研究結果によっても裏づけられているが，実証的な研究結果は同時に，両親以外の重要な他者も両親と同様の機能を担っていることも示している。自己愛やその背景としての自己形成を理解するには，青年が自分を取り巻く複数の重要な他者との関係の中で，どのように必要な機能を獲得していくかという見方が必要となる。

……•5 節　自己愛論からみる青年期の発達課題•……

　青年は自分自身と環境の変化によって，「何でもうまくでき，望めば何でも叶う」という幼児的な完全性の放棄を迫られ，自尊感情が低下しやすくなる。青年期に自己愛が高まるという現象は，青年がこのような現実に対応しようとしていることを反映しており，同時に青年がこの時期から，未熟な自己を成熟させ，環境からもたらされる危機に自ら耐え得る力をつけていくという発達課題に取り組むことを示している。

　すでに述べてきた考え方に基づくと，自己を成熟させていくには，重要な他者からの支援的な働きかけが欠かせない。しかし，青年期の対人関係には様々な困難がある。親との関係についていえば，青年期は自己形成のために親からの支援が必要となる時期であると同時に，親からの自立を目指す発達段階でもある。支援されることが未熟であることの証拠となってしまうため，内心では助けを必要としていても，親に対してあからさまに支援を求めることが難しくなる。親の方も，心理的な自立を求める発達期待から，わが子とできる限り距離を置こうとするようになる。また，青年は自分自身を見るのと同様親に対しても批判的な見方をするようになるため，親を理想的な対象として心の支えにすることが次第に困難になっていく

(Blos, 1967)。我が子から批判の対象とされることは，親の自尊感情にも脅威をもたらし，親子の間には対立が起こりやすくなる。

双方の心理の相乗効果として，親と子はやりとりに困難さを感じたり，関わり合うことを避けたりするようになる。その結果，親と子の心理的な距離は拡がりやすくなり，親からの支持的な働きかけは少なくなりがちになる。このような状況の中で親と青年がどのように関係を形成していくかということが，青年期の自己の発達におけるもう1つの発達課題であるといえる。虐待や育児放棄のような極端に不適切な関係になることは少ないにしても，青年期において，危機的状況でよりどころとする親をうまく頼れなかったり，頼っても適切な反応が得られなかったりして，心の傷つきを経験するということは珍しくないことのように思われる。親の完璧でない反応を経験することや，心理的な支えとしての親に不安感を覚えることは，ある程度は適度なストレスとして，青年が自らの内的な力を育てていくための後押しになる。しかし彼らの耐え得る程度を超えて傷つきや失望が経験され，心理的な支えが失われてしまうと，自己の成熟の阻害（自己愛の障害）が生じることになる。

青年期には，友人との関係も難しくなる。青年は児童期までよりも多くの時間を友人とともに過ごすようになり，様々な行動をともにする。友人は，同じ発達段階を生きる仲間として類似性を感じやすいだけでなく，お互いの行動がよく見えるため，比較・参照の対象となりやすく，お互いの行動や能力に関するフィードバック情報をやりとりしやすい。このことは，友人が青年の必要とする対人的機能を担いやすいことと同時に，自己の価値を判断するための機会や情報を提供しやすく，青年にとって脅威となりやすいことも意味している。脅威を避け，しかし安心感は得ようとすると，友人関係は表面的なものになりがちになる。

杉浦（2000）は青年期における親和動機が，「拒否不安」と「親和傾向」という2つの性質に分けられることを指摘し，その発達的変化を検討している。その結果，中学生から大学生にかけての変化は男女で異なるものの，親和傾向は全体的に高く推移し，拒否不安は大学生で落ち着く（理論的平均値の3点に近づく）傾向がみられた。また，榎本（1999）は友人に対する感情の発達的変化を検討し，大学生では中高生より不安・懸念やライバル意識が低いこと，友人から独立しているという意識が高いことを示している。これらの知見からは，高校生（青年期中期）までの青年にとって，友人は両価的な存在であることがうかがえる。友人が不安や脅威をもたらす対象である青年たちにとって，友人と深く関わり，友人から自己を支える機能を受け取ることは，困難を伴う。

原田（2013）は，過敏な自己愛と親密性が青年期においてはほぼ無関連である一

方，成人期では負の関連を示すことを明らかにし，この結果に基づいて，「もし青年の自己愛的欲求が対人関係の中で十分に満たされず，適切に自己愛が処理されない場合には，青年は相手に自身の自己愛的欲求の充足を求め続ける関係性に従事し続ける」(p.377) と推測している。満たされない自己愛的欲求は，攻撃的な反応や他者からの退却など，不適切な対人関係を導く。自己愛に関わるこのような問題は，「鏡映」，「理想化」，「双子」といった対人機能が他者から提供されることによって解決していく。心理的機能の提供を求めるという対人関係は一方的なものであるが，このような対人関係を得ることが，成人期に他者と心理的資源を双方向的に提供し合う親密な関係を形成するための基盤となっている可能性がある。

　Franz & White（1985）は，アイデンティティの形成に関して，「複線経路モデル」を提案している。これは，自己の発達が，アイデンティティ形成という「個」の問題への取り組みの解決から親密性という「関係性」の形成へという一筋の流れで進むのではなく，個体化（「個」）と愛着（「関係性」）という2つの発達過程が同時並行的に進んでいくとする考え方である。自己愛の発達に関わる議論は，「個」の発達が「関係性」の影響を受け，「関係性」に影響するという双方向的な関係を通して展開していくことを示唆している。

……•6節　おわりに――青年の発達を支える•……

　青年期における自己愛の高揚は，不適応のリスクと捉えられる一方で，自尊感情への脅威に対処するための内的な力を形成していくという，正常な発達過程の一側面としても理解できる。自己愛の高揚が不適応のリスクと捉えられる理由は，自己愛が攻撃や対人関係からの退却など適応的でない社会的行動を導きやすいためであるが，この背景には，脅威にさらされた自尊感情を対人的に支えられる経験や，内在化されたイメージの不在（未獲得）という問題がある。

　青年期は自立を求め，求められる時期でもあり，自尊感情を求める態度や行動は，他者との葛藤を生じさせやすい。そのため青年を取り巻く対人的環境は，青年にとって厳しいものとなりやすい。自己愛の高揚という現象は，青年のこのような対人的環境を反映しているとも捉えられる。親は，子どもを自立した存在として認めながら，未熟な自己を支える重要な他者としての機能を担うことで，青年に対する支援を行うことができるだろう。友人も青年の自己を支える重要な存在になり得るが，青年は友人によって自尊感情を低下させられる不安を抱えており，その不安を解消できるかどうかが，友人が支援者となることができるかどうかの鍵になる。学校教

育における対人関係支援は，青年の不安を低減し，友人との間に援助的な関係を築くということに貢献できる可能性がある。

　また，青年期の発達を支えるためには，親，友人，恋人等の重要な他者がそれぞれに機能して青年を支えるという視点だけでなく，青年を取り巻く他者が全体として機能して青年を支えるというシステム論的な視点も重要である。Kohut（1977　本城・笠原訳　1995）は「補償的構造（compensatory structure）」という考え方を示している。例えば母親が「鏡映」に失敗したとしても，父親による「理想化」ができれば病的な自己愛は生じないという。

　さらに，本章では自己愛を「自尊感情」を維持・調整する機能として捉える立場から議論を行ってきたが，脅威や葛藤を生み出す「自尊感情への欲求」自体の性質にも着目すべきである。「人並みに価値がある」という自尊感情の感覚は，他者のパフォーマンスなどの外的基準に依存しており，不安定なものである。外的基準に依存しない，「自分自身が機能している」という感覚（authenticity；Kernis, 2003，本来感；伊藤・小玉，2005など）を育てていくことも，発達を支える視点として重要であると考えられる。

COLUMN 7　青年期のアイデンティティ形成

● Erikson の心理・社会的発達理論

　Erikson（1963）は，人間を生物的，心理的，社会的な多次元的存在として捉え，個人を取り巻く環境としての歴史や社会の中に位置づけられる人間の発達に着目し，人間の一生涯を展望した漸性発達理論を提唱した。Erikson の発達理論は，心理・社会的発達理論といわれ，乳幼児期から老年期までの各発達時期に，自我が中心となる環境や重要な他者との出会いの経験により，危機が生じることを提唱した。それは「対」という概念で，各発達時期では人間の肯定的（成長・健康）方向と否定的（退行・病理）方向，つまり陽と陰の両方の部分が現れ，その心のバランスが発達の促進に重要な意味があると考えられた。肯定的な部分が否定的な部分を相対的に上回ると，危機を解決することができ，各発達段階での人格的活力が生まれることを提唱した。それぞれの発達段階は，織物の縦糸と横糸のように永続性をもち，後の発達段階に影響し続けることを意味している。臨床家でもあった Erikson の心理・社会的発達理論は，人間の心の発達において，社会的な側面と人間の弱さや否定的側面を捉えることの重要性を示している。

● アイデンティティ

　青年期において，人は「自分とは何者であるか」という自己への問いを抱くようになる。Erikson（1963）は，青年期の発達課題（主題）として，アイデンティティの概念を提唱した。日本語では，「自我同一性」，「同一性」と訳されることもある。アイデンティティとは，過去において準備された内的な斉一性と連続性とが，他人に対する自己の存在の意味の斉一性と連続性に一致すると思う自信の積み重ねである（Erikson, 1963）。つまり，アイデンティティとは，自分が過去から現在，そして未来に向かってつながっているという自覚，また，様々な状態にある自分が，どれも自分の一部であるという自覚である。このことは，自分の内面で感じられるだけではなく，自分にとって重要な他者や社会によっても保証される必要がある。これが，Erikson のいうアイデンティティの中心的な意味である（宮下・杉村, 2008）。青年期においての重要な他者，すなわち仲間グループなどとの関わりによって，青年は自他を区別し，自己の内面を見つめながらアイデンティティの感覚を得ていく。Erikson は，アイデンティティの発達について，「同一性形成そのものは，青年期に始まるわけでも終わるわけでもない。それは個人にとっても社会にとってもその大半が無意識的な，生涯続く発達過程である」と述べている（Erikson, 1959）。すなわち，アイデンティティとは，乳児期に母親的存在との間で獲得される信頼感や，学童期での仲間・友人関係との間で獲得される勤勉性といったそれまでの発達段階における課題の延長線上に構築されていく感覚である。

コラム7　青年期のアイデンティティ形成

● 日本人の自我・自己意識とアイデンティティ形成

　近年のアイデンティティ研究では，アイデンティティとは個人を取り巻く文化や，家族や仲間などの人間関係といった社会的文脈の中で促進されていくと考えられるようになり，文脈に焦点を当てた研究が多くみられるようになった（Steinberg, 1995）。

　Markus & Kitayama（1991）は，文化的自己観という概念を提唱し，西洋の人々は，自己を他者とは分離・独立した存在と捉え，相互独立的自己観を優勢にもつが，東洋の人々は自己を個別的ではなく，他者と結びついた人間関係の一部として捉える相互協調的自己観を優勢にもつことを指摘している。日米青年を対象に，文化に固有なアイデンティティ概念とアイデンティティの葛藤について検討した森（1989）は，日本人学生はアイデンティティを，集団主義的で，他者との関連を意識した自己表現を否認する形で概念化する傾向が強く，日本では個人的な同一性を確立しようとすれば，同調を期待する社会的圧力を克服・拒否する必要性があることについて示唆している。谷（1997）は，日本人のアイデンティティ危機には，「個」としての自己と「関係」の中での自己との間の葛藤（個－関係葛藤）が生じることを指摘しており，個－関係葛藤とアイデンティティに関する日英比較研究（Jinno, 2012）では，日本人青年は英国人青年よりも個－関係葛藤が強く生じていることが示されている。文化的自己観とアイデンティティの関連において，日本人は相互独立性が高いとアイデンティティ得点が高いという結果（村上，2004；許・田中，2004）や，日米比較研究では，日米青年ともに相互独立性が高いとアイデンティティが高く，相互協調性はアイデンティティと負の相関があることが示され，相互独立性が低いとされる日本では，アイデンティティが確立されにくい傾向にあるとの指摘がある（森，2012）。

　アイデンティティ論について，日本における文化普遍的妥当性の観点から見直す必要性について指摘があるが（宮川，1990），分析心理学者の河合（1995）は，日本人と西洋人の自我の確立過程について，それぞれの文化における昔話の相違に着目し，次のように論じている。西洋の物語には，男性の主人公が怪物を退治し，それに囚われていた乙女と結婚することを基本的なパターンとする話が多いが，日本においては，そのような昔話が見当たらないことから，西洋の物語における怪物退治は，西洋人の自我は無意識と切断されたものとして捉えられ，個を確立すること，あるいは，母なるものとの絆を断って自立的になることを自我の確立として象徴的に意味する。一方，日本人の自我は，無意識と切り離したり，自と他の区別を明確にしたりされることなく，あいまいな全体的関連の中に存在している，と述べている。日本人青年は，青年期における心理的危機や葛藤をあいまいに保持した状態で，アイデンティティを形成することも考えられ，今後も実証的研究によって，日本青年のアイデンティティ形成の特徴を探究していく必要がある。

第3部

関係性の変化への適応

第8章
育児休業からの復帰

　近年は，出産してから仕事を辞め，数年間子育てに専念した後に再就職をするというライフコースを選ぶ女性が減少する一方，出産後も就労を継続する女性はゆるやかに増加している。それに伴い，親としての発達プロセスの様相も少しずつ変容している。本章では，出産後も就労継続することを選んだ親たちが，育児休業から職場復帰する時期に焦点を当て，その適応のプロセスをみていく。本邦では父親・母親ともに育児休業を取得できるが，実際に取得するのは母親が大半である。したがって，母親に重点をおいた内容となっている。

　働く親への移行期とも考えられるこの時期は，夫婦の子育ての連携や職場での適応を含めて，物理的・人的環境が変化する時期である。変化の途中では様々な課題が発生し，親たちは一時的に混乱しながらも，それらを乗り越え発達していく。混乱から回復するプロセスは，親たちがより柔軟で適切な問題解決につながる現実知覚＝評価様式を再構成するプロセス（氏家，1996）でもある。適切な現実知覚＝評価様式を再構成するためには，親たちがどんな目標を設定するかが大切である。目標と現実の不一致が起きるとゆがんだ（不適切な）知覚をしてしまうためである。知覚の特徴は個人の行動や感情を左右するため，場合によっては情動のコントロールが困難になる，自他に攻撃的な行動をとるなど，不適応状態になることもある。たとえば，仕事と育児をどちらも完璧に遂行したいと努力をする母親は，それが思うようにできない現実に目が向きがちになり，自責感情に支配されてしまう。職場復帰に伴う一時的な混乱が親の発達に支障をきたすことがないよう，適切な支援が必要である。本章では，変化に伴う混乱や葛藤を乗り越えながら働く親として発達するプロセスについて，適切な支援の視点も含めて考えていきたい。第1節では育児休業制度について概観する。第2節では職場の同僚と夫婦関係の2つの視点から，関係性の変化と調整について考えていく。

……・1節　育児休業制度 ……・

1. 育児休業制度とは

　働く母親の増加に伴い，出産後も就労を継続するために，育児休業制度を利用する人が増加してきている（厚生労働省，2016）。「育児休業，介護休業等育児又は家族介護を行う労働者の福祉に関する法律（育児・介護休業法）」のもと，育児休業制度は法的に定められており，すべての労働者は子どもが1歳（1歳半の特例あり）になるまで休業することが可能である。ただし，育児休業期間が延長される社会的動向があり，今後は社会的ニーズに合わせて変化していく可能性がある。このほかにも，短時間勤務制度の利用や，父親の育児休業の取得が容易になるという動きもある（厚生労働省，2009）。育児休業制度の利用者は増加しているが，すべての働く親が育児休業を取得するわけではない。2015年時点での育児休業制度取得者は，男性2.65%，女性81.5%である（厚生労働省，2017）。

　海外に目を向けると，国によって様々な違いがある（表8-1）。たとえば本邦の育児休業は基本的に子どもの満1歳の誕生日の前日まで利用可能であるのに比べ，アメリカは基本的に誕生後12か月以内に12週間と短い。他方，スウェーデンは子どもが8歳または小学1年終了時までに480日間取得することが可能である。また，スウェーデンは60日間の父親休暇制度があり，父親の育児休業取得を後押ししている。育児休業制度は社会や文化の影響を受けやすく，また，時代によっても変化していくものといえる。

　このように，時代や文化に合わせて育児休業制度は徐々に整えられていく動向にあるが，本邦では就労継続を希望する母親は決して多いとはいえない。図8-1は，未婚女性の希望するライフコースである。女性のライフコースは男性に比べて多様であり，結婚や出産が大きな分岐点となっている。これらのライフコースのうち，結婚や出産を機にいったん退職し，子育てがひと段落した後に再就職をする「再就職コース」と，結婚や出産後も仕事を継続する「両立コース」を希望する人が比較的多い様子である。出産後の就労継続の選択でライフコースが大きく分かれるともいえる。国立社会保障・人口問題研究所（2010）によると，実際に就労継続の道を選択する母親の数は限られている。第1子妊娠時に就労していた女性のうち，出産前後で就労継続した人の割合は1980年代後半以降4割弱の状態が続いている。少子高齢化が続く社会的動向を背景に，女性の就労継続が勧奨されているが，多くの女性は出産を機に職場を離れるのが現状である。育児休業取得者は，全体数からみ

表 8-1 各国の育児休業制度（厚生労働省，2017 より作成）

	日　本	アメリカ	スウェーデン	ドイツ	イギリス
法律名	育児・介護休業法	家族及び医療休暇法	親休暇法	育児手当及び親時間の付与に関する法律（連邦育児手当法）	雇用関係法
施行年	1992 年（2002 年改正）	1993 年	1974 年	1986 年（2000 年改正）	1999 年
取得の要件等	勤続 1 年以上の常用労働者	取得事由は，子または養子の育児のため，家族の看護のため，本人の病気療養のため。50 人以上の企業規模に勤務し，雇用された期間が 1 年以上あり，かつ直近の 12 か月間に 1,250 時間以上勤務した者。パートタイム労働者等でも要件を満たせば取得可能。	同一の使用者の下で過去 6 か月の勤務または過去 2 年間の間で 12 か月。	2000 年の改正により，父親の取得促進を目的の一つとして，親時間の制度へと改正。育児手当の支給期間や育児休業期間も延長。	1 年以上勤務している男女労働者。
休暇対象期間	子が 1 歳に達するまで。	すべての休暇取得事由の合計で 12 週間。育児については子の誕生あるいは養子受け入れの時点から 12 か月以内で合計 12 週間。	子の 8 歳の誕生日または小学 1 年終了時までの 480 日。	子が 3 歳に達するまで（最後の 1 年は子が 8 歳になるまで繰り延べ可能）。	子が 5 歳に達するまで 13 週間（無給）。ただし 1 年につき最大 4 週間（取得単位は 1 週間単位）。

るとまだ少数であるといえる。

2. 育児休業期間と母親の精神的健康

　育児休業制度の主要な目的は，育児をする親が就労を継続できるよう，仕事と家庭の両立生活を推進することである。したがって，育児休業は仕事と家庭の両立を実現するための準備期間とみることもできる。それでは，その期間はどの程度必要

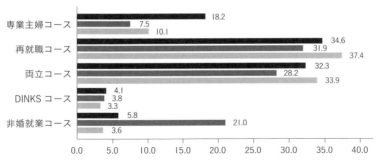

図 8-1 未婚男女の希望するライフコース（国立社会保障・人口問題研究所，2015 より作成）
　専業主婦コース：結婚し子どもを持ち，結婚あるいは出産を機に退職し，その後は仕事を持たない
　再就職コース：結婚して子どもを持つが，結婚あるいは出産を機にいったん退職し，子育て後に再び仕事を持つ
　両立コース：結婚し子どもを持つが，仕事も一生続ける
　DINKS コース：結婚するが子どもは持たず，仕事を一生続ける
　非婚就業コース：結婚せず，仕事を一生続ける

なのであろうか。1 つの視点として，母親の精神的健康があげられる。育児休業期間の長さと母親の精神的健康は関連することが明らかになっている。特に育児休業期間が 6 か月以下の場合にリスクが高いようである。たとえば Feldman et al. (2004) では，12 週以下の短い育児休業後に復帰した母親には抑うつ傾向の高さがみられ，子育てへのコミットメントも低かった。Dagher et al. (2014) でも，産後 6 か月までは育児休業期間が短いほど抑うつ傾向が高いという結果が示されている。短期間の育児休業期間は精神的健康上のリスクになりやすいことがうかがわれる。育児休業期間が法的に 1 年間保障されている本邦は，このような問題は比較的回避されやすいといえるであろう。ただし，育児休業期間が長くなるほど職場との心理的距離が遠くなり，復帰後の職務が無事に遂行できるのか，同僚に受け入れてもらえるのかといった不安が高くなるという問題も発生すると考えられる。

3. 育児休業期間と母親のストレス

　育児休業を取得した人は，その間をどのような心理状態で過ごしているのだろうか。育児休業中は職場を離れ，子どもと密に関わることができる時間である。「今のうちに」と子育てにエネルギーを注ぐ親もいるであろう。この点では，育児休業

は両立生活に向けた環境整備のための時間だけでなく，親子の関係性を育む貴重な時間ともいえる。しかし，両立生活の準備は現実的に思うように進まないことも多々ある。育児休業期間が終わりに近づくにつれ，それらは親の心理的負荷になっていく。この時期の検討例はまだ少ないが，育児休業中の母親は様々な不安を抱えているようである。職場復帰を控えた育児休業中の母親を対象にした調査（小林，2013）では，54名を対象に育児休業中のストレスに関する自由記述についてKJ法を参考に分析した結果，「保育所入所の不安」「両立生活に関する不安」「育児・家事の悩み」「夫への不満」「自分の時間のなさ」「親の理解」「健康問題」のカテゴリーに分類された。表8-2はさらに49名のデータを追加したものである。このうち保育所への入所に関する不安が最多であった。調査対象者は大都市とその近郊に居住する母親である。保育所への入所の実態は自治体によって状況が異なると考えられるが，育児休業中からの大きな問題の1つといえる。

また，両立生活に関する不安についで夫への不満も挙がっている。育児に積極的に参加する父親は「イクメン」と呼ばれ，社会的にも推奨されてはいるが，育児の

表8-2 育児休業中のストレス（小林，2013より作成）

カテゴリー名	数	記述例
保育所入所の不安	39	最寄りの保育園に入園できるかどうか 保育園がなかなか見つからない
両立生活に関する不安	33	復帰後両立ができるのか 異動が決まっているので職場環境に慣れるかどうか
育児・家事の悩み	30	子どもがかんしゃくを起こす 些細なことで子どもを怒りすぎる
夫への不満	16	家事・育児の負担割合が平等ではない 職場復帰後に主人と協力し合えるのか不安でいっぱい
自分の時間のなさ	13	一日のスケジュールが思うように進まない 自分の時間がない
親の理解	4	夫の母とのつき合い 義母との関わりが増えた
健康問題	4	すぐに疲れる 寝不足でつらい
その他	10	家計が厳しい ママ友達がいない

注）育児休業中（$n=103$）

主体となることは少なく，母親のサポート役になることが多い。復職後に夫がどこまで家事・育児に参加してくれるのかは未知数であり，育児休業中に母親が家事・育児全般を担っている場合は，復帰後もこの状態が続くのではと不安になると考えられる。本邦では育児休業期間の長さがある程度保障されている分，職場復帰後の生活とのギャップが大きくなるのかもしれない。

　両立生活に関する不安の中には職場に適応できるか，という声もある。職種により不安の内容は異なるが，多くは職務に関するスキルや上司・同僚の受け入れ状況である。たとえば，復職前の調査（小林，2013）の自由記述ではこのようなコメントがみられる。

> 「今までと同じような仕事が自分にできるのか不安。同期の男の子は今も仕事をしている。1年のブランクは仕事の面から見ると大きいと思います。……（中略）……復帰してから周りの男の人達がどのくらいサポートしてくれるのかわかりません」（30歳・会社員）。

> 「復帰後は職場の理解が得られない事が心配です。育休は私が初めてで，あたたかく迎えていただける状況ではありません。子どもの不調時の対応が不安です。妊娠時から上司には『子どもが熱出して休まれても困る』と言われています」（34歳・会社員）

> 「職場の上司や同僚に負担をかけてしまうことが不安。『仕方ない』と割り切れるかどうか。申し訳なさが消えずに苦しいのでは……」（30歳・公務員）

> 「復帰後は仕事上のシステムが以前よりバージョンアップするのでそれに対応できるか不安。上司が替わる可能性もあり，うまくやっていけるかどうか。異動の可能性もあり，新しい仕事が覚えられるのか不安」（31歳・会社員）

　育児休業中の母親の心理を紐解くと，両立生活のための見通しが立たないことがいくつもあり，不安となっている様子である。こうした不安を軽減するためにはどうしたらよいのか，働く親への支援を考えるためには大切な視点である。

...・・ 2節　関係性の変化と調整 ・・...

　これまでみてきたように，本邦ではいくつかの条件を満たさない限り，出産後の就労継続は難しいというのが現状である。育児休業中に復職後の両立生活に向けた準備はするものの，職場の理解や夫婦間の家事分担など見通しが不透明な課題もあるため，育児休業中の親たちは少なからず不安を感じている様子である。この節では，職場復帰に伴う課題について，母親を中心に関係性の変化という視点から捉えていく。女性が働く母親へと移行していくプロセスでは，周囲との関係性にも様々な変化が起きる。こうした関係性の変化はポジティブなものもあるが，ネガティブなものも少なからず存在し，後者は葛藤を引き起こす。関係性の変化の中には，1つの関係が適応の促進要因になる一方，一時的な混乱の原因にもつながるような両価性を含んでいるものもある。この節では，職場での関係性と夫婦の関係性の変化を取り上げ，それらの調整要因についても合わせて考えていく。

1. 職場での関係性

　本邦では2003年に次世代育成支援対策推進法（2014年改正）が制定され，企業（事業主）にも「一般事業主行動計画」を立てて，子育て支援を促進することが義務づけられた（従業員数101人以上の場合は義務，100人以下の場合は努力義務）。この法令に基づき，一般事業主行動計画を策定した企業のうち，計画に定めた目標を達成し，一定の基準を満たした企業は「子育てサポート企業」として認定されている。そこには子育て支援に関する企業内の制度の策定や周知に関する具体的な条件が盛り込まれている。しかし，就労を継続する親たちの適応を実際に支えるのは，こうした労働環境の整備だけでなく，目には見えない職場内の人間関係である。

(1) 職場復帰の壁

　職場の人間関係は，時に葛藤を引き起こし，親たちの職場復帰を阻む壁になることがある。職場の上司や同僚が就労継続に対して否定的な見方をする場合，ハラスメントのような問題に発展することもある。

① 母親の場合

　出産後も就労継続する母親が乗り越えなければならない課題の1つに，職務条件や職場の制度，両立への理解など，職場環境の変化がある。これらの中には，親に

とって好ましいものとはいえないものがある。たとえば妊娠や出産によって，職場での嫌がらせや不当な待遇を受けるなど，職務上の不利益を被ることもある。このような不利益な扱いは，「マタニティ・ハラスメント」と呼ばれる。妊娠や出産を機に退職を迫られた，降格を余儀なくされた，契約更新されなくなったなど，不本意な処遇を行う職場の姿勢が問題視されている。本邦には男女雇用機会均等法（1985年，1997年・2006年改正）があり，妊娠や出産を理由にして本人の合意なく，不当な処遇が行われることが禁じられている。これが争点となって裁判に至るケースもみられる。

　マタニティ・ハラスメントほど明確ではないが，就労の質に関する変化もあげられる。職場復帰後の母親を援助するための，職場からの配慮も含めた労働内容の変化である。就労継続する母親への配慮は，行き過ぎた配慮か配慮なしという両極端なものであるとされる（中野，2014）。前者は「マミートラック」と呼ばれるものであり，職場内で職域が限定される，昇進とは関係ないキャリアコースを歩むという場合である。母親自身が望んでいないにも関わらず，そのような「配慮」が行われる場合は，職業人としての「やりがい」を低減することにもつながる。反対に，配慮がなされないと過重負担になり，たとえば子どもを保育園に迎えに行く時間になっても仕事を終了できず，自宅に持ち帰って残業するような状況を生むこともある。出産をはさんだ職場環境の変化は，女性のキャリアを考える上で軽視することはできないであろう。キャリアをめぐる困難さを少しでも軽減できるよう，女性の雇用環境や労働条件の整備に向けた動きはあるが，職場全体，社会全体が変わる必要があるといえる。

② 父親の場合

　母親に比べて，父親の労働環境上の変化は少ない。ほとんどの父親は，子育てのために就労時間や職務内容など，労働条件の変化を求めないためである。一部の父親は，自らが育児休業制度を利用することがあるが，その割合は2015（平成27）年度時点で2.65％（厚生労働省，2017；図8-2）である。2012（平成24）年度から徐々に増えているが，増加したのは3年間で0.76％である。こうした背景には，職場に育児休業制度の利用を申請することは可能であっても，現実には取得し難い無言の圧力があると考えられる。父親が育児休業をとりやすくするための法制度の改善も大切であるが，職場の理解も改善される必要がある。育児休業を取得した父親に対する職場からの不当な処遇による圧力は「パタニティ・ハラスメント」と呼ばれる。解雇や降格，あるいは昇進の機会が奪われるなど，父親自身のキャリア形成にとっ

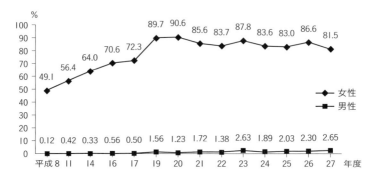

図 8-2　育児休業取得率の推移（厚生労働省，2016 より作成）
注）平成 23 年度は岩手県，宮城県，福島県を除く

て大きな損害になる。たとえば，管理職の父親が育児休業を取得後に職場に戻ると仕事は雑用のみで，やがて地方のグループ会社へ転勤を告げられたケースもある（植松，2017）。こうしたケースが職場や家庭に不安の輪を広げ，父親の育児休業のとり難さを助長しているといえる。子育てに積極的に参加したくてもできない葛藤状況にある父親は少なくないであろう。

(2) 職場の理解とサポート
① 同僚からのサポート

次は適応の促進原因についてである。職場内には就労継続をする親たちを理解し，サポートをしてくれる人たちもいる。彼らは親が精神的健康を維持・促進する上で大切な存在である。乳児を育てる母親の職場復帰のプロセスを追跡調査した Killien (2005) では，職場の同僚や上司から得られるサポートが多いほど職場復帰時の適応が良好であった。他にも，職場の同僚からのサポートが多い母親ほど身体的健康が高いこと（Grice et al., 2007），上司からのサポートが多いほど仕事関連ストレスが低く，結果的にワーク・ファミリー・コンフリクト（work-family conflict; 仕事と家庭間の葛藤）が少ないこと（Seiger & Wiese, 2009）などが報告されている。職場復帰をする親にとって，上司や同僚からのサポートを得ることは適応のための条件の 1 つと考えられる。

② 育児休業中の職場とのつながり

職場復帰前からサポートを得ることも大切である。育児休業の間は，不安の軽減

を目的に,すでに職場復帰した同僚の母親とのつながりを求める母親も少なくない(龍野ら,2012)。育児休業中の母親に面接調査をした龍野ら(2012)では,育児休業中の母親は復職・両立生活への不安を感じており,職場の先輩母親に育児や復職後の両立生活,復職の実体験などに関する情報的サポートを得ていた。復職後にどのような生活が待っており,何に対処すべきなのか,事前に具体的な情報を得たい場合,同じ職場の母親からの情報は有益であろう。ノルウェーの育児休業中の母親に面接調査した Alstveit et al.(2010)では,育児休業中に孤独感や無能感,停滞感を感じる母親がみられたことを踏まえ,自治体は育児休業中にアクセス可能なピアサポートグループを提供すること,職場は定期的なコンタクトをとることの重要性が指摘されている。島田・渥美(2007)によると,本邦では育児休業を取得すると3つのロスが生じるとされる。育児休業中の所得は半数以上が失われるという「所得ロス」,職場復帰後の評価や昇進に悪影響が出るという「キャリアロス」,業務に必要な知識が進化し,業務についていけなくなるという「業務知識ロス」である。育児休業期間の長さも影響するかもしれないが,職場から離れる時間が長いと,復帰後に職場で役に立つのだろうか,仕事についていけるだろうかといった「キャリアロス」や「業務ロス」に関する様々な不安が浮かぶと考えられる。マタニティ・ハラスメントに関する情報を耳にする度に,自分の職場は大丈夫であろうかと不安を感じる人もいるであろう。ハラスメント問題の当事者になれば大きな心理的負担が加わることになる。安心材料として,また,職場復帰後の仕事の具体的なイメージを描くためにも,自分の職場の先輩母親の情報を得たいという気持ちは自然である。職場復帰前の段階から,有益なサポート源を得るための支援が必要といえる。

③ 葛藤を調整するために

職場での関係性に葛藤が起きた場合,親自身の対処には限界がある。また,育児休業中は職場のサポート源にアクセスすることも容易ではない。職場内でサポート源との橋渡しをする人など,調整役になる人が必要と考えられる。ここではある企業の取り組みを紹介する。

<u>A 企業の取り組み</u>

A 企業は地方都市にある,製造業を営む従業員 4,000 人規模の会社である。次世代育成支援対策推進法に基づく認定を 2011 年に取得し,育児休業制度の取得や職場復帰後の勤務時間短縮制度をはじめ様々な子育て支援制度を実施している。取り組みを支えるのは「母性健康管理推進プロジェクト」と呼ばれるグループであり,

妊娠・出産後も安心して働くための制度や支援する諸活動の中心となっている。このグループが着目したのが，職場内の対人ネットワークづくりである。プロジェクトの活動の中に，企業内イントラネットを利用した情報発信や情報共有がある。プロジェクトのサイトでは子育て支援に関する制度の紹介や制度利用者の体験談，育児休業取得状況などがアップされる仕組みになっている。また，働く母親のためのグループ活動も行っており，メンバーによるブログやランチ会による情報交換活動，社内への実情発信などを行っている。こうした活動の利点は，子育てや仕事に関する情報を皆で共有できること，必要に応じた情報が得られること，子育て中の親同士のネットワークがあることである。他方，働く親の現状を広く発信することにより，子育て支援に関する社内の風通しをよくする試みが行われている。企業内の情報管理を厳重に行いつつ，育児休業中で家庭にいる社員でもネットワークにつながることができるよう，閲覧可能なパソコンの貸与も行っている。

　A企業のように，第3者的な立場の人が調整役となり，職場復帰の経験者と未経験者がつながる場を設定し，具体的な情報や知恵を共有するネットワークづくりを支援していくことは，適応を促進するための意義ある取り組みといえる。育児休業中でも参加可能な活動は，育児休業中の不安を低減することに効果があるであろう。子育ての先輩からの情報によって職場復帰後の生活がイメージしやすくなり，見通しをもって具体的な準備を進めることができる。他方，グループ活動を通じて働く親の実情を企業内に発信していくことは，職場の理解を深める上で役立つものと考えられる。職場復帰に伴う葛藤を早期から予防し，サポートを促進するための1つの取り組み例といえる。

2. 夫婦の関係性

　次に焦点を当てるのは夫婦関係である。職場復帰に向けた環境移行は，夫婦関係にも影響をおよぼす。人生のパートナーである夫婦はお互いの主要なサポート源であるが，場合によっては葛藤の原因にもなる両価性を孕んだ関係である。

(1) 夫婦関係の葛藤
① 価値観や考えの性差
　子育ては，それ自体が夫婦関係に様々な変化をもたらす。家族システムの視点に立つと，それまでの夫婦システムを子どもの養育のために変化させる必要がある。システムの変化は，夫婦の絆をより強くすることもある一方，悪化させる場合もある。妊娠期から幼児期まで，夫婦を追跡調査したBelsky & Kelly（1994）によれば，

子どもの誕生は，夫婦の価値観や考え方などの違いを明確にする。違いはもともとあったかもしれないが，子育てを契機に正面から向き合わざるを得なくなるのである。子どもの誕生後に一時的にでも葛藤状態になる夫婦は約半数であり，違いをいかに調整していくかは子育て世代の課題の1つといえる。

　葛藤を引き起こす夫婦の価値観や考え方の不一致の原因として，家庭内の家事や雑用の分担，経済的な問題，妻の仕事などがあげられている。家事などを夫婦間でどのように分担するのか，妻の就労を夫はどのように考えているのかなどは，職場復帰の時期になるとより現実的な問題となって浮上する。

　夫婦の価値観や考え方の不一致の背景には，問題が起きたときの対処方法における性差もあると考えられる。共働き夫婦を対象に，ワーク・ファミリー・コンフリクト状況における調整過程を検討した小堀（2010）では，子どもの発熱などの切迫した問題が起きたとき，夫婦はそれぞれその問題を優先的に対処しようとするが，仕事の折り合いがつけ難い状況になると，男性は仕事を優先した。こうした違いには，仕事に対する価値観も影響するのかもしれない。父親の大変さは，家族を扶養するための収入を得なくてはならないという義務感と長時間労働にあり，女性の大変さは就労と家庭の仕事とのダブルワークにあるという見方がある（澁谷，2011）。家庭よりも仕事を優先すべきと考える父親，仕事も家庭もと考える母親，それぞれの考え方の違いが，家事分担を巡る夫婦間の不一致につながっているといえる。価値観の違いは，子育てに対する責任感の違いとみることもできる（柏木，2011）。この視点に立つと，食事や排泄などの日常的なケア行動は母親，父親は主に遊びを担当といった子育ての分業は，それらが適しているからではなく，子育ての第1責任者であることが，母親を日常のケア行動に向かわせることになる。ちなみに，父親が子育ての第1責任者の立場になると，父親から子どもへの関わり方は変化し，声かけや叱り方などで効果的な行動をとるようになり，母親と同質の育児不安やストレスも感じるようになる。

② 母性イデオロギー

　葛藤のもとになる夫婦の価値観の違いの中には，文化・社会的背景を反映したイデオロギーも存在する。中でも母性イデオロギーは，時に母親の就労継続を躊躇させることにもつながるようである。幼児をもつ母親にとって，退職を規定する要因を検討した小坂・柏木（2007）では，育児期の女性が就労を継続・退職する理由の要因として「家庭優先」「やりがいのある仕事」「自立志向」「夫や夫の親からの就労反対」「夫の家事育児サポート」「自分の親や周囲からの育児サポート」の6要因が

あげられている。このうち「夫や夫の親からの就労反対」は，母親の退職への影響が顕著であった。子どもが幼いうちは，母親は家庭を優先すべきという周囲からの圧力がある場合や，サポートがほとんど得られない場合は，就労継続に不安や迷いを感じながら育児休業期間を過ごすことになる。最も身近な存在である夫からの圧力がある場合はなおさらであろう。働く母親が過半数を超え，多重役割が問題視されるとともに父親の育児参加が求められて久しい。就労継続について話し合うのを機に，家庭内の価値観やシステムを見直す必要があるのではないだろうか。

なお，最近は母性という言葉の代わりに養護性という言葉が使われるようになった。養護性とは適切な養育行動を行う上での心性や資質のことであり，幼い子どもを守りケアするための行動の基本となる能力である。母親だけに備わっている力ではなく，すべての大人に共通すると考えられている。社会的親の必要性も含めて社会全体で養護性が促進され，夫をはじめ周囲の人が母性に関する価値観を見直し子育てに参加する新しい養育システムを形成していくことは今後の課題といえるであろう。

③ 仕事と家庭の多重役割

仕事と家庭の双方をうまく両立させていくことは，どの親にとっても重要な課題である。就労継続をする親は，仕事と家庭の多重役割を担う場合が少なくない。多重役割とは，1人の人間が複数の役割を担うことを意味する。この傾向は男性よりも女性に強い。澁谷（2011）によれば，女性の大変さとは，多層的で複雑であることとされる。1日24時間という限りある時間の中で，仕事と家庭役割の両方をこなすダブルワークが母親に「大変さ」をもたらす。多重役割の大変さには，これまで女性に期待されてきた役割，すなわち性役割分業が関与する。1つは家庭における「妻」と「母親」役割である。もう1つは，フルタイム労働に伴う仕事量の多さや長時間労働が当然という労働慣習であり，妻には仕事で疲れた夫の心身をケアする役割が求められている。したがって，母親は職場では労働者であり，家庭では子育てと家事を担い，夫のケアをするという母親と妻の役割があることになる。こうした多重役割は，時として母親の抑うつ傾向を高めることもある（福丸，2000）。特に，夫が妻の就労に理解を示さない場合は，抑うつのリスクが高くなるようである。育児休業中は，母親が家事・育児の大半を担うことになるため，その生活スタイルのまま職場復帰を迎える可能性がある。こうした母親の多重役割は夫への不満となり，Belsky & Kelly（1994）が指摘するような夫婦関係の悪化にもつながっていくと考えられる。

ただし，多重役割は母親の心理にネガティブに作用するだけではないことを加え

ておきたい。女性が多重役割を担うことは，心身の負荷を増加させるだけでなく，日常生活への満足感も増大させる（大野・平山，2006）。仕事と家庭がポジティブに相互作用し，生活全体に張りができるという意義もある。多重役割の大変さとともに，日常生活の満足感を高めていくことが適応を図る上で大切な視点といえる。

④ 葛藤を調整するために
夫婦間のコミュニケーション
　親への移行期における夫婦関係の葛藤状態は，夫婦システムを再構築するための課題ともいえるが，価値観や考え方の不一致の原因を取り除くことは容易ではない。葛藤の問題を低減・回避するためにも，夫婦それぞれが不一致の原因を取り除く努力をする必要がある（Belsky & Kelly, 1994）。職場復帰の前に，家事分担や夫婦それぞれが働くことの意味や価値を，夫婦間でよく話し合い，理解し合うことが重要である。関係性の変化を調整する上で，夫婦間のコミュニケーションは重要な役割を果たす。保育園をどうするか，子どもが病気のときはどちらが仕事を休むのかなど，育児休業中に具体的なテーマで話し合っておくことは有効といえる。反対に，それらが十分に話し合われないまま職場復帰へ進むと，職場復帰後にさらなる葛藤状態を生む可能性がある。できるだけ早期の段階から――可能であれば結婚前後から――就労や家事・育児分担について話し合っていくことが重要といえるのではないだろうか。

　ただし，コミュニケーションのあり方は結婚年数を経るとともに低下する傾向があり，その傾向は30〜40代男性で顕著である（柏木，2003）。母親が仕事や家事分担について話し合いをしたくても，会話量が少ないのであれば，積極的な意見交換は望めない。また，新婚期は「対話型」だったコミュニケーションの特徴は，育児期では「妻だけ」に変化していく。夫婦のコミュニケーションを促進するためにはどうしたらよいか，考えていく必要があるといえよう。

社会的親
　職場復帰に伴い，ほとんどの親は子どもを他者にあずけることになる。祖父母と同居する場合や近隣に居住するなど条件が揃えば祖父母にあずけることもあるが，多くの場合は保育所などの公的機関を利用する。本邦においては，待機児童や保育士不足など保育所を巡る様々な問題があり，親子が安心できる保育環境を整えることには困難を伴うが，無事に保育所に入所できた場合は保育士という子育ての支援者を得ることになる。

就労を継続する多くの親は，子どもが乳児の時期から保育所を利用することになる。子どもにとっては，親から離れて保育士や仲間とともに過ごす初めての体験である。不安もあるが，子どもの健やかな発達にとって，多くの人々が「社会的親」として関わることは大切である。保育所で出会う保育士もまた社会的親の1つである。子育てに社会的親が介在することにより，母親の育児不安が緩和され，情緒的な安定がもたらされる。こうした子育て環境の変化がスムーズに行われれば，親子の発達がより促進されることになる。アタッチメント理論に基づくと，子どもにとってアタッチメント（愛着）の対象は多いほど，子どもの情動発達にはよい影響を及ぼすとされる。アタッチメントとは，特定の人に対する情動的な結びつきのことである（Bowlby, 1969 黒田ら訳 1976; Bowlby, 1973 黒田ら訳 1977; Bowlby, 1980 黒田ら訳 1981）。乳幼児期におけるアタッチメントは，養育者などのアタッチメント対象との相互作用を通じて内在化され，やがて，内的作業モデル（Internal Working Model）が形成される（Bowlby, 1973 黒田ら訳 1977）。内的作業モデルは対人関係における認知や情動，自他イメージなどをガイドする機能をもち，将来にわたってある程度連続して機能し続けると考えられている。子どもの健全なアタッチメントが形成される上で，アタッチメント対象となる養育者の存在は重要である。アタッチメント対象は不安や恐怖を感じるときに戻ることができる安全基地（secure base）である。安全基地となる養育者は，子どもの探索行動を見守り，困ったときや不安を感じたときに子どもをなぐさめ，安心感を与える機能を果たす。こうした安全基地が複数存在することで，子どもの発達はより保障されることになる。したがって，親以外の安全基地となる社会的親の存在は子どもの発達にとって大きな意義があるといえるであろう。また，働く母親にとっても，社会的親の存在は大きい。乳児をもつ親は，親としても未熟な部分があり，子育てに不安になったときに支えてくれる人の存在が必要である。就業後に園に行くと「お帰りなさい」と迎えてくれ，時には子育ての不安に寄り添い，励ましてくれるような保育士の存在は親にとっての安全基地ともいえる。

<u>母親自身の価値観</u>
　葛藤を調整するためには，母親自身の価値観をより柔軟にすることも必要である。育児休業取得者が母親に偏ることの背景には，仕事よりも母親役割を優先したいという母親自身の価値観が関与している可能性があるためである。男女間の格差に関しては，賃金の少ない方が育児休業取得した方が家計にとって有利という「物質的な利害の回路」のほかに，伝統的性役割分業を内面化した女性が母親役割を優先す

る「心理的な利害の回路」がある（舩橋，1998）。多重役割を担う道を選ぶのは，母親自身でもあることを忘れてはならないであろう。夫婦システムを再構築するにあたり，役割分担やサポート体制づくりを行う中で，それまでの価値観を柔軟に変化させていくことが重要である。父親だけでなく，母親も自身の価値観や考え方と向き合う必要があるといえるであろう。

3. Aさんの事例

　ここで1つの事例（Aさん28歳）を紹介する。Aさんは会社の営業職として働く母親であり，小林（2015）の調査に参加した母親の1人である。育児休業中は不安が高く，就労継続ができるかどうか迷いながらの職場復帰であったが，職場復帰1か月後には不安が軽減し，スムーズに移行した事例である。育児休業から職場復帰1か月後という移行期間におけるAさんの関係性の変化をみていく。

(1) 育児休業中の様子

　第1子を出産し，1年間の育児休業を取得することになったAさんは，育児休業6か月の時点で職場での不安，両立の不安，子育ての不安という3つの不安を抱えていた。

<u>職場での不安</u>

　「職場でどこまでサポートを得られるだろうか。子どもが熱を出したときに迎えに行けるだろうか。男性が多い職場なので，両立の大変さを理解してもらえるだろうか。時短（時間短縮勤務）で復帰する予定だが，時間内でできなかった仕事が他の人にしわよせが行くと思うと申し訳ない気分になる」

　「ずっと続けていくモチベーションがあるかというとそうでもない。大変な思いをしてまで本当に仕事を続けるべきなのか」

<u>両立の不安</u>

　「両立しながらちゃんとご飯をつくれるか。掃除，洗濯で夫は協力してくれるか不安」

<u>子育ての不安</u>

　「仕事から帰っても家事に追われると，子どもとコミュニケーションをとれるのか

不安。保育園にあずけるのはさみしい思いをさせてしまうかも。本当は子どもをあずけるのはかわいそう」

　Aさんが就労継続を決めたのは，家計のこと，仕事が好きで復帰後は気分転換ができると思うこと，子どもが集団内で様々な体験ができるのはメリットがあると考えたからであった。職場にはすでに育児休業を取得した人がおり，相談できる人も何人かいるという状況であった。

(2) 職場復帰1か月後の様子

　職場復帰し，両立生活が始まると，Aさんの1日は午前5時に起床し，午後11時に就寝するまで休む間もなく仕事と家事・育児に追われる生活となった。保育園の送迎，家事全般はAさんが担当し，夫は午前7時に出勤，午後8時過ぎに帰宅し，夕食の片づけなどを行っている。夕食を素早くつくるために朝のうちに下ごしらえをするなど段取りよく進めている様子である。時には疲労のため起床が遅くなったり子どもと一緒に寝てしまうことがあり，洗濯や食事の準備が滞ることもあった。

　「復帰してよかったと思えるようになった。保育園でがんばっている子どもを迎えに行ったときに愛情がより大きくなったり，夫も家事育児に協力的になったので（復帰前はあまりやってくれなかった）感謝の気持ちも強まりました。子どもは最初のうちは保育園に送るときにずっと泣いていたので申し訳なかったが，今は楽しそうに過ごしている感じ。保育園の先生もよい先生でとても気に入っています。私自身は親との確執があり，親（祖父母）の援助が受けられないので，子どもが病気のときは悩みですが。夫の両親も職場復帰に難色を示しているので気軽にお願いできません。私の場合，夫が協力的でなかったら，絶対今の状況ではないと思いますし，職場の人の協力がなかったらかなりの負担だろうなと想像します。朝起きられなかったり，家事ができなかったりうまくいかない日もありますが，『まあいっか』と手を抜いています」

(3) Aさんの適応を促進したもの

　Aさんが実際に職場復帰してみると，育児休業中に不安の種であった職場の不安や子育ての不安が概ね解消し，スムーズな滑り出しとなった。両立生活は予想通り大変ではあり，「夫が協力的になった」と感じているが，実際は家事・育児のほとんどはAさんが担っている。その中で，思い通りに進まないときでも「まあ，いっ

か」とやり過ごすことができている。育児休業中は不安が高く，ものごとをネガティブに認知しやすい様子であったが，職場復帰後には認知的評価がより柔軟になっている様子がうかがわれる。このように，移行に伴うポジティブな関係性の変化は，両立に伴う不安や困難さに対する評価に影響し，適応を促進すると考えられる。困ったときでも夫や職場の人からサポートが得られるという予測ができること，保育士も子育てのサポート源になったことが影響していると考えられる。Aさん自身が指摘するように，夫や職場のサポートが得られなければ適応は困難であったかもしれない。

4．発達を促進する——子育て支援の視点から

これまで述べてきたように，現代社会において就労継続を希望する親たちは，様々な課題を乗り越えなくてはならない。そのプロセスは一時的な混乱を伴うものであり，親たちの新しい現実知覚＝評価様式を再構成する道のりでもある。しかし，職場の支援制度や保育所の整備の問題，社会－文化的価値観など，現実の問題を乗り越えることは容易ではない。就労継続を望む親たちにとってどのような支援が必要であるのか。これまでの内容を踏まえながら，子育て支援の視点からまとめていきたい。

(1) 社会システムの改善

移行期における親たちの混乱・葛藤状態を緩和する上で，出産後の就労継続に向けた社会のシステムづくりは急務である。1つは，育児休業や時短勤務などをめぐる制度，ハラスメントやキャリアに関する職場環境の問題である。育児休業がキャリアのマイナス要因になる限り，男性の育児休業取得率が低い現状や母親の多重役割は改善されないであろう。これらは少子化問題にもつながっていると考えられる。また，親たちの不安を解消するためのサポートネットワークづくりを支援していくことも有効である。2つ目は，保育所を含めた社会的親に関する問題である。安心して子どもをあずける場が保障されることは，育児休業中から親たちの気持ちを安定させ，両立生活への適応を促進すると考えられる。3つ目は，賃金の男女間格差の問題である。たとえば主たる収入源が男性であれば，女性は補佐的な働き方や多重役割を担う存在になりやすい。その結果，葛藤が母親に偏ってしまう。課題は多いが，今後も社会的問題として取り組み，子育てをめぐる社会システムを見直していく必要があると考えられる。

(2) 心理教育

　職場復帰の時期は夫婦の考え方の違いが明確化しやすく，夫婦関係がゆらぎやすい時期でもある。母親の就労や家事分担などについて夫婦の考え方をできる限り一致させることや，夫が母親の精神的支えになることが，職場復帰時の適応の促進要因と考えられる。ただし，これらは目に見え難く，両立生活がスタートして初めて明らかになることもある。したがって，夫婦の価値観の違いが明確化しやすいこと，夫婦間のコミュニケーションの重要性，母性イデオロギーなどの社会—文化的価値観の存在などに関する心理教育をできる限り早期の段階で行うことが有効であると考えられる。職場復帰前の準備としてすでに取り組んでいる地方自治体や事業所もあるが，父親・母親双方を対象に，復帰後に何が起こり，どのように対処していくのか見通しを立てるような内容が望ましいと考えられる。早期から夫婦間で話し合う機会を持つことは，一時的な混乱・葛藤状態から回復する上で役立つであろう。

(3) 母親支援から家族支援へ

　父親の育児参加が求められてはいるが，なかなか進まないのが現状である。仕事が多忙な父親ができる範囲で母親を手伝うという構図が変わらないのは，社会—文化的価値や社会経済的な構造が深く関与するためであろう。祖父母の支援を受けることができる場合もあるが，遠方に在住する場合も少なくない。したがって，現代社会においては公的な支援が重要になる。公的な支援の役割の1つは，社会的親としての役割である。子どもの発達支援を通して，子どもと親の双方に安心感を与えることができる。保育士，保育ボランティアなどの存在は，地域社会でのつながりが薄らぐ中で，今後ますます大切になるであろう。2つ目は，親の精神的健康の問題である。精神医学の領域では，産後うつになる母親は10人に1人以上であり，乳児期を過ぎても症状が継続されやすいことが検討されてきた。多重役割やワーク・ファミリー・コンフリクトなどの影響も明らかになり，働く母親のつらさを物語っている。それを緩和するのが父親のサポートであり，父親の家事・育児参加や母親の相談相手になることが勧奨されてきている。ところが，最近は父親も抑うつ傾向が高いことが明らかになっている（Paulson & Bazemore, 2010; 岩藤・無藤, 2007; 小林・小山, 2014）。原因はまだ不透明ではあるが，子育て期の父親の精神的健康についても視野に入れる必要があるであろう。葛藤状態が長引くリスクを抱えた夫婦が少なからず存在することを踏まえると，家庭内の支援だけでは限界がある。働く親の心理発達プロセスを考える上で，家族支援からの視点が今後さらに重要になっていくであろう。

COLUMN 8　母親の社会参加を支える資源

　1990年の「1.57ショック」を契機に，政府は，出生率の低下と子どもの数が減少傾向にあることを「問題」として認識し，仕事と子育ての両立支援など子どもを生み育てやすい環境づくりに向けての対策の検討を始めた。最初の具体的な計画が，1994年の「今後の子育て支援のための施策の基本的方向について」(エンゼルプラン)であり，保育所の量的拡大や低年齢児（0〜2歳児）保育，延長保育等の多様な保育サービスの充実，地域子育て支援センターの整備等が進められることとなった。その後，1999年12月「重点的に推進すべき少子化対策の具体的実施計画について」(新エンゼルプラン)が策定された。達成すべき目標値の項目には，これまでの保育サービス関係だけでなく，雇用，母子保健・相談，教育等の事業も加えられた。2014年には「放課後子ども総合プラン」が策定され，2015年度からスタートした子ども・子育て支援制度は，市町村レベルで地域の子育て家庭のニーズを捉えて応えながら，支援を必要とする家庭すべてが支援を受けられるようにする「支援の量を拡充」することと，職員の配置数や待遇改善により子育て「支援の質を上げる」ことを目指している。

　本コラムでは，母親となる女性について取り上げる。女性にとって生物的に自然な営みである妊娠・出産であるが，それに伴い様々な面での変化を受け入れざるを得ない。社会への参加形態や身体の変化は避けようがなく，就労していれば出産・育児休業により職場から離れることとなり，妊娠中のトラブルがあれば入院や自宅安静によりそれまで当たり前にもっていた日常生活における外部との関わりが困難になる。出産によりさらに身体的に急激な変化を強いられるが，それを脇に置いて待ったなしの育児がはじまる。睡眠不足や，産後のホルモンバランスの変化と授乳，抱っこ等の育児行動によって引き起こされる腱鞘炎など，思うようにならない体調を抱えながら，産後は乳児の世話に大半の時間と労力が費やされ，地域社会とのつながりの希薄化や核家族化から，夫が帰ってくるまで1人で言葉の通じない子どもと向き合う状態も少なくない。また，母親が子の世話に忙殺されることで，夫婦という最小単位でのコミュニケーションにも困難を生じるため，母となった妻はさらに孤独感を強めやすい (Belsky & Kelly, 1994)。

　妊娠・出産は，家族が増えるという喜ばしいライフイベントであると同時に，母親となった女性にとって社会的・身体的・精神的に大きな変化を伴うものである。この大きな変化を適応的に過ごしていくためには，社会によって母親（そして子育て中の家庭）を支援していくことが必要不可欠であり，社会の果たすべき役割は大きい。1人の女性という個に訪れたこの大きな変化は，様々な単位の関係性によってゆるやかに切れ目なく支えられることにより，当事者にとって適応的な体験となるのである。

コラム8　母親の社会参加を支える資源

　社会によって母親を支える実践の報告には，子どもの発達段階に沿って様々なものがある。寅嶋（2012）は，産後2か月〜3年以内の母親の身体のコンディショニングを目的として健康運動指導を行い，ディスカッションやアンケート調査を行った実践の報告の中で，定期的に通える場があることや，悩みを相談できる場があることで母親が安心し，自分の体への自信を取り戻し，子どもへの接し方にもよい変化がみられたことを報告している。また田中（2006）は，児童館という開かれた地域の資源で相談員として活動する中で，子どもを育てる際に湧き上がる母親自身の葛藤や想いを受け止めた事例を紹介している。

　筆者は年に数回，保育園・幼稚園を訪問する事業に携わっている。朝から保育室で子どもたちと過ごし，その後は今日の出来事や，気にかかる子どもにどう関わり，保護者をどう支えていくかを園の保育者たちとああでもないこうでもないと話し合う。

　保育者は日々の保育実践の中で，子どもたちそれぞれの発達の段階，性格，好きな遊び嫌いな遊び，友人関係などをよく捉えているのはもちろんだが，登園やお迎えの限られた時間で触れ合う保護者，主に母親の状態についても様々なことを把握していて驚かされる。下の子を授かった，上の子の入院，就労形態が変わった等，状況の変化や，体調や情緒に関する情報（最近睡眠がとれていない，表情が暗い／明るい），エトセトラエトセトラ……。それらのプライベートな情報は温かいまなざしでもって丁寧に扱われ，母親の置かれている状態の理解につながり，毎日の母親と保育者の関わりの中でさりげない情緒的サポートが行われていた。

　母親が健やかに社会参加を果たし，参加し続けるには，母親に対し「切れ目のない支援」が必要である。上で紹介した実践は，子どもが就学前の社会資源についての紹介であるが，乳幼児期・児童期・青年期……と子どもの発達段階により母親の置かれている状況は変化し，それに伴い求められるサポートも変化していく。制度の拡充により，サポートを受けられる機会の確保とその中で受けられるサポートの質，ソフトとハード両面での母親へのサポートが充実していくことを期待したい。

第9章
子育て期の就労と適応

　近年，女性の活躍や男性の育児参加が，社会的にさかんに推進されている。ワーク・ライフ・バランスを推進する取り組みは，企業にとって当面はコストであるが，数年後には経済効果があることが指摘されており（樋口，2014），社会として取り組むべき課題であると考えられる。しかし，当の親たちにとって，子どもを育てながら働くというのは，一体どのような経験であるのだろうか。本文でも述べるが，日本は特に，男女共同参画が立ち後れている。たとえば，World Economic Forum（2017）が発表しているジェンダー・ギャップ指数（gender gap index）において，日本は 144 か国中 114 位と大きく出遅れている（ちなみにこの指標は経済，教育，健康と寿命，政治の 4 つの側面から男女格差を指数化するものであるが，日本は経済 114 位，教育 76 位，健康 1 位，政治 123 位と，経済と政治分野が大きく足を引っ張っていることがわかる）。この結果は，女性の社会進出の遅れを示すとともに，男性もまた，労働に縛られ，育児や家庭から疎外されていることを意味している（むしろ，場合によっては男性の方が，生き方の選択肢が少ないようにさえ思われる）。現代のように工業化が進んだ社会で，子育てしながら働くという暮らし方は，まだまだロールモデルが少なく，個人にとっても会社にとっても，手探りで進めていかなければならない場面が多い。母親の就労は，これまでの研究蓄積から，子どもの発達には大きな影響はないと言われているが（Bianchi & Milkie, 2010），親たち自身にはどのような影響があるのだろうか。子育てしながら働くと何が起こるのか，心理学を中心に，何がどこまで明らかになっているのかを見ていくことにしよう。

……1 節　現代の働く父親・母親を取り巻く状況……

1. 働く父親・母親の現状

　現代の子育て世代は，働き盛りの世代でもある。精力的に働き社会の発展に貢献することも，子育てをはじめとした次世代の育成に従事することも可能な，力強い世代であるといえる。しかしながら現代の日本は，長時間労働や待機児童の問題を

表 9-1　結婚・出産前後の妻の就業継続率（%）（国立社会保障・人口問題研究所，2017 より抜粋）

結婚年／子の出生年	結婚前後	第 1 子出生前後	第 2 子出生前後	第 3 子出生前後
1985 〜 89 年	60.3	39.2	―	―
1990 〜 94 年	62.3	39.3	81.9	84.3
1995 〜 99 年	65.1	38.1	76.8	78.1
2000 〜 04 年	71.8	40.5	79.2	77.0
2005 〜 09 年	71.8	40.4	76.3	81.0
2010 〜 14 年	81.0	53.1	78.1	79.2

はじめとした問題が山積しており，男性にとっても女性にとっても，とても働きながら子育てしやすい環境であるとはいえない。たとえば，国立社会保障・人口問題研究所（2017）によると，2010 〜 2014 年に子どもを出産した女性のうち，第 1 子出産前に仕事をしていた女性の約半数は，出産を機に仕事を辞めている。さらに第 2 子，第 3 子出産時にも，それぞれ 2 割程度の女性が退職している（表 9-1）。

また鈴木・神尾（2016）によると，就業者でも失業者でもない非労働力人口のうち，現在求職はしていないが就業を希望している女性は 162 万人存在するが，そのうち出産・育児等のために求職していないケースは 6 割に達しており，潜在的に働きたいと思っている母親は相当数いると考えられる（男性の場合は，非労働力人口が 22 万人とそもそも少なく，そのうち育児等のために求職していない割合は 0% であるという）。

一方男性も，育児休業を取得したいと考える割合は 5 割を超えている（東京都産業労働局，2012）にもかかわらず，実際の取得率は民間企業で 2.65%，国家公務員で 5.5%，地方公務員で 2.9% と低水準にあり，女性（民間企業 81.5%，国家公務員で 100.3%，地方公務員で 97.5%）と比べて大きな差がある（内閣府男女共同参画局，2017）。また内閣府男女共同参画局（2015）が「仕事」，「家庭生活」，「地域・個人生活」のバランスについての理想と現実について尋ねた調査によると，「仕事と家庭生活をともに優先したい」，および「仕事，家庭生活，地域・個人の生活をともに優先したい」と考える者は，男性で 46.9%，女性で 46.0% であるが，実際にそのような生活を送っている者は男性 28.3%，女性 24.6% と希望と現実に大きな隔たりがある。現実に最も多いのは，男性では「仕事を優先」が 37.7%（仕事優先の生活を理想としている男性の割合は 16.8%），女性では「家庭を優先」が 45.3%（家庭優先を希望している女性は 33.6%）と，男女ともに，理想のライフスタイルと現実とが一致していないことがわかる。

2.「男性は仕事, 女性は家庭」の起源と現在までの変化

　そもそも, 男性は仕事, 女性は家庭という分業はいつからなされるようになったのであろうか。清家 (2000) や久井 (2008), 富田 (2010) によると, かつて農業が中心であった時代, 女性たちは家事・育児に従事しながら農作業にも従事するという多能工的な働き方をしていた。それが産業革命以後, 家庭と仕事場が空間的に分離され, 男性が労働のみに専念し, 妻が家事・育児のほとんどを担うという就業―家族分業モデルが主流となった。家庭は, 仕事によってすり減った男性を回復させる役割を果たしており, 労働力の再生産の場として機能していた。この就業―家族分業モデルを可能にしていたのは, 終身雇用と年功賃金という仕組みである。年功賃金 (しばしば生活給とも呼ばれる) とは, 個人のライフステージに応じて, 20歳代で独身ならこのくらい, 30歳代で結婚したらもう少し, 40歳代では教育費もかさむのでさらに, といったように, 世帯主が, 専業主婦も含めた家族全員を養えるようにつくられた給与体系のことである。経済が右肩上がりだった時代には, 男性の安定した高賃金に支えられ, 就業―家族分業モデルは維持されていた。しかし, 現代の雇用流動化や年功賃金のフラット化により, この分業モデルを維持することが難しくなっているのは, 若い世代では特に, 肌で感じているところであろう。

　長期的な不況に伴う男性雇用システムへの不安に加え, 少子化・労働人口の減少といったマクロ的な問題も生じ, 現代においては女性の社会参画が積極的に推進されている (富田, 2010)。しかし, 長時間労働の顕著な日本において, 男性の育児参加は進まず, 女性の家事・育児負担は高い。内閣府男女共同参画局 (2017) によると, 6歳未満の子どもをもつ夫の家事・育児関連に費やす時間 (1日あたり) は1時間7分と, 他の先進国 (アメリカは2時間53分, イギリス2時間46分, スウェーデン3時間21分など) と比較して低水準にとどまっている (日本女性の家事・育児時間は7時間41分)。また同じく6歳未満の子どもをもつ夫の家事・育児分担割合は, 共働きでは家事19.5%, 育児32.8%, 妻が無業の場合では家事12.2%, 育児29.6%と, 共働きでも妻が専業主婦であっても, 大半を女性が担っていることがうかがえる。ただし, 夫の家事・育児の遂行頻度と夫の週労働時間や帰宅時間には関連があることが指摘されており (西岡・山内, 2017), 日本の男性の家事・育児時間の短さは, 個人や家族の問題というよりは, 多分に日本社会の構造的な問題と関わっていると考えられる。

2節　現代日本の働く女性の暮らし

それでは，上記のように家事・育児負担も高い状況で，現代日本の働く母親たちは，どのような生活を送っているのだろうか。長谷川（2010）は，第1子をもつ女性7名が職場復帰する時期に，短期縦断研究を行った。その結果を図9-1に示す。

この図を見ると，拘束的活動（仕事・通勤・家事・育児をまとめた責任や義務の伴う活動）が，（仕事するようになるので当然のことだが）職場復帰後に増加し，なおかつ育児休業中のようなばらつきがなくなったのが見てとれる。つまり，育児休業中は家事・育児に時間をかけている人もそうでない人もいたが，復帰後は15～16時間を中心に多く分布しており，時間の自由度が減ったといえる。また睡眠時間は比較的維持されやすく，家事，育児，余暇活動は減少することも見てとれる。そのうち家事は，復帰直後だけでなく復帰後3か月の時点でもさらに減少するが，育児については，復帰直後には減少するが，復帰後3か月では大きな減少は認められ

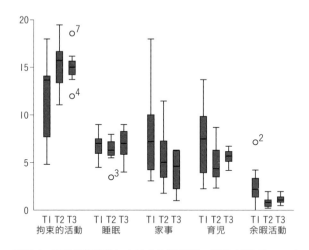

図9-1　職場復帰前後における生活時間の推移（長谷川，2010）
注）単位は時間。T1＝育児休業中，T2＝職場復帰後1か月以内，T3＝職場復帰後3か月。拘束的活動とは，仕事，通勤，家事，育児をまとめたものである。箱の上下がそれぞれ第3四分位，第1四分位，箱中の太線が中央値，上下のひげがそれぞれ外れ値を超えない範囲での最大値，最小値を表す。また○が外れ値（四分位範囲の1.5倍から3倍の値），右肩の数字は該当するIDを示す。

ない。同時に実施した面接調査では,複数の女性から,「家事は十分できなくても,子どもと過ごす時間は確保するようにしている」と語られており,家事はできるだけ効率的にこなし,子どもとの時間を維持しようとする女性が多いことがうかがえる。余暇については,復帰とともに減少し,復帰直後,復帰後3か月ともにおよそ1時間程度となっており,自分自身のための時間がかなり少ない状態であることがわかる。

また図9-2には,職場復帰前後で,日々の暮らしの中で経験される感情がどのように変化していくかが示されている(それぞれ0～6の7件法で評定)。まず目に入るのは,時間的切迫感が増加していることである。職場復帰し,慌ただしい毎日を送る母親たちの様子がうかがえる。しかし一方で,日々の活力や家族といるときのあたたかな気持ちは,維持,または増加する傾向にある。つまり,慌ただしいのは慌ただしいが,ただ大変なだけではない。母親たちからは,復帰すると,仕事を通じて家族以外の大人と接する時間ができることや,子どもの親としてではなく個人として扱われる時間ができること,一日中家にいることがストレスになる者にと

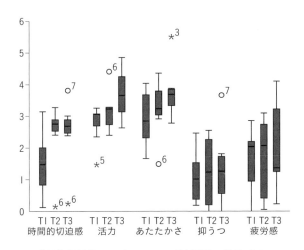

図9-2 職場復帰前後における日々の感情経験の推移 (長谷川, 2010)
注) T1＝育児休業中, T2＝職場復帰後1か月以内, T3＝職場復帰後3か月。あたたかさとは,家族といる時間におけるあたたかさを示す。箱の上下がそれぞれ第3四分位,第1四分位,箱中の太線が中央値,上下のひげがそれぞれ外れ値を超えない範囲での最大値,最小値を表す。また〇が外れ値(四分位範囲の1.5倍から3倍の値),＊が極値(四分位範囲の3倍以上の値),右肩の数字は該当するIDを示す。

っては，職場がリフレッシュの場所として機能することなどが語られており，これらが日々を生き生きとしたものにさせている可能性が考えられる。また，子どもと過ごす時間が限られるからこそ，きちんと向き合うようにしている，といった声もあった。その結果として，家族といるときにあたたかさ，親愛の気持ちが維持されているのだろう。一方，抑うつや疲労感は，個人によるばらつきがとても大きかった。このグラフだけではわからないが，実は睡眠時間や食事の時間を削っている女性も中には存在し，彼女たちの抑うつや疲労感は高い傾向にあった。自分が無理をする方略は，一時的には効果を発揮するかもしれないが，長期間続けられるものではない。職場や家族，地域からのさらなる支援が必要といえるだろう。

⋯⋯• 3節　個人が複数の役割を担うということ •⋯⋯

1. 欠乏仮説と増大仮説

　次に，個人が仕事役割や親役割，配偶者役割など，複数の社会的役割を担うことについて考えてみたい。人が複数の役割を担うことは，個人や社会にとってプラスに働くのだろうか，それともマイナスの影響があるのだろうか。この問題は，古くから社会学の領域で議論されてきた。Goode（1960）は，社会構造が役割によって構成されているという観点のもと，多重役割は心理的ストレスや社会的不安定の源であると主張した。なぜなら，ある役割の義務を完全にまた適切に遂行しようとすれば，他の役割の遂行は難しくなるためである。Goode（1960）は，個人にとって，役割ストレイン（複数の役割からの要求を満たすときに経験する困難さ）は標準的な経験であると述べている。こうした考えは，Marks（1977）が，人間のエネルギーに関する知見を欠乏（scarcity）アプローチと増大（expansion）アプローチ（後述）に大別したことを受け，後に欠乏仮説（scarcity hypothesis; Barnett & Baruch, 1985）と呼ばれるようになった。Barnett & Baruch（1985）は，欠乏仮説には，①個人は限られた量のエネルギーをもつ，②社会組織は貪欲で，個人に最大の忠誠を要求する，という2つの前提がある，と指摘する。

　欠乏仮説は社会学の領域で広く支持されていたが，疑義を差し挟む研究者もいた。後に増大仮説（hypothesis expansion; Barnett & Baruch, 1985）と呼ばれるこの立場の代表的な研究者には，Sieber（1974），Marks（1977），Thoits（1983）などがいる。Sieber（1974）は，個人が複数の役割に従事することで，①各役割に備わる特権や権利を得る，②ある役割での失敗を他の役割で補償する，③個人的なつながりなど，ある役割に従事することで得られる副産物を，他の役割に投資する，④人格を豊か

にしたり，自己概念を高めたりする，といった利益が得られ，多重役割によって生じるかもしれないストレスをそれらが上回るため，正味には満足が生じる，と主張した。また Marks（1977）は，人間の時間やエネルギーといった資源の柔軟性を主張している。さらに Thoits（1983）は，社会的アイデンティティは行動の意味やガイドを与えるため，不安や抑うつなどを防ぐとし，より多くのアイデンティティをもてば，心理的ディストレスは少なくなるというアイデンティティ累積仮説を提唱した。

2. 欠乏仮説と増大仮説の経験的な根拠

　1日は24時間であり，やれることには限りがあるため，たくさんの責任や義務を抱えれば，当然ストレスは高くなるとする欠乏仮説の立場も，複数の役割に従事することで，それぞれの役割から得られるものも多くなるし，時間やエネルギーは，使い方次第で，より多くのことをこなすことも可能だと考える増大仮説の考え方も，どちらももっともらしく聞こえる。実証的な研究は，どちらの立場を支持しているのだろうか。まず，この問題について検討するにあたって，健康な人ほど労働市場に参入しやすく辞めにくいというヘルシーワーカー効果を考慮しなければならない（Reppeti et al., 1989）。つまり，同一時点で有職の母親と無職の母親を比較し，有職の母親の方が健康であるという知見を得たとしても，それは労働が健康を促進するという可能性を示すと同時に，健康だから働くことができている，という可能性も示している。そのため，同じ個人を追跡していく縦断調査を実施し，初期の健康をコントロールした上で検討を行う必要がある（Reppeti et al., 1989）。

　Waldron & Jacobs（1989）は，40～54歳の女性（白人2,392人，黒人890人）を対象に，1977年および1982年に縦断調査を行った。その結果，就労は子どものいる白人女性の心身の健康には影響を与えなかったが，黒人の母親の健康には有益な影響をもたらした。Waldron & Jacobs（1989）は，その理由として，就労はソーシャルサポートや子どもと離れる時間，より構造化された制御可能な満足の源，といったものを提供するため，育児ストレスを緩衝するのではないか，と考察している。また，Hibbard & Pope（1991）は，18～65歳の男女（女性1,160人，男性997人）を対象に縦断調査を行い，家庭役割と仕事役割の組み合わせが，15年後の罹病率と死亡率に与える影響について調べた。その結果，就労女性において，1人以上の子どもをもつことは，虚血性心疾患のリスクを減らすこと（死亡率や脳卒中，悪性腫瘍について差は認められなかった），また男性において，子どもをもつことは死亡率や罹病率に影響しないことが示された。一方，Haynes & Feinleib（1980）は，45

〜64歳の男女1,317人を対象に縦断調査を行い，3人以上の子どもがいる働く女性は，子どものいない働く女性や，3人以上の子どもがいる専業主婦と比べ，8年後の虚血性心疾患のリスクが高いことが示された（ただし，10年後の追跡調査では差は認められなかった；Haynes et al., 1984）。また既婚で子どものいる事務職の女性は，既婚で子どものいる非事務職の女性より，虚血性心疾患のリスクが2倍であることが示された。

以上の縦断研究の知見を踏まえると，多重役割によって心理的ストレスを経験するのは一般的なことであるとする欠乏仮説を支持することは難しいと考えられる。少なくとも就労それ自体に有害な効果はなく，人種や職種，子どもの数など様々な要因の組み合わせによっては，有益な効果や有害な効果が生じることもある，といえるだろう。

4節　仕事と家庭の関係性

1. WFC，WFF，スピルオーバー

個人の中で，仕事役割と家庭役割がどのような関係にあるのか，どのように影響し合っているのかについては，非常に多くの研究蓄積がある。そのうち，仕事のせいで家のことが十分にできなかったり，家のことがあって仕事に差し障ったりする，といったような，仕事と家庭の妨害的な関係については，ワーク・ファミリー・コンフリクト（work family conflict: WFC），またはネガティブ・スピルオーバーといった概念を用いて検討がなされている。WFCとは，仕事領域や家庭領域からの役割プレッシャーがお互いに競合する役割間葛藤の一形態のことである（Greenhaus & Beutell, 1985）。またスピルオーバー（流出）とは，ある役割の状況が他方の役割へ持ち込まれること（小泉ら，2003）で，マイナスの側面を指すときはネガティブ・スピルオーバー，プラスの側面を指すときはポジティブ・スピルオーバーという。一方，仕事で培ったスキルが家庭でも生かされる，家庭があるから仕事をがんばれる，といったような，仕事と家庭の促進的な関係については，ワーク・ファミリー・ファシリテーション（work family facilitation: WFF）や，上述のポジティブ・スピルオーバーといった概念を用いて検討されている。WFFとは，ある役割への従事が，他の役割の機能を高める利益を提供する程度として定義される（Wayne et al., 2007）。WFCとWFFは，どちらかが高くなるとどちらかが低くなるというような，一直線上の両端に位置しているのではなく，それぞれ独立に存在していることが示されている（Grzywacz & Marks, 2000; Voydanoff, 2004）。加えて，「仕事が大変

で家庭にストレスを持ち込んでしまっているが，働くことで，経済的な安定や個人としての成長の機会が得られてもいる」といったように，WFC と WFF が同時に存在する可能性も示唆されている（Grzywacz & Marks, 2000）。

2. WFC と WFF の発生機序

　WFC と WFF の発生機序について，Voyfanoff（2004, 2005）は，労働時間や仕事の不安定性といった仕事の要求が，仕事から家庭への葛藤（work to family conflict）により強く影響し，仕事の自律性や自分にとって意味のある仕事かどうかといった仕事の資源が，仕事から家庭への促進（work to family facilitation）により強く影響すること，同時に，パートナーとの不一致や子どもの問題などの家庭の要求が，家庭から仕事への葛藤（family to work conflict）に，配偶者からのサポートや，家事や育児に対する報酬といった家庭での資源が，家庭から仕事への促進（family to work facilitation）に影響する，というモデルを提唱した。また Bakker & Geurts（2004）も同様に，仕事の要求は仕事と家庭の妨害的な関係に，仕事の資源は仕事と家庭の促進的な関係に，それぞれ別の経路をたどって影響していることを示している。つまり仕事と家庭で板挟みになるという現象と，仕事と家庭が相乗的に働くという現象は，必ずしも択一的なものではなく，それぞれ別の仕組みで生じているようである。

3. WFC と WFF の心身の健康への影響

　WFC と WFF の心身への健康の効果についての知見は，必ずしも一貫しているわけではない。Frone et al.（1997）は，267 人の働く母親を対象に 4 年間の縦断調査を行ったところ，仕事から家庭への葛藤が高まると，過度の飲酒が高まること，また家庭から仕事への葛藤が高まると，抑うつや身体的健康，高血圧の発生率に有害な影響があることを示している。一方，Hammer et al.（2005）が 234 組の共働きカップルを対象に行った縦断調査によると，妻においては，家庭から仕事へのポジティブ・スピルオーバーが 1 年後の抑うつに負の影響を与えているが，WFC は抑うつに有意な影響力をもたなかったこと，また夫においては，家庭から仕事への葛藤が高まると抑うつが高まり，家庭から仕事へのポジティブ・スピルオーバーは抑うつを低めるが，仕事から家庭へのポジティブ・スピルオーバーはむしろ抑うつを高めることが報告されている。さらに，Matthews et al.（2014）は，432 人の男女を対象に 3 時点の追跡調査を行い，同時点の WFC や過去の主観的ウェルビーイングを考慮に入れた分析を行っている。その結果，WFC は同時点の主観的ウェルビーイ

ングとは負の関連を示すが，長期的（1か月後，および6か月後）には，主観的ウェルビーイングに正の影響を与える（つまりウェルビーイングを向上させる）こと（ただし，標準偏回帰係数は.08から.15と，それほど高いわけではない），また主観的ウェルビーイングが高いとその後のWFCが低くなるという双方向の影響が認められた。Matthews et al.（2014）は，適応理論（Diener et al., 2006）の考えを援用し，WFCは短期的には主観的ウェルビーイングを損ねるが，長期的には何らかの形で個人がストレスに適応し，主観的ウェルビーイングが維持される傾向にあることを示唆している。

5節　働く親たちが用いる適応方略

　これまで見てきたように，親の就労それ自体に心身を害するような効果はなくても，子育てしながら働くことで，時間的な切迫感が増したり，WFCのような葛藤を経験したりと，少なくとも一時的には，ストレスを経験する者が多いと考えられる。現代日本のような，支援環境の整っていない状況においてはなおさらであろう。それに対し，働く親たちが多くの適応方略を用いていることが，これまでの研究から示されている。そのうちのいくつかを以下に紹介する。

1. 個人レベルでの適応方略

　Hall（1972）は，役割葛藤に対する対処行動には，①構造的役割再定義（外的，構造的に課せられる期待を変化させること。役割の活動を部分的に減らしたり足したりすることや，ベビーシッターなど外部のサポートを利用することなどが含まれる），②個人的役割再定義（自分自身の行動についての期待や知覚を変化させること。役割間および役割内の優先順位を明確にすることや，家にいるときは家のことに集中して仕事を持ち込まないというように役割をきっちりわけることなどが含まれる），③反応的役割行動（要求を変えられず，必ず要求に応えなければならないようなとき，すべての役割からの期待を満たすやり方を見つけるよう試みること。スケジュールを調整することや，要求に答えられるようより一層がんばる，意識的な戦略をもたないことなどが含まれる）という3つがあることを示している。

　また，Baltes & Heydens-Gahir（2003）は，選択的最適化と補償の理論（the model of selective optimazation with compensation: SOC; Baltes & Baltes, 1990; Freund & Baltes, 2002）のモデルを用いて，仕事役割と家庭役割への従事によって生じるかもしれない資源の枯渇に対する行動戦略について検討している。SOC理論は，生涯

発達やエイジング心理学の文脈で発展してきた理論であり，加齢による資源の不足への適応を説明するのに用いられることが多い。Baltes & Heydens-Gahir（2003）は，この SOC 理論を，仕事と家庭の問題に適用し，選択，最適化，補償という 3 つの方略の使用が，仕事と家庭の葛藤を低めることを示している。なお，選択とは，任意選択と損失に基づく選択に分けられ，任意選択とは望ましい状態に目標を定めること，損失に基づく選択とは損失経験の結果起こる目標の再構築を指す。最適化には，目標に関連する手段の獲得と投資が含まれる。補償とは，目標に関連する手段がもはや利用できないときの，代替手段の使用として定義される。つまり，働く親たちは，仕事役割と家庭役割への従事によって時間やエネルギーが足りなくなったとき，例えば子どもと過ごす時間を何より重視するといったように，自分にとっての優先順位を明確にし（選択），子どもと過ごす時間を確保するという目標のために仕事や家事を懸命に調整する（最適化），時には誰かの助けや助言を求める（補償），といった形で適応しているようである。

2. 夫婦レベルでの適応方略

Becker & Moen（1999）は，共働きの夫婦が，仕事の縮小方略（scaling back）を用いて，夫婦単位でこの問題の調整にあたっていることを示している。仕事の縮小方略には，①制限方略（placing limits; 労働時間を減らすなどの制限を設ける方略），②ジョブ対キャリア方略（job versus career; 一方が主たる稼ぎ手としてキャリアに従事し，他方は主たる養育者としてジョブ（賃金を得るため，というニュアンスの強い仕事）に従事するなどの方略），③交替方略（trading off; ある時期は一方がキャリアに，他方はジョブに従事していたが，子どもの成長とともにその役割を交替する，といったようにライフステージに応じて，役割や方略を切り替える方略）の 3 つが含まれる。制限方略，交替方略は調査参加者の 3 分の 1 以上，ジョブ対キャリア方略は約 40%が用いていると報告されている。

以上のように，働く親たちは，ストレスにさらされたままいるのではなく，個人または夫婦で様々な方略を用いて，仕事と家庭の問題を調整しているといえる。

…… **6節 おわりに** ……

仕事と家庭についての研究は，総じてストレスとそれに対する反応を検討したものが多い（Matthews et al., 2014）。しかし，これまで見てきたように，親の就労は必ずしも個人に否定的な影響をもたらすわけではない。また各役割からの要求が高

いと，役割間で葛藤が生じる可能性が高まるが，働く親たちが様々な形で調整を行った結果として，WFC のウェルビーイングへの影響は，いくらか限定的であるかもしれない。しかし，働く親たちが WFC を経験する程度が，1977 年から 1997 年にかけて増加していることが指摘されていたり（Nomaguchi, 2009），文化による WFC 経験の違いが指摘されている（たとえば，Grzywacz et al., 2007）など，社会構造のあり方に大きく影響を受ける問題であることには間違いがない。今後も，働く親たちが 2 つの（あるいはそれ以上の）領域に健やかに従事できるよう，さらなる社会的支援が必要であろう。

COLUMN 9 個の時間的展望と関係性

　過去，現在，未来といった時間についての見方には個人差があり，その差異は個人の行動に影響を与える。Lewin（1951 猪股訳 1979）は，こうした時間についての見方を「時間的展望」として場の理論の中に位置づけ，「ある与えられた時に存在する個人の心理学的未来及び心理学的過去の見解の総体」と定義している。

　De Volder & Lens（1982）が，未来展望を動機づけの認知理論の枠組みで捉えて以来，未来展望理論（future time perspective theory）に関する研究が多く行われてきた。短い未来展望をもつ人々は近い未来に目標設定がある一方，長い未来展望をもつ人々は遠い未来に目標設定があり，それに向かって努力をするため，高い学業成績等に結びつくことが示されている（たとえばレビューとして Simons et al., 2004）。さらに，未来展望と学業成績等との関連には，学習方略や自己決定性などが媒介することや（De Bilde et al., 2011; Janeiro et al., 2017），未来展望への介入による動機づけへの効果も示されている（Schuitema et al., 2014）。

　未来展望の中でも，社会情動的選択性理論（socioemotional selectivity theory）においては，残された人生の時間の知覚が，認知的な処理過程や動機づけ，社会的側面などに影響を与えるとされている（たとえば Carstensen, 2006; Carstensen & Charles, 1998; Carstensen et al., 1999）。人生の時間を無限と知覚したときには，新しい知識や情報の獲得といった，未来に見返りが期待できるものを志向する一方，人生の時間を有限と知覚したときには，未来よりも現在の情動的満足や情動調整などを志向する（Carstensen et al., 2003）。こうした志向に従い，知覚した人生の残り時間で，より満足できるような人間関係を築いていく。つまり人生の時間を無限と知覚することの多い若齢層では，未来のために知識や情報を獲得することにつながる人間関係を選択し，人生の時間を有限と知覚することの多い高齢層では，現在の情動的な満足が得られる人間関係を選択する（Carstensen, 1987）。

　一般的に，人生の有限性の意識やその長さは加齢に伴って変化するものと考えられる一方，社会情動的選択性理論におけるこうした影響は，生活年齢とのみ関連がみられるものではない。たとえば生活年齢との関係では，加齢に伴って否定的な情報よりも肯定的な情報により注目し，記憶するようになるというポジティブ優位性効果（positivity effect）が報告されている（たとえば Mather & Carstensen, 2005）。他方で Barber et al.（2016）は，生活年齢および気分にかかわらず，有限の未来について考えることが，肯定的な記憶の想起を高めることを実証している。震災や事故，病気，他者の死など，人生の有限性を意識せざるを得ない状況に置かれることは決して稀なことではない。加齢のみならずこうした環境的要因も，残された人生の時間を知覚し，異なった人間関係を構築していく機会をつくり得ると考えられる。

　こうした未来展望を含む時間的展望の発達は，形式的操作による論理的思考の発達（Greene,

1986) や脳の成熟 (Steinberg, 2008) などを基盤としている。過去や未来を推論する能力が現れてくるのは就学前の年齢においてであり (Atance, 2008; Friedman, 2005)、それらの能力の間には関連があることも示されている (Suddendorf, 2010)。こうした認知機能の発達が整った後、青年期において個人の時間的展望は形成されていく。10 歳から 30 歳までを対象として研究を行った Steinberg et al. (2009) では、前期青年期にある個人は、16 歳以上の年齢にある個人に比べて未来への志向性が低いことを実証している。また態度的な側面の年齢による差異についてメタ分析を行った Laureiro-Martinez et al. (2017) は、現在の快楽的な態度と過去に対する否定的態度の強さが、年齢と負の関係にあることを見出している。時間的展望の発達は、認知的に成熟した青年期を迎えた頃から始まり、未来への志向性が高まって、近視眼的に現在の快楽のみをよしとする態度や、過去への否定的な態度が弱くなる方向で進んでいく。

　時間的展望は、青年期の発達課題とされるアイデンティティ形成とも大きく関わるものである。アイデンティティとは、個人が自分の内部に斉一性と連続性を感じられることと、他者がそれを認めてくれることの、両方の事実の自覚であり (Erikson, 1968)、過去、現在、未来を生きる個人の時間的なまとまりを問題にしている (Erikson, 1963)。Laghi et al. (2013) においては、アイデンティティの達成地位にある青年は、過去を肯定的に捉え、未来への志向性が高い一方、拡散地位にある青年は、過去の経験は否定的で、未来への志向性も低く、現在については運命論的な考えをもつことが示されている。4 か月にわたる短期縦断研究を行った Luyckx et al. (2010) は、時間的展望とアイデンティティは相互に影響を与え合いながら発達していくことを示している。また、Boniwell & Zimbardo (2004) が、バランスのとれた時間的展望 (balanced time perspective) という概念を提案し、その重要性を指摘して以降、過去、現在、未来個々の検討のみでなく、それらの様相の組み合わせについても検討されてきた。20 歳の青年 181 名を 31 歳まで追跡した Shirai et al. (2012) の縦断研究においては、未来の目標を追求しながら、それと結びつけて現在を精一杯生きるという時間的展望のバランスが、アイデンティティの発達に寄与することが明らかにされている。過去や未来の出来事を両親との間で共有することが、青年の肯定的な時間的展望の形成につながることも示されており (Shirai & Higata, 2016)、他者と関わりながら、時間的展望、アイデンティティ形成、そして個人の発達は進んでいくと考えられる。

第10章
加齢による変化と適応

　私たちは生きている限り年をとり、いつか高齢者となる。人生を80年とすると、中高年期はその半分を占めている。生まれてから死ぬまでの長い人生の中で、中年期以降とはどのような時期なのだろうか。

　中年期や高齢期においては、それまでの発達段階以上にいろいろなライフイベントを経験する。それは、仕事や社会的立場に関わること、家族を中心とした親族に関わることや、地域や近隣などのコミュニティに関わることなど多種多様である。身体的にも認知的にも様々な機能の低下を経験する時期でもある。一見すると、困難や苦難の多い時期であるように見える。しかし、家族が増えたり、社会的に有益な仕事や役割を担ったりするなど、充実感や達成感のある生活を送る者も多い。また、中高年期は、社会関係も大きく変化しやすい。ライフイベントに伴い、中年期は、職業や家庭、地域などで他者との関わりが増加する。高齢者になっても、身体的に健康であれば、社会関係は、拡大もしくは維持されていくのである。

　人生後半期の中年期や高齢期については、身体機能や認知機能などの問題も大きいが、本章では特にライフイベントや社会関係を中心に取り上げ、加齢に伴う変化や適応について紹介したい。

・・・・ 1節　加齢による個の変化 ・・・・

1. 近年の高齢者についての理解

(1) 長い「第2の人生」をより豊かに過ごす

　本邦の高齢化は著しく、厚生労働白書（厚生労働省, 2016）によれば、平均寿命は男性80.79歳、女性87.05歳と世界有数の長寿国となっている。また、「健康上の問題で日常生活が制限されることなく生活できる期間」である健康寿命についても、2013年時点で、男性71.19年、女性74.21年と世界トップクラスであり、生涯を健康で過ごすことについて考える必要にせまられている。本邦のこれまでの平均寿命については、明治時代の初期において30歳台、20世紀のはじめの頃でも40歳台であ

った。つまり，この100年余りの間に2倍以上に伸びたことになる。この著しい高齢化は，医療技術の進歩，栄養状態のよさなど，近代的な安定した生活による。「人生80年」になったことはわれわれに様々な影響を与えることとなった。1つの例として，ライフイベントをどう考えるかについて考えたい。図10-1は夫婦の平均的な生涯の姿を3世代にわたり描いたものである（厚生労働省，2003）。

図10-1は1947年生まれの団塊の世代を中心として，その親の世代とその子の世代（団塊ジュニア）の3世代が経験する重要なライフイベントを描いたものである。1924年生まれの親世代では定年年齢は55歳，団塊世代は60歳としてある。親の世代では男性は55歳に定年を迎え，平均的には70歳で亡くなることから定年後の人生は15年ということになる。1947年生まれの団塊世代では，60歳定年時の男性の平均余命は22.2年である（厚生労働省，2004）。この1924年と1947年生まれの2つの世代にとって，仕事を終えた後の人生は7年も異なり，長い定年退職後の人生

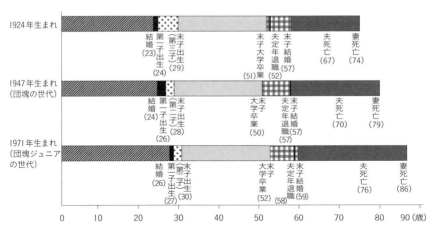

図10-1　夫婦の平均的な生涯の姿の変遷（厚生労働省，2003）

注）1. このモデルは，団塊の世代である1947年に出生した世代とその親およびその子にあたる世代について，一定の仮定をおいて設定したものである。
2. 寿命は，30歳当時の平均余命から算出している。
3. 定年年齢については1924年生まれのモデルについては55歳，1947年および1971年生まれのモデルについては60歳としている。
4. 資料は厚生労働省大臣官房統計情報部「人口動態調査」「簡易生命表」，国立社会保障・人口問題研究所「将来人口推計」「第11回出生動向基本調査」から政策統括官付政策評価官室作成による。

をどのように過ごすかは大きな課題であると思われる。この長い定年退職後の人生については，それより前の中年期においてどのような生活を送るか，子育てが終わり，どのような楽しみを生活の中で見つけていくのか，といった事柄とも関連してくるであろう。また，定年退職後の長い「第2の人生」をどのようにいきいきと過ごすかは人生の後半において重要な課題といえる。

(2) 高齢期の区分と増加

さて，高齢期とはいったいいつから始まるのだろうか。行政では65歳以上を高齢者としている。だが，65歳から100歳を超える人までひとくくりに高齢者としてその特徴を語るのは乱暴だといえる。一般的に高齢者の研究では，65〜74歳を前期高齢者（young old），75〜84歳を後期高齢者（old old），85歳以上を超高齢者・晩期高齢者（oldest old）と呼び，大きく3つに区分することが多い。

内閣府（2017）によると，65歳以上の高齢者人口は3,392万人となり，総人口に占める割合（高齢化率）は26.7%となった。65歳以上の高齢者人口を男女別にみると，男性は1,466万人，女性は1,926万人となっている。また，高齢者人口のうち，「65〜74歳人口」は1,752万人（男性832万人，女性920万人，性比90.4）で総人口に占める割合は13.8%，「75歳以上人口」は1,641万人（男性635万人，女性1,006万人，性比63.1）で，総人口に占める割合は12.9%である（図10-2）。

高齢者人口は，「団塊の世代」が65歳以上となった2015年に3,392万人となり，「団塊の世代」が75歳以上となる2025年には3,657万人に達すると見込まれている。その後も高齢者人口は増加を続け，2042年に3,878万人でピークを迎え，その後は減少に転じると推計されている。総人口が減少する中で高齢者が増加することにより，高齢化率は上昇を続け，2035年に33.4%で3人に1人となる。2042年以降は高齢者人口が減少に転じても65歳到達者数が出生数を上回ることから高齢化率は上昇を続け，2060年には39.9%に達して，国民の約2.5人に1人が65歳以上の高齢者となる「前例のない」超高齢化社会が到来すると推計されている。

2. 加齢を適応的に生きる

高齢期は加齢に伴って必ず訪れる。高齢期を楽しく安心して過ごすこと，もしくは不安を押さえて過ごすことができることはサクセスフル・エイジングにとって重要な意味をもつ。欧米では高齢期のよりよい生き方をサクセスフル・エイジングと呼んでおり，本邦では「幸福な老い」と訳されている。Rowe & Kahn（1997）は，サクセスフル・エイジングの理論をまとめ，①病気や障害のリスクを最小化している

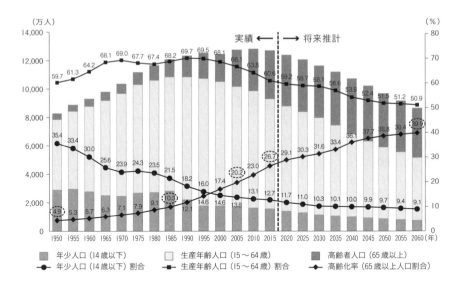

図 10-2　年齢 3 区分別人口及び高齢化率の推移（厚生労働省，2016）

注）1. 2015 年は，総務省統計局「人口推計」（平成 27 年国勢調査人口速報集計による人口を基準とした平成 27 年 10 月 1 日現在確定値）より。
2. 2015 年以前は，総務省統計局「国勢調査」及び「人口推計」（年齢不詳の人口を按分して含めた），2020 年以降は，国立社会保障・人口問題研究所「日本の将来推計人口（平成 24 年 1 月推計）」（出生中位・死亡中位推計）より。
3. 1970 年までは沖縄県を含まない。

こと，②心身の機能を最大化していること，③社会的・生産的な活動を維持していること，すなわち，心身ともに健康で社会貢献をし続けることが，望ましい老後の姿であると規定している。

　しかしながら，高齢期には，加齢に伴う身体・感覚機能や認知機能の低下といった心身の衰退が起きる一方で，子育てからの解放，定年退職，親しい家族の死や病気などのライフイベントが経験されることによる，新たな環境への適応も迫られるようになる。そのような中でも多くのサクセスフルな高齢者は，セルフコントロールの感覚を維持し，目的をもった生活を送ることができているといえよう。

（1）中高年期におけるライフイベントの影響

　中高年期には様々なライフイベントと遭遇する。人をストレス状態に陥らせ，人の暮らし方や生活環境に変化をもたらし，人生に影響を及ぼすものとなるような，

何らかの刺激状況や出来事を「ライフイベント」と呼ぶ。下仲（2000）は，中高年期に経験されるライフイベントについて「良い」「悪い」「中立」の3つに分類した（表10-1）。そのうえで，高齢者にとって，大きな病気や様々な対人関係のトラブル，失業や死別を最も辛く感じることを示した。特に悪いライフイベントは心身に影響を及ぼすが，心身面で安定している人は過剰に反応することなく平静に受け止めることができる。一方で，不安感が強く情緒的に不安定になりやすい人は落ち込みや

表10-1　高齢期に経験されるライフイベント（下仲，2000）

	悪いライフイベント	良いライフイベント	中立ライフイベント
身体的要因	自分自身の大きな病気やけが 家族の大きな病気やけが		閉経
家庭内要因	夫婦関係のトラブル 家庭内でのトラブル（子どもの問題行動，親の問題の生起）	子どもの入学 子どもの結婚 子どもとの同居 子どもとの別居 孫の誕生	親との同居 親との別居
対人関係要因	親戚とのトラブル 友人や隣人とのトラブル		
仕事要因	自分の失業 配偶者の失業 自分の単身赴任 配偶者の単身赴任	自分の昇進 自分の再就職，転職，就職，事業の開始 配偶者の再就職，転職，就職，事業の開始 子どもの再就職，転職，就職，事業の開始	自分の転勤，配置転換 自分の定年による転職 配偶者の定年による転職 自分の完全な退職 配偶者の完全な退職
死別要因	兄弟姉妹の死 親しい友人の死 父母（義父母）の死 配偶者の死 子どもの死		
生活上要因	暮らし向きの急変（収入の大幅減少，大きな借金） 自己，犯罪などの被害，訴訟（交通指示，泥棒，詐欺）	引っ越し	住環境の変化 財産や遺産の損失，獲得

すく，回復過程も一様ではない。また，これまで高齢期のストレスフルなイベントとして扱われてきた子どもとの別居や定年退職は，必ずしもストレスをもたらすものではないことも，下仲（2000）は明らかにしている。

下仲（2000）が指摘したライフイベントのうち，子どもの巣立ち，定年退職，配偶者の死について着目し，以下に，それらの詳細について紹介する。

(2) 子どもの巣立ち

子どもを産み育てた後，その子どもたちは親のもとから自立し，新たな家庭や生活の場を構築する。子どもが成長し自立した後，残された親が不適応状態に陥り心身の不調をきたす症状のことを「空の巣症候群」という。

ライフイベントの研究では，子どもの巣立ちがストレスをもたらすことに対して，疑問視しているものがみられる。Lowenthal et al. (1975) では，子どもの独立をストレスからの解放だとみており，その後の人生をより活動的に過ごすことができ，満足感をもたらすことが多いことを報告している。本邦においても中高年世代を対象とした子どもの巣立ちのライフイベントにおける心理学的調査（藺牟田ら，1996）によれば，男女ともに子どもの巣立ちについて，ストレスをもたらす悪いものと評価したものは4～10％に過ぎないこと，特に親子関係が良好である方が子どもの巣立ちを快く受け入れられることが示された。

下仲（2000）においても，子どもの結婚や別居といった子どもの巣立ちのライフイベントは，良いライフイベントに属している。親は，子どもの生活の世話や金銭的援助などの生活上の親役割を終えることで解放される。しかし母子関係が非常に密着している親子の場合，子どもが離れていったときの衝動もそれだけ大きく，空の巣症候群に陥る女性もいる可能性は否定できない。

(3) 定年退職の影響

本邦では長らく終身雇用制度がとられてきた。その中で，定年退職は，約40年間働いてきた職場から引退し，職業中心の生活から家庭や地域中心の生活へと移る大きな転換期といえる。定年退職において，仕事のストレスから解放されるという意味ももつが，一方で日本人にとっては，多くのリソースを失うイベントとも考えられる。片桐（2012）は，定年退職者は3つのリソース——第1に給料などの経済的リソース，第2に仕事上の役割や社会的な地位や同僚や仕事で知り合った職場の関係者という社会的ネットワークという社会的リソース，第3に生きがいや会社というグループへの所属感覚などの心理的リソース——の喪失の危機に直面すると指

摘した。また、竹中（2005）は、定年退職後の生き方の難しさについて、それまでに与えられていた役割から外されたときにどう動いてよいかわからない不安定な状況であり、経済上の不安や人間関係の減少を引き起こす危機であると示唆している。

さて、定年退職というライフイベントは、精神的健康にどのような影響を与えるのであろうか。中里ら（2000）は、完全な職業からの引退である完全引退は精神的健康にほとんど影響がないことを指摘している。欧米では、退職とは仕事という大きなストレスから解放されることを意味する。アメリカでは「ハッピー・リタイアメント」という言葉があるほど、退職は望ましいライフイベントだとされている。また退職が与える心理的影響を検討した研究では、プラスの効果がみられたとする報告が多い（Reitzes et al., 1995）。下仲（2000）においても、定年退職は中立ライフイベントであるとし、精神的健康に与える影響がほとんどないと指摘している。つまり、必ずしも定年退職そのものが個人にプラスやマイナスの影響を及ぼすわけではなく、定年退職後どのような過ごし方をするか、ということが心理的健康に関連すると考えられるだろう。

定年退職後の就労が精神的健康にどのような影響を与えるのだろうか。森山ら（2012）では、地域在住中高年男性において定年退職後の就労と心理的健康（生活満足感と抑うつ）の変化について検討した。定年退職後の就労の有無によって定年退職者を2群に分け（完全リタイア群・就労継続群）、2年間の心理的健康の変化について検討した。その結果、定年退職後の就労の有無と生活満足感の関連が示唆された（図10-3）。とりわけ定年退職後就労しない完全リタイア群では、生活満足感が定年退職後に上昇することが示され、就労継続群には変化がみられなかった。完全リタイア群の変化については以下の推測ができる。完全リタイア群は、退職後に対する予期不安を抱きやすいと推測される。そのため定年退職前に低値を示した生活満足感が、定年退職後の予期不安の解消により上昇した可能性がある。また、完全リタイア群は、退職前における仕事満足感や仕事コミットメントが低く、就労そのものの負担が要因となり、生活満足感の低さに影響したと推測される。そのため仕事から解放された定年退職後の生活満足感が高くなったと考えられる。抑うつについてはいずれの群においても変化はみられなかった。定年退職における生活満足感の変化については、より以前も含めた長期的な推移の検討や在職中の生きがいや仕事への関わりを含めた検討が必要だろう。とりわけ、近年、年金支給年齢が引き上げられたことと、改正高齢者雇用安定法の施行に伴い、60歳以後も就労する必要が出てきた。定年退職という概念自体が揺らいできているともいえる。今後は、加齢に伴って就労をいつまで続けるかという観点からの検討も必要であるといえよう。

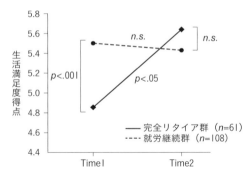

図10-3 定年退職前後の生活満足度得点の推移(森山ら,2012)
注)定年退職後の就労の有無別に,年齢(Time2),世帯年収(Time1),教育年数(Time2),調査回を調整した最小二乗平均値を示す。

(4) 配偶者の死

人生後期の最もストレスフルなライフイベントは男女ともに配偶者の喪失である。一般的に男性の方が女性よりも平均寿命が約8年短いため,妻が夫に先立たれることが多い。つまり,老年期に配偶者の死別を経験するのは,大部分が女性である。だが,河合(1984)によると女性の場合,死別体験は孤独感に最も影響を与えるが,生活上の不安感や自分の健康感には変化なく,抑うつ的になり生きる意欲を失うまでには至らないことを報告している。女性の場合,夫よりも子どもに依存する場合が多いことや,それまでの人生で多重役割を身につけていることから様々な社会的ネットワークをもっていること,「夫を看取るのは私の仕事」といった覚悟をもっていることが,大きな衝撃を受けにくくさせているのかもしれない。

3. 中高年期における発達段階

中高年期については,どのような発達段階があるのだろうか。Erikson & Kivnick(1986)は生涯にわたる人間の発達プロセスを理論立てた。このプロセスを人生周期(ライフサイクル)と呼び,8つの時期を区別した(図10-4)。人生周期の各段階には,段階特有の解決しなければならない発達課題と心理社会的危機がある。中年期は「生殖性」対「停滞」の時期であり,高齢期は「統合性」対「絶望」の時期である。

老年期								統合性 対 絶望 英知
成人期							生殖性 対 停滞 世話	
前成人期						親密性 対 孤立 愛		
青年期					同一性 対 同一性混乱 忠誠			
学童期				勤勉性 対 劣等感 適格				
幼児期後期			自主性 対 罪悪感 目的					
幼児期前期		自律性 対 恥・疑惑 意志						
乳児期	基本的信頼 対 基本的不信 希望							
	1	2	3	4	5	6	7	8

図10-4　エリクソンの生涯発達理論における各段階の発達課題と心理・社会的危機（Erikson & Erikson, 1997）

(1) 中年期の発達課題

Erikson（1950）は，中年期の発達課題として「ジェネラティビティ（Generativity）」対「停滞」を位置づけた。この課題を通して獲得される人格的活力に「世話」をあげている。ジェネラティビティは，Eriksonの造語で，「生殖性」や「世代継承性」などと和訳されており，その意味は，子孫をはじめとして何かを産み育て，次世代へと継承していくことへの関心とされている。また，幅広い意味での生産性や創造性を内包している概念であるといえる。一般的に，ジェネラティビティは，子どもを産み育てることによってその感覚を得られるといわれている。しかしながら，自らの子どもをもてないであろう同性愛の人々であっても，ジェネラティビティを得られないわけではない。同性愛者の中には芸術や社会的貢献を通して，生産し創造をし，ジェネラティビティの課題を達成し得るものもいる。中年期には，自己の発達と他者の発達支援とを，いかにうまく調整させ，深い関心や配慮をもって持続的に関与できるかが問われているといえよう。

(2) 高齢期の発達課題

高齢期について Erikson（1950）は，「統合性」対「絶望」を課題として位置づけている。「統合性」とは，「自分の人生を自らの責任として受け入れることができ，死に対して安定した態度をもてること」と説明されている。「統合性」の獲得に失敗すると，人生に大きな悔いを残し，衰えるままに死を迎えるという「絶望」にとらわれるようになる。この課題の達成のためには「英知」，すなわち「死そのものに向き合う中での，生そのものに対する聡明かつ超然とした関心」が必要とされている。

(3) 超高齢者の発達課題

さて，Erikson は，われわれの生涯において8つの時期の発達課題を見出した。だが，近年先進国では高齢化が進み，第8段階である高齢期を1つの発達課題の中に収めることが難しくなってきた。超高齢者の中には，加齢により様々な身体の衰退がみられる中でも，いきいきとその人らしく生きる姿を見せる者もみられる。このような元気な超高齢者の存在が，高齢期の人格発達に新しい側面を生み出す大きな要素となった。

Erikson & Erikson（1997）は，80代，90代に至ると，より若い高齢者とは異なる課題が生じ，新たな心理的発達が必要になることを指摘した。80代，90代という超高齢期においては，身体能力の低下は著しく，介護が必要なものも多く出てくる。

このような超高齢期の過酷な状況に対して，第8段階の統合性を獲得した個人であっても適応することが困難となる。超高齢期の適応的な姿の背景には，新たなる第9段階の発達段階があることが推測された。そして，Erikson & Erikson（1997）とTornstam（2005）は，第9段階の発達課題について，「老年的超越（Gerotranscendence）」であると仮定した。「老年的超越」は，Tornstam（1989）の造語であり，ギリシャ語の geron（老人）と英語の transcendence（超越）を合わせたものである。高齢期の適応理論であった離脱理論（Cumming & Henry, 1961）を再定式化し，精神分析学や禅の知見を取り入れることでつくられた。Tornstam（1989）の概念定義は以下のようになされている。「物質的で合理的な世界観から，宇宙的で超越的な世界観へのメタ認識における移行」である。この移行に伴い，超高齢者は生活満足感が高まると仮定されている。この概念定義が指している現象とは，高齢期になると，世界観や暮らし方は，壮年期におけるそれとは異なるものに変化するというものである。Tornstam（2005）によれば，人は幼児期には自己と他者などの概念の境界があいまいとした超越を示すが，加齢に伴い境界が形成される。しかし，超高齢期には，それまでの人生における経験が包含されながら，再び境界があいまいになる超越への過程を示すと考えられている。

……• 2節　加齢による関係性の変化と適応 •……

1. 加齢に伴う他者との関係

　加齢に伴ってわれわれのもつ社会関係は大きく変化する。就職し，結婚，出産子育てなどを経験する中年期は，多くの役割を得る時期である。配偶者，保護者，子ども，社会人，地域の人など，様々な役割を通して多くの人々と接する機会を得て，多様な社会関係を形成する。高齢期に入ったとしても，その当初は身体的にもまだ健康であり豊かな社会関係をもち得る。だが，身体的な健康や，認知的な衰えとともに社会関係は減少へと転じていく。

　社会関係と個人の精神的健康との関連は古くから注目されてきた。Berkman & Syme（1979）では，社会関係をより多くもっている人はそれが少ない人よりも，その後の9年間の死亡率が低いということを実証した。その後，数多くの研究によって，生存率や身体的・精神的健康に対する社会関係の効果は確認されている。

(1) 社会的ネットワークとソーシャル・サポート

　Antonucci（2001）は，社会関係は，社会的ネットワークとソーシャル・サポート

(社会的支援)の2側面から捉えることができると説明している。社会的ネットワークとは「ある人が対人関係をもっている人々との客観的特徴を記述するものであり，その社会的ネットワークのメンバーは，年齢，性別，役割関係，知り合ってからの年数，住居の近さ，会う回数などによって記述され得る」としている。

社会関係の内容と性質を記述するためには，ソーシャル・サポートという概念が用いられる。ソーシャル・サポートは，研究目的に応じて様々な分類がされており，たとえば交換される支援の実質的内容について，援助，情緒，肯定という3つの側面から検討するものもある。この場合，援助は，お金を貸す，家事を手伝う，看病をするなどの実際的な手段的サポートである。情緒は，愛情を示す，配慮するなどの情緒的サポートである。肯定は，その人の価値観やものの見方の適切さに対する同意や承認である。

また，ソーシャル・サポートの受領と提供の側面から捉えるものもある。Morgan et al.（1991）によれば，多くの研究は，中年期は提供するサポートが受領よりも多いが，年をとるほどソーシャル・サポートを他者に提供する能力が低下し，他者から受領する必要性が増加するために，高齢期のある時点で役割逆転が起きると仮定している。サポートの種類やサポートの授受の相手（親族またはその他など）にもよるが，高齢期にはこのような役割逆転が起こることは多くの研究で示されている（Morgan et al., 1991; Hirdes & Strain, 1995; 河合・下仲，1992）。

(2) 社会的ネットワークにおける構成員の影響力

社会的ネットワークは，個々人のそれを成す様々な構成員から成立している。ある個人に対する社会的ネットワークの構成員の影響の仕方については以下のような考え方がある。

Cantor（1979）は，階層補完モデルを提唱し，ある個人に対するソーシャル・サポートは，最も重要なネットワークの構成員から提供されるが，その人が提供できないときには，その次に重要な構成員から提供されるというように，提供する順番がネットワークの構成員の重要度によって決定されると考えた。たとえば，障害のある高齢者の介護の場合には，配偶者，成人した子ども，その他の親族，が順に支援の提供者となり，最後に福祉サービスなどの公的な支援が求められるようになるというものである。

また，課題特定モデルは，支援を必要とする内容に応じて，それに最も適した構成員が支援を提供するというものである（Litwak & Szenlenyi, 1969）。たとえば，情緒的サポートは，配偶者や親友が重要な提供源であるが，医療や福祉などの専門的

な知識や技術を必要とするサポートは,医者やソーシャルワーカーが中心的な役割を果たすと考えられる。

2. 中高年者の社会関係をどのように捉えるか

社会関係の捉え方には,いくつかの方法があるが,ここではコンボイモデルを用いた捉え方について紹介する。

(1) コンボイモデルとは

人がもっている社会関係は生涯にわたって変化し続ける。個人を取り巻く社会的ネットワークの生涯にわたる変化を捉えるために,Kahn & Antonucci (1980) はコンボイモデル (convoy model) という社会的ネットワークを測定する方法を開発した。「コンボイ (convoy)」という言葉は,護送船団を意味しており,「人が自らを取り巻く様々な関係の人とサポートの交換を行いながら,人生という大海原を航海し,様々な危機的な局面を乗り切っていく」という考え方に象徴されている。

コンボイモデルは,個人にとって重要かつ情動的に近い関係の人々を,階層化された円の中に書き込むことで,社会的ネットワークを評価する方法である。コンボイモデルには,同心円状の3つの円からなる図形に関わりのある人物を書き込むこ

図10-5 コンボイモデルの基本的な構造 (Kahn & Antonucci, 1980)
　　　第1円:非常に親密な関係
　　　第2円:親しいけれども,多少立場に影響される関係
　　　第3円:ある程度の立場の上だけの関係

とで，視覚的に個人の社会的ネットワークを明らかにすることができ，また記入された人物との親密さを一見して把握できるように表すことができるため，現実に近い部分での対人関係を捉えることができる。図 10-5 のように自分を中心として，中心に近いほど親しい関係を示し，最も近い円である第 1 円には，非常に親密な関係で役割依存的ではない長期にわたって安定した人物，第 2 円にはある程度役割に依存し，変化する可能性をもつ人物，第 3 円には役割関係に直接的に依存した最も変化しやすい人物が位置する。ライフイベントによって，個人にとって周辺的なメンバーや，容易に入れ替わるが中核的なメンバーは，重要な位置を占め続けることが示されている。

(2) 高齢期の社会関係の変化

高齢期になると人はどのような社会的ネットワークを構築し変化させていくのであろうか。Carstensen（1991）は社会情動的選択性理論（Socioemotional Selectivity Theory）にて高齢者の社会関係の減少を説明している。社会情動的選択性理論によれば，社会的相互作用は，①情報の獲得，②アイデンティティの発達と維持，③情動調整の 3 つに動機づけられると考えられる。そして，肯定的感情を最大にし，否定的感情を最小にする情動調整が，高齢期には重要になると仮定される。社会情動的選択性理論によると，社会活動の低下に対して，高齢者は肯定的感情を得やすい身近な人間関係を選択する一方，そのような情動を得にくい新たな人間関係を選択しないことで，主観的幸福感を維持すると考えられる。つまり，成人期・中年期は，大勢の人と幅広く浅く広い関係をもっていたが，高齢期になると自分に合う少数のメンバーと深い親密な交流を望むようにネットワークの構成を質的に変化させていくと考えられる。

(3) 中高年期におけるコンボイモデルの実態

森山ら（2015a, b）は，研究開発法人国立長寿医療研究センター「老化に関する長期縦断疫学研究（NILS-LSA[1]）」の第 7 次調査（2010 年 7 月～ 2012 年 7 月）に参加した 2,330 名（男性 1,178 名，女性 1,152 名）を対象とし，中高年者のコンボイモデルについて検討した。各対象者のコンボイモデルの構成人数について算出し，年

◆1 NILS-LSA は，40 代から 80 代の地域住民約 2,400 人を対象に，1997 年から現在にわたり 2 年間隔で縦断的調査を実施している。専門の調査研究施設において，心理学的側面に加え，医学・遺伝子・形態・運動・栄養など，多岐にわたるデータが収拾され，非常に詳細な情報も得ることができる。

表 10-2 社会的ネットワークの構成人数の平均値および標準偏差（森山ら，2015a）

	男性								女性							
	40代		50代		60代		70歳以上		40代		50代		60代		70歳以上	
	M	SD	M	SD	M	SD	M	SD	M	SD	M	SD	M	SD	M	SD
コンボイ全体	19.91	9.44	19.48	9.27	18.72	9.43	15.96	8.20	20.13	8.89	20.55	8.85	20.11	7.95	17.77	7.95
第1円	6.70	4.24	6.34	3.53	6.99	3.98	6.81	3.78	7.36	3.52	7.79	3.83	8.26	3.85	7.68	4.41
第2円	7.50	5.60	7.60	5.39	6.96	5.45	5.53	4.70	7.66	5.46	7.52	5.00	7.31	5.01	6.10	4.49
第3円	5.72	5.46	5.54	5.96	4.77	4.95	3.62	4.37	5.12	4.80	5.24	5.03	4.54	4.29	4.00	3.94
第1円家族	5.39	2.53	5.37	2.53	6.27	3.64	6.11	3.28	5.47	2.33	6.25	2.91	7.15	3.48	6.38	3.54
第1円親戚	0.28	0.99	0.19	0.91	0.13	0.54	0.22	0.76	0.51	1.51	0.28	0.98	0.18	0.73	0.43	1.37
第1円知人	1.02	2.50	0.78	1.82	0.58	1.39	0.48	1.43	1.37	1.80	1.25	2.12	0.92	1.58	0.86	1.92
第2円家族	1.77	1.94	2.25	2.36	2.51	2.70	2.92	3.20	1.82	1.92	1.98	2.05	2.70	2.74	2.49	2.78
第2円親戚	0.98	2.46	1.26	2.70	0.85	1.83	0.57	1.44	0.94	1.95	1.05	1.94	1.05	2.20	0.72	1.72
第2円知人	4.75	4.91	4.08	4.52	3.60	4.78	2.04	3.15	4.90	4.53	4.48	4.57	3.55	3.87	2.89	3.51
第3円家族	0.08	0.40	0.12	0.56	0.24	0.86	0.19	1.12	0.16	0.61	0.42	1.50	0.28	0.97	0.13	0.66
第3円親戚	0.05	0.42	0.28	1.49	0.21	1.08	0.19	0.94	0.19	1.07	0.17	0.75	0.22	0.96	0.09	0.48
第3円知人	5.59	5.39	5.15	5.64	4.32	4.89	3.24	4.16	4.77	4.65	4.65	4.64	4.05	3.98	3.78	3.90

代別・男女別の平均値を示したものが表 10-2 である。なお，構成人数についてはコンボイモデル全体の人数（以下，コンボイ全体），第 1 円，第 2 円，第 3 円それぞれの構成人数，各円の続柄別の人数について示した。続柄については「家族（2 親等以内）」「親戚（3 親等以上）」「知人（家族・親戚以外）」として弁別した。なお，構成人数には 1 対 1 の個人的なつきあいのある関係者のみを用いた◆2。

その結果，男性よりも女性の方がコンボイ全体の構成人数が多いこと，男女ともに第 1 円では年代による変化はみられないが，コンボイ全体，第 2 円，第 3 円の構成人数は 70 代以上で減少することが示された。つまり，中年期から 60 代までの社会関係は大きな変化を示さないが，70 歳以上で心身の衰えとともに社会関係が減少する。これは，最も親しい人物を示す第 1 円の人数は減らないが，第 2 円，第 3 円と中心から遠い人物のとの関係が疎遠になることを示唆している。また，続柄別の構成人数から，第 1 円は「家族」により構成されているが，第 2 円・第 3 円といった周辺の円には家族が少なく「知人」や「親戚」が多いことが示されている。

この結果は，Carstensen（1991）の社会情動的選択性理論を支持しているといえ

◆2　NILS-LSA では，コンボイモデル内にて，「集団でのつきあいがある人物」が，多く検出されている。その際，それらの人物は集団としての取り扱いをされているため，今回の分析からは除かれた。

るだろう。本結果において，心身の老化に伴い社会活動が低下するであろう70代以上において，最も親しい社会的ネットワークの構成人数が若い世代と変わらないこと，一方で周辺的な第2円や第3円において減少することが示された。

Lang（2004）は，コンボイを用いた子どもから高齢者までのデータに基づき，社会的ネットワークの人数の生涯にわたる変動を示した。社会的ネットワークの人数は，社会生活が活発になる中年期がピークになる逆U字形になっているが，最も重要な人をあげる第1円ではくぼみが浅いU字になるという仮説を立てた。このデータはLang（2004）が描いた仮説の中高年者の部分を支持するものであった。

3. 社会的ネットワークと心理的健康

高齢者において，積極的に社会に参加すること，あるいは人間関係をもつことは，心身の健康や生命を支えることにつながることが示されている（Bassuk et al., 1999; Glass et al., 1999）。

では，社会的ネットワークの人数が私たちの心身の健康に影響を与えるのであろうか。森山ら（2015a）は，中高年者のコンボイモデルの構成人数と自尊感情との関連を検討した。男女いずれにおいても，コンボイモデル全体，第1円・第2円において構成人数の多い群の方が，少ない群よりも自尊感情が高いことが示された。女性においては，コンボイ全体と第2円では，年代による違いがみられ，50代と70歳以上において少群よりも多群の方が自尊感情得点が高く，第2円では，50代の少群よりも多群の方が得点が高かった。なお，抑うつや生活満足度との関連は見出されなかった。

これらの結果から，中高年者において，社会的ネットワークの多寡と自尊感情が関連することが示唆された。男性においては，どの年代でも人とのつながりが多いほど，全般的な自己評価が高く自信をもちやすいことが示された。女性においては，年齢による差異が示され，50代と70歳以上で，人とのつながりが多いものが少ないものよりも自己への全般的な評価が高いことが示された。

また，森山ら（2015b）は，上記と同様のサンプルを用いて3層からなる親密性（第1円，第2円，第3円）と3種類の続柄（家族・親戚・知人）からなる9種類の社会的ネットワークを構成し，自尊感情との関連を検討した。解析方法は，自尊感情得点を従属変数とし，第1段階に背景要因，第2段階に9種類のネットワークの構成人数を投入した階層的重回帰分析を，男女別・年代別に実施した。階層的重回帰分析の結果を表10-3に示す。

中高年者の自尊感情に対する社会的ネットワークの効果には，年代によって一貫

したものはみられず，性や年齢によって異なることが示された。特に，50代以降は，子どもの独立や仕事からの引退に伴い社会的ネットワークに多様な変化が生じると推測され，そのありようが自尊感情の重要な要因となる可能性が見出された。男性では，退職等の移行期である50・60代において，親密度の高い知人の存在が重要であることが示された。女性では，50代以降で親密度中・低の知人等の存在が重要であり，女性が広く浅く社会的ネットワークをもつことで自尊感情を高める可能性を示している。また，孫の世話など家族のサポートを担う60代女性にとって親密度の高い家族の存在が重要な要因となることが特徴的であった。

中高年者の社会的ネットワークは，子の巣立ち，退職，配偶者や近親者の死などといったライフイベントによって変化が大きい可能性があり，今後はライフイベントも考慮した社会的ネットワークの検討が必要であると考えられる。また，中高年

表10-3 自尊感情得点を従属変数とした男女別年代別の階層的重回帰分析の結果
（森山ら，2015b）

	男性				女性			
	40代	50代	60代	70歳以上	40代	50代	60代	70歳以上
背景要因								
就業の有無	.04	.02	.09	.03	.08	.03	-.02	.06
世帯年収	.20***	.05	.12	.05	.12**	.10	.01	.08
教育歴	.07	.11	.10	.16**	.10	.01	.15*	.07
年齢	.01	.06	.10	.05	.05	.09	.05	.03
主観的健康感	.26***	.28***	.22***	.32***	.24***	.27***	.30***	.32***
ネットワーク構成人数								
第1円家族		.01	.13*			-.02	.23***	.06
第1円親戚		.03	.00			-.05	-.03	-.12*
第1円知人		.19**	.17**			.11	.05	.10*
第2円家族		-.02	.06			.03	.01	-.06
第2円親戚		.07	.02			.21***	-.07	.10
第2円知人		.11	.10			.20**	.08	.01
第3円家族		.13*	-.03			.01	.09	.11*
第3円親戚		.02	.08			.05	.02	-.02
第3円知人		.07	.02			.20**	-.04	.11*
R^2	.15***	.20***	.20***	.14***	.11***	.27***	.20***	.21***
ΔR^2	n.s.	.09**	.07**	n.s.	n.s.	.15***	.07**	.05**

注）1. 表中の値はStep2の標準偏回帰係数（β）である。
　　2. *p<.05, **p<.01, ***p<.001
　　3. 2親等以内親族を家族，3親等以上の親族を親戚，その他を知人とした。

者は，役割の移行や出来事などから社会的ネットワークを変化させる可能性があり，社会的ネットワークの変化に伴う自尊感情の変化についての検討が必要になるだろう。

COLUMN 10 親の加齢への適応

　自分の親の老いは，親との関わりの変更や親に対するイメージの見直しを要する，個人のそれまでの適応を揺るがしかねない重要な環境の変化である。しかし，それは危機としてだけでなく，個人そして関係性のさらなる発達の可能性を秘めたチャンスとも捉えられるのではないだろうか。筆者は研究者そして臨床心理士の卵として，老いていく親との関係性に悩みながら親そして自分自身と向き合い続ける女性たちと出会った。ここでは彼らの物語から，高齢者介護という文脈において娘が親の老いをどのように体験し，適応を困難にしてしまう分かれ目はどこにあるのかについて整理し，個人そして関係性の発達を握る鍵について考察する。

　筆者は高齢の親の介護を担う娘介護者を対象にインタビュー調査を実施した。事例によって認知症，脳梗塞による麻痺，末期がん，老人性うつ病など親の呈する症状も，必要とする介助の内容や程度も様々であった。娘介護者それぞれの体験を整理すると，親に対しどのような思いを抱きながら介護に向き合っているかによって，①親子関係に関わるわだかまりが解消することなく介護が始まり，精神的疲労が強い娘介護者，②親の症状を呈する姿に深い悲しみといたたまれないつらさを抱えている娘介護者，③親が個人としてどのように最晩年を生きることが幸せであるかを考え，自分自身も個人としての生活を犠牲にすることなく介護に臨んでいる娘介護者，という3つのタイプに分類された。タイプごとで親の症状や介助の内容，程度に共通性があるわけではなかった。つまり，タイプの違いを決めているのは介護ゆえの特徴ではなく，娘介護者が，介護が始まるまでに親や家族とどのような関係性を築いてきたか，個人としてどのような人生を歩んできたかという娘介護者の発達の過程そのものであることが示唆された。実際には，娘側の発達を考えるだけでなく，親子それぞれがリンクしながらどのように発達してきたかという家族としての発達の過程を問題とすべきであろう。たとえばタイプ①の娘介護者は，十分に親の関心を受けられなかった，自分自身の主張をことごとく否定された，親の意向に強く影響されて人生を歩んできたといった思いを抱えており，年齢を重ねても子ども時代からの親とのアンバランスな関係性や親に対するネガティブな思いにはほとんど変化がなかった。このような親子関係に関わるわだかまりは，きょうだいを含めた家族全体の関係性のいびつさを象徴するものであった。きょうだいは親の介護にあまり関与しようとせず，娘介護者もきょうだいに頼ることに消極的で一手に介護を抱え込んでいた。娘介護者は親に対しネガティブな思いを抱えている一方で親を最も気にかけ，子ども時代と同じように親の言動に振り回されてもいた。時々訪れ余裕をもって親に接しているきょうだいと，苛立ちながら日々親の介護をしている自分との差にやりきれなさも抱えていた。娘介護者の思いの根底にあるのは，ありのままの自分を愛してほしいという願いであり，あたたかい言葉を交し合うコミュニケーションを望んでいたが，思いとは裏腹の現実に親へのネガティブな思いは強まり，親から時に

投げかけられる愛情を素直に受け取ることができないほどにしこりが大きくなっていた。娘介護者はケアすべき親との喧嘩や親にやさしく接することができなかったことを悔やみ，看取り終えた後も自責の念に苦しんでいた。タイプ②の娘介護者は尊敬すべき親像を抱いており，きょうだい仲も良好で，サポートし合いながら介護に臨んでいた。タイプ①のように親子関係に関わるわだかまりを有していないこととぎょうだい間の協力体制は，介護による精神的疲労に陥ることを防いでいた。しかし，親が症状を呈する姿を容易に受け容れることは難しく，以前の尊敬すべき親を取り戻そうと躍起になり，それが叶わず落胆していた。親の側も要介護状態になるまでは特に子どもに頼ることには遠慮がちで，結果的に親自身も娘もその異変に気づきにくい状況になっていた。親の側も娘の側も，介護が始まるまで互いのイメージや関係性にはあまり変化がなかった。タイプ③の娘介護者は思春期前後から親や家族との関係性に対して疑問や反発心を急激に抱き，青年期には家を出て，親の助けを借りない生活に苦労をしながら家族とは関わりのない社会の中で自分の生き方を模索していた。壮年期には自分はどうあるべきかという問いの答えを獲得し，中年期には離れて過ごしていた親との関係性の再構築が自然と進んでいた。それは自分，親，きょうだいという家族メンバーそれぞれを個人として捉え直し，それぞれの特徴や生き方を尊重するということであった。親も娘が選んだ人生をサポートすることを望み，親子でサポートし合うという関係性ができていた。自らの意志で且つ自分のできる範囲で介護に臨むと宣言する娘介護者は，日々の親の困った言動に苛立つことがあってもすぐに立ち直り，明るくあっけらかんとしていた。

筆者が出会った女性はすべて親に対し深い愛情を有し，親をケアしたいという思いの豊かな人々であった。しかし，親からの愛情を信じることができずに傷つき悲しみを抱えた娘が，親，そして家族との関係性がいびつなまま介護に向かうことには，親に対する愛情やケアしたいという自分自身の思いすら否定し，他に頼る人がいないから仕方なくといった消極的な理由で，かつ自分の限度を超えて無理をし続ける悪循環に陥る危険があると考えられる。たとえ負担の大きな介護を要したとしても親の人生の終焉をともに心地よく過ごし，互いの人生をより豊かにするためには，成人し自分自身の人生を歩んでいく子どもと親が個人対個人として尊重し合い，年齢に伴いケアしケアされる割合が変化していくことを互いが受け容れ，関係性をゆるやかに再構築していけるかにかかっている。もし親の老いに直面することを恐れているのなら，親に対する解消されない思いに蓋をしたまま1人で親の老いに向き合おうとせず，今一度立ち止まって親や家族に対する自分の思いに耳を傾けてほしい。

引用・参考文献

● 序章

Aristotle/Ross, W. D.（1957）. *Aristotelis Politica: recognovit brevique adnotatione critica instruxit W.D. Ross*. Oxonii: E Typographeo Clarendoniano.
　（山本光雄（訳）(1969). 政治学　アリストテレス全集 15　岩波書店）

Bates, J. E., Goodnight, J. A., Fite, J. E., & Starples, A. D.（2009）. Behavior regulation as a product of temperament and environment. In S. L. Olson & A. J. Sameroff (Eds.), *Biopsychosocial regulatory processes in the development of childhood behavioral problems*. Cambridge University Press.

Bell, R. Q.（1968）. A reinterpretation of the direction of effects in studies of socialization. *Psychological Review, 75*, 81-95.

Bellah, R. N., Madsen, R., Sullivan, W. M., Sweider, A., & Tipton, A. M.（1985）. *Habits of the heart: Individualism and commitment in American life*. University of California Press.
　（島薗　進・中村圭志（訳）(1991). 心の習慣―アメリカ個人主義のゆくえ―　みすず書房）

Bronfenbrenner, U.（1978）. *The ecology of human development: Experiments by nature and design*. Harvard University Press.
　（磯貝芳郎・福富　護（訳）(1996). 人間発達の生態学―発達心理学への挑戦―　川島書店）

Bruner, J. S.（1983）. *The culture of education*. Harvard University Press.
　（岡本夏木・池上貴美子・岡村佳子（訳）(1988). 教育という文化　岩波書店）

Bruner, J. S.（1996）. *Child's talk: Learning to use language*. Oxford University Press.
　（寺田　晃・本郷一夫（訳）(2004). 乳幼児の話しことば―コミュニケーションの学習―　新曜社）

Carroll, A., Houghton, S., Durkin, K., & Hattie, J.（2009）. *Adolescent reputations and risks: Developmental trajectories to delinquency*. Springer.

Chess, S., & Thomas, A.（1987）. *Origins and evolution of behavioral disorders from infancy to early adult life*. Harvard University Press.

Cooper, C. R.（2011）. *Bridging multiple worlds: Cultures, identities, and pathways to college*. Oxford University Press.

de Haan, M.（2011）. The reconstruction of parenting after migration: A perspective from cultural translation. *Human Development, 54*, 376-399.

Descartes, R.（1637）. *Discours de la méthode*.
　（小場瀬卓三（訳）(1963). 方法序説　角川書店）

Diamond, J.（1997）. *Guns, germs, and steel: The fates of human societies*. W. W. Norton.
　（倉骨　彰（訳）(2012). 銃・病原菌・鉄―一万三〇〇〇年にわたる人類史の謎　上―　草思社）

Dodge, K. E.（1983）. Behavioral Antecedents of Peer Social Status. *Child Development, 54*, 1386-1399.

Erikson, E. H.（1959）. *Psychological issues: Identity and the life cycle*. International University Press.

（小此木圭吾（訳編）（1973）．自我同一性―アイデンティティとライフサイクル―　誠信書房）
Erikson, E. H., Erikson, J. M., & Kivnick, H. Q. (1986). *Vital involvement in old age*. W. W. Norton.
　（朝長正徳・朝長梨枝子（訳）（1990）．老年期―生き生きしたかかわりあい―　みすず書房）
Feder, A., Nestler, E. J., & Charney, D. S. (2009). Psychobiology and molecular genetics of resilience. *Nature Reviews Neuroscience, 10*, 446-457.
Frazer, J. G. (1930). *Myths of the origin of fire*. Barnes & Noble.
　（青江舜二郎（訳）（1989）．火の起源の神話　角川書店）
Gilges, W. (1955). Some African poison plants and medicines of Northern Rhodesia. *Occasional Papers, Rhodes-Livingstone Museum, 11*.
権藤恭之・SONIC 研究チーム（2017）．認知資源と幸福感の関係　日本心理学会第 81 回大会
Goodnow, J. J., & Lawrence, J. A. (2015). Children and cultural context. In M. H. Bornstein & T. Leventhal (Eds.), *Handbook of child psychology and developmental science, Vol. 4, Ecological settings and processes*. Wiley.
Hinde, R. (1974). *Biological bases of human social behavior*. Harvard University Press.
　（桑原万寿太郎・平井　久（監訳）（1977）．行動生物学（上）―人の社会行動の基礎―　講談社）
Hinde, R. (1997). *Relationships: A dialectical perspective*. Psychology Press.
Hrdy, S. B. (2005). Evolutionary context of human development: The cooperative breeding model. In C. S. Carter, L. Ahnert, K. E. Grossmann, S. B. Hrdy, M. E. Lamb, S. W. Porges, & N. Sachser (Eds.), *Attachment and bonding: A new synthesis*. MIT Press.
James, W. (1892). *Psychology, briefer course*.
　（今田　寛（訳）（1992）．心理学（上）　岩波書店）
河合雅雄（1969）．ニホンザルの生態　河出書房新社
Kaye, K. (1982). *The mental and social life of babies*. University of Chicago Press.
　（鯨岡　峻・鯨岡和子（訳）（1993）．親はどのように赤ちゃんをひとりの人間にするか　ミネルヴァ書房）
Klaus, M. H., & Kennel, J. H. (1976). *Maternal-infant bonding*. C. V. Mosby Company.
　（竹内　徹・柏木哲夫（訳）（1979）．母と子のきずな―母子関係の原点を探る―　医学書院）
Konner, M. (1972). Maternal care, infant behavior and development among the !Kung. In R. B. Lee & I. DeVore (Eds.), *Kalahari hunter-gatherers: Studies of the !Kung San and their neighbors*. Harvard University Press.
Konner, M. (1982). *The tangled wing: Biological constraints pm the human spirit*. Penguin Books.
Kruger, A. C., & Tomasello, M. (1996). Cultural learning and learning culture. In D. R. Olson & N. Torrance (Eds.), *The handbook of education and human development*. Blackwell.
Kühn, S., & Gallinat, J. (2014). Amount of lifetime video gaming is positively associated with entorhinal, hippocampal and occipital volume. *Molecular Psychiatry, 19*, 842-847.
Lave, J., & Wenger, E. (1991). *Situated learning: Legitimate peripheral participation*. Cambridge University Press.
　（佐伯　胖（訳）（1993）．状況に埋め込まれた学習―正統的周辺参加―　産業図書）

LeDoux, J. (2002). *Synaptic self: How our brains become who we are.* Viking Penguin.
　　（谷垣暁美（訳）(2004)．シナプスが人格をつくる―脳細胞から自己の総体へ―　みすず書房）
Lerner, R. M. (2015). *Preface of Handbook of child psychology and developmental science* (7th ed.). Wiley.
Lévy Strauss, C. (1962). *La pensée sauvage.* Librairie Plon.
　　（大橋保夫（訳）(1976)．野生の思考　みすず書房）
Lewin, K. (1951). *Field theory in social science: Selected theoretical papers.* Harper & Brothers.
　　（猪俣佐登留（訳）(1958)．社会科学の場の理論　誠信書房）
松沢哲郎 (2012)．対談　チンパンジーと私たち―人間らしさを知る―　週間医学会新聞, *2994*.
McNeill, W. H. (1999). *A world history.* Oxford University Press.
　　（増田義郎・佐々木昭夫（訳）(2008)．世界史（上）　中央公論新社）
Mead, G. H. (1934). *Mind, self, and society: From the standpoint of a social behaviorist.* University of Chicago Press.
　　（稲葉三千男・滝沢正樹・中野　収（訳）(1973)．精神・自我・社会　青木書店）
宮本常一 (1984)．家郷の訓　岩波書店
中根千枝. (1967)．タテ社会の人間関係―単一社会の理論―　講談社
NHKスペシャル取材班. (2012)．ヒューマン―なぜヒトは人間になれたのか―　角川書店
Nicolis, G., & Prigogine, I. (1989). *Exploring complexity.* R. Piper GmbH & Co.
　　（安孫子誠也・北原和夫（訳）(1993)．複雑性の探求　みすず書房）
Prigogine, I. (1980). *From being to becoming: Time and complexity in the physical sciences.* W. H. Freeman.
　　（小出昭一郎・安孫子誠也（訳）(1984)．存在から発展へ―物理化学における時間と多様性―　みすず書房）
Prigogine, I., & Stengers, I. (1984). *Order out of chaos: Man's new dialogue with nature.* Bantam New Age Books.
　　（伏見康治・伏見　謙・松枝秀明（訳）(1987)．混沌からの秩序　みすず書房）
Rogoff, B. (2003). *The cultural nature of human development.* Oxford University Press.
　　（當間千賀子（訳）(2006)．文化的営みとしての発達―個人，世代，コミュニティ―新曜社）
Sameroff, A. J., & Emde, R. N. (1989). *Relationship disturbances in early childhood: A developmental approach.* Basic Books.
Stearns, P. N. (2015). Children in history. In M. H. Bornstein & T. Leventhal (Eds.), *Handbook of child psychology and developmental science, Vol. 4, Ecological settings and processes.* Wiley.
Stern, D. N. (1985). *The interpersonal world of infant: A view from psychoanalysis and developmental psychology.* Basic Books.
　　（小此木啓吾・丸田俊彦（監訳）(1989)．乳児の対人世界―理論編―　岩崎学術出版社）
Stone, A. A., Schwartz, J. E., Joan E. Broderick, J. E., & Deaton, A. (2010). A snapshot of the age distribution of psychological well-being in the United States. *Proceedings of the National Academy of Sciences of the United States of America, 107*, 9985-9990.
杉原重夫 (2011)．石器時代における神津島産黒曜石製遺物の原産地-消費地の関係からみた環境適応　日本第四紀学会講演要旨集, *41*, 54-55.
Telzer, E. H. (2010). Expanding the acculturation gap-distress model: An integrative review of

research. *Human Development, 53*, 313-340.
Thomas, A., & Chess, S.（1980）. *The dynamics of psychological development.* Brunner/Mazel.
（林　雅次（監訳）（1981）. 子供の気質と心理的発達　星和書店）
氏家達夫（1996a）. 子どもは気まぐれ　ミネルヴァ書房
氏家達夫（1996b）. 親になるプロセス　金子書房
Vygotsky, L. S.（1978）. *Mind in society: The development of higher psychological processes*（M. Cole, V. Jphn-Steiner, S. Scribner, & E. Souberman Eds.）. Harvard University Press.
Weaver, I. C., Cervoni, N., Champagne, F. A., D'Alessio, A. C., Sharma, S., Seckl, J. R., Dymov, S., Szyf, M., & Meaney, M. J.（2004）. Epigenetic programming by maternal behavior. *Nature Neuroscience, 7*, 847-854.
Weiss, A., Kingc, J. E., Inoue-Murayama, M., Matsuzawa, T., & Oswald, A. J.（2012）. Evidence for a midlife crisis in great apes consistent with the U-shape in human well-being. *Proceedings of the National Academy of Sciences of the United States of America, 109*, 19949-19952.
Whiting, B. B., & Whiting, J. W. M.（1975）. *Children of six cultures: A psycho-cultural analysis.* Harvard University Press.
Wickler, W.（1971）. *Die Biologie der Zehn Gebot.* R. Piper.
（日高敏隆・大場更明（訳）（1976）. 十戒の生物学―モラルについての行動学的考察―　平凡社）
Wilson, E. O.（1978）. *On human nature.* Harvard University Press.
（岸　由二（訳）（1980）. 人間の本性について　思索社）
Witherington, D. C.（2015）. Dynamic systems in developmental science. In W. F. Overton & P. C. M. Molenaar（Eds.）, *Handbook of child psychology and developmental science, Vol. 1, Theory and method.* Wiley.
柳田国男（1960）. 子ども風土記　角川書店

● 第1章

Ainsworth, M. D. S., Blehar, M., Waters, E., & Wall, S.（1978）. *Patterns of attachment: A psychological study of the strange situation.* Hillsdale, NJ: Erlbaum.
Allen, J. P.（2008）. The attachment system in adolescence. In J. Cassidy, & P. R. Shaver（Eds.）, *Handbook of attachment: Theory, research, and clinical applications.*（2nd ed., pp. 419-435）. NY: Guilford Press.
Banse, R.（2001）. Affective priming with liked and disliked persons: Prime visibility determines congruency and incongruency effects. *Cognition and Emotion, 15*, 501-520.
Bartholomew, K., & Horowitz, L. M.（1991）. Attachment styles among young adults: A test of a four-category model. *Journal of Personality and Social Psychology, 61*, 226-244.
Belsky, J.（1996）. Parent, infant, and social-contextual antecedents of father-son attachment security. *Developmental Psychology, 32*, 905-913.
Belsky, J.（2005）. Attachment theory and research in ecological perspective: Insights from the Pennsylvania infant and family development project and the NICHD study of early child care. In K. E. Grossmann, K. Grossmann, & E. Waters（Eds.）, *Attachment from infancy to adulthood: The major longitudinal studies*（pp. 71-97）. New York, NY: Guilford Press.
Belsky, J., & Fearon, R. M. P.（2002）. Early attachment security, subsequent maternal sensitivity and later child development: Does continuity in development depend upon continuity of

caregiving? *Attachment and Human Development, 4*, 361-387.

Belsky, J., & Fearon, R. M. P. (2008). Precursors of attachment security. In J. Cassidy, & P. R. Shaver (Eds.), *Handbook of attachment: Theory, research, and clinical applications*. (2nd ed., pp. 295-316). New York, NY: Guildford Press.

Bowlby, J. (1969). *Attachment and loss. Vol. 1: Attachment*. New York, NY: Basic Books.

Bowlby, J. (1973). *Attachment and loss. Vol. 2: Separation*. New York, NY: Basic Books.

Bowlby, J. (1979). *The making and breaking of affectional bond*. London: Tavistock.

Bowlby, J. (1980). *Attachment and loss. Vol. 3: Loss*. New York, NY: Basic Books.

Brennan, K. A., Clark, C. L., & Shaver, P. R. (1998). Self-report measurement of adult attachment: An integrative overview. In J. A. Simpson, & W. S. Rholes (Eds.), *Attachment theory and close relationships* (pp. 46-76). New York, NY: Guilford Press.

Bretherton, I. (1993). From dialogue to internal working models: The co-construction of self in relationships. In C. A. Nelson (Ed.), *Memory and affect in development. The Minnesota Symposia on Child Psychology, 26*, 237-263.

Bretherton, I., & Munholland, K. A. (2008). Internal working models in attachment relationships: Elaborating a central construct in attachment theory. In J. Cassidy, & P. R. Shaver (Eds.), *Handbook of attachment: Theory, research, and clinical applications*. (2nd ed., pp. 102-127). New York, NY: Guildford Press.

Campbell, L., Simpson, J. A., Boldry, J., & Kashy, D. A. (2005). Perceptions of conflict and support in romantic relationships: The role of attachment anxiety. *Journal of Personality and Social Psychology, 88*, 510-531.

Cassidy, J. (1994). Emotion regulation: Influences of attachment relationships. *Monographs of the Society for Research in Child Development, 59*, 228-249.

Cassidy, J., & Berlin, L. J. (1994). The insecure/ambivalent pattern of attachment: Theory and research. *Child Development, 65*, 971-991.

Collins, N. L., & Feeney, B. C. (2000). A safe haven: An attachment theory perspective on support seeking and caregiving in intimate relationships. *Journal of Personality and Social Psychology, 78*, 1053-1073.

Collins, N. L., & Feeney, B. C. (2004). Working models of attachment shape perceptions of social support: Evidence from experimental and observational studies. *Journal of Personality and Social Psychology, 87*, 363-383.

Collins, N. L., Ford, M. B., Guichard, A. C., & Allard, L. M. (2006). Working models of attachment and attribution processes in intimate relationships. *Personality and Social Psychology Bulletin, 32*, 201-219.

Collins, N. L., & Read, S. J. (1990). Adult attachment, working models, and relationship quality in dating couples. *Journal of Personality and Social Psychology, 58*, 644-663.

Cox, M. J., Owen, M. T., Henderson, V. K., & Margand, N. A. (1992). Prediction of infant-father and infant-mother attachment. *Developmental Psychology, 28*, 474-483.

Crockenberg, S. (1981). Infant irritability, mother responsiveness, and social support influence on the security of infant-mother attachment. *Child Development, 52*, 857-865.

De Wolff, M. S., & van IJzendoorn, M. H. (1997). Sensitivity and attachment: A meta-analysis on parental antecedents of infant attachment. *Child Development, 68*, 571-591.

遠藤利彦・石井佑可子・佐久間路子（2014）．よくわかる情動発達　ミネルヴァ書房

Fanz, R. L. (1963). Pattern vision in newborn infants. *Science, 140*, 296-297.
Fox, N. A., Kimmerly, N. L., & Schafer, W. D. (1991). Attachment to mother/attachment to father: A meta-analysis. *Child Development, 62*, 210-225.
Fraley, R. C., Garner, J. P., & Shaver, P. R. (2000). Adult attachment and the defensive regulation of attention and memory: Examining the role of preemptive and postemptive defensive processes. *Journal of Personality and Social Psychology, 79*, 816-826.
Fraley, R. C., Niedenthal, P. M., Marks, M., Brumbaugh, C., & Vicary, A. (2006). Adult attachment and the perception of emotional expressions: Probing the hyperactivating strategies underlying anxious attachment. *Journal of Personality, 74*, 1163-1190.
Fraley, R. C., & Shaver, P. R. (1997). Adult attachment and the suppression of unwanted thoughts. *Journal of Personality and Social Psychology, 73*, 1080-1091.
George, C., Kaplan, N., & Main, M. (1984). *Adult Attachment Interview Protocol*. Unpublished manuscript, University of California at Berkley.
Gillath, O., Bunge, S. A., Shaver, P. R., Wendelken, C., & Mikulincer, M. (2005). Attachment-style differences in the ability to suppress negative thoughts: Exploring the neural correlates. *NeuroImage, 28*, 835-847.
Gilliom, M., Shaw, D. S., Beck, J. E., Schonberg, M. A., & Lukon, J. L. (2002). Anger regulation in disadvantaged preschool boys: Strategies, antecedents, and the development of self-control. *Developmental Psychology, 38*, 222-235.
Goossens, F. A., & van IJzendoorn, M. H. (1990). Quality of infants' attachments to professional caregivers: Relation to infant-paretnt attachment and day-care characteristics. *Child Development, 61*, 832-837.
Grossmann, K., Grossmann, K. E., & Kindler, H. (2005). Early care and the roots of attachment and partnership representations: The Bielefeld and Regensburg longitudinal studies. In K. E. Grossmann, K. Grossmann, & E. Waters (Eds.), *Attachment from infancy to adulthood: The major longitudinal studies* (pp. 98-136). New York, NY: Guilford Press.
Gunnar M., Mangelsdorf, S., Larson, M., & Hertsgaard, L. (1989). Attachment, temperament, and adrenocortical activity in infancy: A study of psychoendocrine regulation. *Developmental Psychology, 25*, 355-363.
繁多 進(1987).愛着の発達―母と子の心の結びつき― 大日本図書
速水敏彦(2006).他人を見下す若者たち 講談社
速水敏彦・木野和代・高木邦子(2004).仮想的有能感の構成概念妥当性の検討 名古屋大学大学院教育発達科学研究科紀要.心理発達科学,*51*, 1-8.
速水敏彦・木野和代・高木邦子(2005).他者軽視に基づく仮想的有能感―自尊感情との比較から― 感情心理学研究,*12*, 43-55.
Hazan, C., & Shaver, P. R. (1987). Romantic love conceptualized as an attachment process. *Journal of Personality and Social Psychology, 52*, 511-524.
Hesse, E. (2008). The adult attachment interview: Protocol, method of analysis, and empirical studies. In J. Cassidy, & P. R. Shaver (Eds.), *Handbook of attachment: Theory, research, and clinical applications*. (2nd ed., pp. 552-598). New York, NY: Guilford Press.
Howes, C., & Hamilton, C. E. (1992a). Children's relationships with caregivers: Mothers and child care teachers. *Child Development, 63*, 859-866.
Howes, C., & Hamilton, C. E. (1992b). Children's relationships with child care teachers: Stability

and concordance with parental attachments. *Child Development*, 63, 867-878.
Howes, C., & Spieker, S. (2008). Attachment relationships in the context of multiple caregivers. In J. Cassidy, & P. R. Shaver (Eds.), *Handbook of attachment: Theory, research, and clinical applications*. (2nd ed., pp. 317-332). New York, NY: Guildford Press.
井上健治・久保ゆかり (1997). 子どもの社会的発達　東京大学出版会
Isabella, R. A. (1993). Origins of attachment: Maternal interactive behavior across the first year. *Child Development*, 64, 605-621.
蒲谷槙介 (2013). 前言語期乳児のネガティブ情動表出に対する母親の調律的応答―母親の内的作業モデルおよび乳児の気質との関連―　発達心理学研究, 24, 507-517.
金政祐司 (2005). 自己と他者への信念や期待が表情の感情認知に及ぼす影響―成人の愛着的視点から―　心理学研究, 76, 359-367.
Kerns, K. A. (2008). Attachment in middle childhood. In J. Cassidy, & P. R. Shaver (Eds.), *Handbook of attachment: Theory, research, and clinical applications*. (2nd ed., pp. 366-382). New York, NY: Guildford Press.
Kerns, K. A., Klepac, L., & Cole, A. (1996). Peer relationships and preadolescents' perceptions of security in the child-mother relationship. *Developmental Psychology*, 32, 457-466.
Kochanska, G. (2001). Emotional development in children with different attachment histories: The first three years. *Child Development*, 72, 474-490.
Main, M., & Hesse, E. (1990). Parents' unresolved traumatic experiences are related to infant disorganized attachment status: Is frightened and/or frightening parental behavior the linking mechanism? In M. T. Greenberg, D. Cicchetti, & E. M. Cummings (Eds.), *Attachment in the preschool years* (pp. 161-182). Chicago, IL: University of Chicago Press.
Main, M., & Solomon, J. (1986). Discovery of an insecure-disorganized/disoriented attachment pattern. In T. B. Brazelton, & M. Yogman (Eds.), *Affective development in infancy* (pp. 95-124). Norwood, NJ: Ablex.
Main, M., & Solomon, J. (1990). Procedures for identifying infants as disorganized/disoriented during the Ainsworth strange situation. In M. T. Greenberg, D. Cicchetti, & E. M. Cummings (Eds.), *Attachment in the preschool years* (pp. 121-160). Chicago, IL: University of Chicago Press.
McElwain, N. L., Cox, M. J., Burchinal, M. R., & Macfie, J. (2003). Differenciating among insecure mother-infant attachment classifications: A focus on child-friend interaction and exploration during solitary play at 36 months. *Attachment and Human Development*, 5, 136-164.
Meins, E., Fernyhough, C., Fradley, E., & Tuckey, M. (2001). Rethinking maternal sensitivity: Mothers' comments on infants' mental processes predict security of attachment at 12 months. *Journal of Child Psychology and Psychiatry*, 42, 637-648.
Meins, E., Fernyhough, C., Wainwright, R., Das Gupta, M., Fradley, E., & Tuckey, M. (2002). Maternal mind-mindedness and attachment security as predictors of theory of mind understanding. *Child Development*, 73, 1715-1726.
Mikulincer, M., Dolev, T., & Shaver, P. R. (2004). Attachment-related strategies during thoughts suppression: Ironic rebounds and vulnerable self-representations. *Journal of Personality and Social Psychology*, 87, 940-956.
Mikulincer, M., & Horesh, N. (1999). Adult attachment style and the perception of others: The

role of projective mechanisms. *Journal of Personality and Social Psychology, 76*, 1022-1034.

Mikulincer, M., & Shaver, P. R. (2007). *Attachment in adulthood: Structure, dynamics, and change.* New York, NY: Guilford Press.

Mikulincer, M., & Shaver, P. R. (2008). Adult attachment and affect regulation. In J. Cassidy, & P. R. Shaver (Eds.), *Handbook of attachment: Theory, research, and clinical applications.* (2nd ed., pp. 503-531). New York, NY: Guilford Press.

中尾達馬・加藤和生（2004）．"一般他者"を想定した愛着スタイル尺度の信頼性と妥当性の検討　九州大学心理学研究, *5*, 19-27.

根ヶ山光一（2012）．アロマザリングの島の子どもたち―多良間島子別れフィールドノート―　新曜社

NICHD Early Child Care Research Network. (1997). The effects of infant child care on infant-mother attachment security: Results of the NICHD study of early child care. *Child Development, 68*, 860-879.

Noftle, E. E., & Shaver, P. R. (2006). Attachment dimensions and the big five personality traits: Associations and comparative ability to predict relationship quality. *Journal of Research in Personality, 40*, 179-208.

Pederson, D. R., Gleason, K. E., Moran, G., & Bento, S. (1998). Maternal attachment representations, maternal sensitivity and the infant-mother attachment relationship. *Developmental Psychology, 34*, 925-933.

Raikes, H. A., & Thompson, R. A. (2006). Family emotional climate, attachment security, and young children's emotion understanding in a high-risk sample. *British Journal of Developmental Psychology, 24*, 89-104.

Raikes, H. A., & Thompson, R. A. (2008). Conversations about emotions in high-risk dyads. *Attachment and Human Development, 10*, 359-377.

Rothbert, M. K., & Derryberry, D. (1981). Development of individual differences in temperament. In M. E. Lamb & A. L. Brown (Eds.), *Advances in developmental psychology*, Vol. 1 (pp. 37-86). Hillsdale, NJ: Erlbaum.

Schneider, B., Atkinson, L., & Tardif, C. (2001). Child-parent attachment and children's peer relations: A quantitative review. *Developmental Psychology, 37*, 86-100.

Shaver, P. R., & Brennan, K. A. (1992). Attachment styles and the "Big Five" personality traits: Their connections with each other and with romantic relationship outcomes. *Personality and Social Psychology Bulletin, 18*, 536-545.

Shaver, P. R., & Mikulincer, M. (2004). What do self-report attachment measures assess? In W. S. Rholes, & J. A. Simpson (Eds.), *Adult attachment: Theory, research, and clinical implications* (pp. 17-54). New York, NY: Guilford Press.
（中尾達馬（訳）（2008）．自己報告式アタッチメント測度は何を測定しているのか　遠藤利彦・谷口弘一・金政裕司・串崎真志（監訳）　成人のアタッチメント―理論・研究・臨床―（pp. 16-54）　北大路書房）

Shaver, P. R., & Mikulincer, M. (2007). Adult attachment strategies and the regulation of emotion. In J. J. Gross (Ed.), *Handbook of emotion regulation* (pp. 446-465). New York, NY: Guilford Press.

島　義弘（2007a）．愛着の内的作業モデルに関する一考察―情報処理の視点から―　心理学評論, *50*, 151-162.

島　義弘（2007b）．青年期の愛着と Big Five―日本人サンプルでの検討―　パーソナリティ研究, *16*, 121-123.

島　義弘（2012）．アタッチメントの内的作業モデルと仮想的有能感の関連　パーソナリティ研究, *21*, 176-182.

島　義弘・福井義一・金政祐司・野村理朗・武儀山珠実・鈴木直人（2012）．内的作業モデルが表情刺激の情動認知に与える影響　心理学研究, *83*, 75-81.

島　義弘・永瀬由佳（2015）．保健室イメージと学級適応感が養護教諭へのアタッチメント行動に及ぼす影響　鹿児島大学教育学部教育実践研究紀要, *24*, 189-195.

篠原郁子（2011）．母親の mind-mindedness と子どもの信念・感情理解の発達―生後5年間の縦断調査―　発達心理学研究, *22*, 240-250.

Simpson, J. A. (1990). Influence of attachment styles on romantic relationships. *Journal of Personality and Social Psychology*, *59*, 971-980.

Simpson, J. A., Rholes, W. S., & Nelligan, J. S. (1992). Support seeking and support giving within couples in an anxiety-provoking situation: The role of attachment styles. *Journal of Personality and Social Psychology*, *62*, 434-446.

Simpson, J. A., Rholes, W. S., Oriña, M. M., & Grich, J. (2002). Working models of attachment, support giving, and support seeking in a stressful situation. *Personality and Social Psychology Bulletin*, *28*, 598-608.

Simpson, J. A., Rholes, W. S., & Phillips, D. (1996). Conflict in close relationships: An attachment perspective. *Journal of Personality and Social Psychology*, *71*, 899-914.

Sroufe, L. A., Egeland, B., Carlson, E., & Collins, W. A. (2005). Placing early attachment experiences in developmental context: The Minnesota longitudinal study. In K. E. Grossmann, K. Grossmann, & E. Waters (Eds.), *Attachment from infancy to adulthood: The major longitudinal studies* (pp. 48-70). New York, NY: Guilford Press.

Steele, H., Steele, M., Croft, C., & Fonagy, P. (1999). Infant-mother attachment at one year predicts chldren's understanding of mixed emotions at six years. *Social Development*, *8*, 161-178.

Steele, H., Steele, M., & Fonagy, P. (1996). Associations among attachment classifications of mothers, fathers, and their infants. *Child Development*, *67*, 541-555.

Susman-Stillman, A., Kalkoske, M., Egeland, B., & Waldman, I. (1996). Infant temperament and maternal sensitivity as predictors of attachment security. *Infant Behavior and Development*, *19*, 33-47.

詫摩武俊・戸田弘二（1988）．愛着理論からみた青年の対人態度―成人版愛着スタイル尺度作成の試み―　人文学報（東京都立大学人文学部）, *196*, 1-16.

Thompson, R. A. (2008). Early attachment and later development: Familiar questions, new answers. In J. Cassidy, & P. R. Shaver (Eds.), *Handbook of attachment: Theory, research, and clinical applications.* (2nd ed., pp. 348-365). New York, NY: Guilford Press.

van IJzendoorn, M. H. & De Wolf, M. S. (1997). In search of the absent father―Meta-analysis of infant-father attachment: A rejoinder to our discussants. *Child Development*, *68*, 604-609.

van IJzendoorn, M. H., Sagi, A., & Lambermon, M. W. E. (1992). The multiple caretaker paradox: Data from Holland and Israel. In R. C. Pianta (Ed.), *Beyond the parent: The role of other adults in children's lives. New Directions for Child Development*, Vol. 57 (pp. 5-24). San Francisco, CA: Jossey-Bass.

van IJzendoorn, M. H., & Sagi-Schwartz, A.(2008). Cross-cultural patterns of attachment: Universal and contextual dimensions. In J. Cassidy, & P. R. Shaver (Eds.), *Handbook of attachment: Theory, research, and clinical applications.* (2nd ed., pp. 880-905). New York, NY: Guildford Press.

Vaughn, B. E., Bost, K. K., & van IJzendoorn, M. H.(2008). Attachment and temperament: Additive and interactive influences on behavior, affect, and cognition during infancy and childhood. In J. Cassidy, & P. R. Shaver (Eds.), *Handbook of attachment: Theory, research, and clinical applications.* (2nd ed., pp. 192-216). New York, NY: Guildford Press.

Waters, E., Merrick, S., Treboux, D., Crowell, J., & Albersheim, L.(2000). Attachment security in infancy and early adulthood: A twenty-year longitudinal study. *Child Development, 71*, 684-689.

Wilkinson, R. B., & Walford, W. A.(2001). Attachment and personality in the psychological health of adolescents. *Personality and Individual Differences, 31*, 473-484.

● Column 1

遠藤利彦(2002). 発達における情動と認知の絡み　高橋雅延・谷口高士(編)　感情と心理学(pp. 2-40)　北大路書房

遠藤利彦(2005). アタッチメント理論の基本的枠組み　数井みゆき・遠藤利彦(編)　アタッチメント生涯にわたる絆(pp. 1-31)　ミネルヴァ書房

Fonagy, P., Gergely, G., Jurist, E. L., & Target, M.(2004). *Affect regulation, mentalization, and the development of the self.* London: H. Karnac Books.

Gil, E.(1991). *The healing power of play: Working with abused children.* New York: The Guilford Press.
　(西澤　哲(訳)(1997). 虐待を受けた子どものプレイセラピー　誠信書房)

松永邦裕(2007). 被虐待児の環境療法―認知行動療法的アプローチにおける情緒的関わりの重要性―　子どもの虐待とネグレクト, 9, 16-24.

松永邦裕(2008). 被虐待児の環境療法における感情コントロールの援助―関係性におけるネガティブな感情の表出に注目して―　カウンセリング研究, 41, 245-253.

Meins, E.(1997). *Security of attachment and the social development of cognition.* UK: Psychology Press.

西澤　哲(1997). 子どものトラウマ　講談社

西澤　哲(2010). 子ども虐待　講談社

大橋麗子(2015). 治療的養育により虐待を受けた子どもの感情調整方略が変化する過程―障害児入所施設における1事例―　子どもの虐待とネグレクト, 17, 65-74.

大石　聡(2012). 虐待による精神症状とその治療　奥山眞紀子・西澤　哲・森田展彰(編)虐待を受けた子どものケア・治療(pp. 106-119)　診断と治療社

大迫秀樹(2003). 虐待を受けた子どもに対する環境療法―児童自立支援施設における非行傾向のある小学生に対する治療教育―　発達心理学研究, 14, 77-89.

Saarni, C.(1999). *The development of emotional competence.* New York: Guilford Press.
　(佐藤　香(監訳)(2005). 感情コンピテンスの発達　ナカニシヤ出版)

坂上裕子(2005). アタッチメントの発達を支える内的作業モデル　数井みゆき・遠藤利彦(編)　アタッチメント―生涯にわたる絆―(pp. 32-48)　ミネルヴァ書房

杉山登志郎(2007). 子ども虐待という第4の発達障害　学習研究社

坪井裕子(2005). Child Behavior Checklist/4-18(CBCL)による被虐待児の行動と情緒の特徴

―児童養護施設における調査の検討―　教育心理学研究，*53*, 110-121.

● 第 2 章
Bremner, J. G. (1994). *Infancy* (2th ed.). Oxford: B. Blackwell.
　　（渡部雅之（訳）（1999）　乳児の発達　ミネルヴァ書房）
Campos, J. (1998). Emotional development: Action, communication, and understanding. In K. A. Franklin (Ed.), *Child Psychology* (5th ed., pp. 237-310).
Emde, R. N., Osofsky, J. D., & Butterfield, P. M. (Eds.). (1993). *The IFEEL Pictures: A new instrument for interpreting emotions*. Connecticut: International Universities Press, Inc.
Emde, R. N., & Sorce, J. F. (1983).The rewards of infancy: Emotional availability and maternal referencing. In J. D. Coll, E. Galenson, & R. L. Tyson (Eds.), *Frontiers of infant psychiatry*. New York: Basic Books.
　　（小此木啓吾（監訳）（1988）．乳幼児からの報酬―情緒応答性と母親参照機能―　乳幼児精神医学（pp.25-48）．岩崎学術出版社）
遠藤利彦（1998）．関係性と子どもの社会情緒的発達―日本の乳幼児研究の 1 年を振り返る―教育心理学年報，*37*, 37-54.
Field, T., Diego, M., Hernandez-Reif, M., et al. (2003). Depressed mothers who are "good interaction" partners versus those who are withdrawn or intrusive. *Infant Behavior & Development*, *26*, 238-252.
Hsu, H., & Fogel, A. (2003). Stability and transitions in mother-infant face-to-face communication during the first 6 months: A microhistorical approach. *Developmantal Psychology*, *39*, 1061-1082.
Johnson, W., Emde, R. N., Pannabecker, B., Stenberg, C., & Davis, M. (1982). Maternal perception of infant emotion from birth through 18 months. *Infant Behavior and Development*, *5*, 313-322.
柏木惠子・若松素子（1994）．「親となる」ことによる人格発達―生涯発達的視点から親を研究する試み―　発達心理学研究，*5*, 72-83.
川喜多二郎（1967）．発想法―創造性開発のために―　中央公論社
川喜多二郎（1970）．発想法〈続〉―KJ 法の展開と応用―　中央公論社
川田　学・塚田-城みちる・川田暁子（2005）．乳児期における自己主張の発達と母親の対処行動の変容―食事場面における生後 5 か月から 15 か月までの縦断研究―　発達心理学研究，*16*, 46-58.
Kaye, K. (1982). *The mental and social life of babies*. Chicago: The University of Chicago Press.
　　（鯨岡　峻・鯨岡和子（訳）（1993）．親はどのようにして赤ちゃんをひとりの人間にするのか　ミネルヴァ書房）
木下孝司（2006）．認知発達研究からみた乳幼児研究の動向と今後の課題　教育心理学年報，*45*, 33-42.
Lazarus, R. S. (1991). *Emotion and adaptation*. New York: Oxford University Press.
松永あけみ（2004）．乳幼児期の社会情動的発達研究の動向を探る―人とのかかわりと自他理解を中心にして―　教育心理学年報，*43*, 38-47.
Meins, E. (1997). *Security of attachment and the social development of cognition*. East Sussex, UK: Psychology Press.
Meins, E., Fernyhough, C., Wainwright, R., Gupta, D. M., Fradley, E., & Tuckey, M. (2002). Maternal mind-mindedness and attachment security as predictors of theory of mind

understanding. *Child Development, 73*, 1715-1726.
小原倫子（2005）．母親の情動共感性音日情緒応答性と育児困難感との関連　発達心理学研究，*16*, 92-102.
Obara, T. & Ishii, R.（2015）. Process of change in mothers' ability to perceive infant emotion. Poster presentation at the 17th European Conference on Development Psychology.
小原倫子・上嶋菜摘（2013）．養育者による子どもの情動を読み取る能力のカテゴリー化—ビデオ刺激の活用による検証—　岡崎女子短期大学研究紀要，*46*, 9-13.
Oppenheim, D. & Koren-Karie, N.（2002）. Mother's insightfulness regarding their children's internal worlds: The capacity underlying secure child-mother relationship. *Infant Mental Health Journal, 23*, 593-605.
Oster, H., Hegley, D., & Nagel, L.（1992）. Adult judgements and fine-grained analysis of infant facial expressions: Testing the validity of a priori coding formulas. *Developmental Psychology, 44*, 1115-1131.
Papousek, H., & Papousek, M.（1992）. Beyond emotional bonding: The role of preverbal communication in mental growth and health. *Infant Mental Health Journal, 13*, 42-52.
坂上裕子（2002）．歩行開始期における母子の葛藤的やりとりの発達的変化—母子における共変化過程の検討乳—　発達心理学研究，*13*, 261-273.
佐藤達哉・菅原ますみ・戸田まり・島　悟・北村俊則（1994）．育児に関連するストレスとその抑うつ重症度との関連　心理学研究，*64*, 409-416.
Schaffer, H. R.（1984）. *The child's entry into a social world*. London: Academic Press.
島　義弘・小原倫子・小林邦江・上嶋菜摘（2009）．乳児の心的状態の読み取りに関する研究—VTR刺激の開発と妥当性の検証—　名古屋大学大学院教育発達科学研究科紀要（心理発達科学），*56*, 83-89.
篠原郁子・遠藤利彦（2003a）．母親による乳児の主観的状態の読み取り—mind-mindedness測度開発の試み—　日本発達心理学会第14回大会発表論文集，121.
篠原郁子・遠藤利彦（2003b）．養育者による乳児の主観的状態の読み取りと相互作用の在り方について①—言語的関わりとの関連性の検討—　日本教育心理学会第45回総会発表論文集，347.
徳田治子（2004）．ナラティブから捉える子育て期女性の意味づけ—生涯発達の視点から—　発達心理学研究，*15*, 13-26.
Tronick, E. Z., Als, H., & Brazelton, T. B.（1980）. Monadic phases: A structural descriptive analysis of infant-mother face-to-face interaction. *Merrill-Palmer Quarterly of Behavior and Development, 26*, 3-24.
上嶋菜摘・小原倫子（2010）．母親が乳児に対する"かかわり"において着目できる手がかり　乳幼児医学・心理学研究，*19*, 49-60.
氏家達夫（1996）．親になるプロセス　金子書房
氏家達夫・高濱裕子（1994）．3人の母親—その適応過程についての追跡的研究—　発達心理学研究，*5*, 123-136.

● Column 2

Field, T. M.,（1977）. Effects of early separation, interactive deficits face-to-face interaction. *Child Development, 72*, 1301-1313.
井手裕子（2016a）．母親の乳幼児に対するミラーリングと言語発達との関連について　小児保

健研究，75, 445-452.
井手裕子（2016b）．ミラーリングプログラム試行と母子の変化について―プログラム参加に対する母親の感想事例から読み取れる効果― 名古屋大学大学院教育発達科学研究科紀要（心理発達科学），63, 73-82.
井手裕子（2017）．ミラーリングプログラムの効果検証―ミラーリングの増加は母子交流を促すか― 日本教育心理学会大59回総会発表論文集，283.
鯨岡 峻（1999）．関係発達論の展開―間主観的アプローチによる― ミネルヴァ書房
Legerstee, M., Fisher, T., & Markova, G. (2005). The development of attention during dyadic and triadic interactions: The role of affect attunement. *Paper presented at 35th Annual Meeting of the Jean Piajet Society* (Vancouver, Canada), June, 2005. In Infant's Sence of People Precursors to a Theory of Mind, Press of the University of Cambridge, England.
（大藪 泰（訳）（2014）．乳児の対人感覚の発達（pp. 187-206） 新曜社）
Legerstee, M., & Varghese, J. (2001). The role of affect mirroring on social expectancies in three-month-old infants. *Child Development*, 72, 1301-1313.
Nadel, J., Croue, S., Mattinger, M. J., Canet, P., Hudelot, C., Lecuyer, C., & Martini, M. (2000). Do children with autism have expectancies about the social behavior of unfamiliar people? *Autism*, 4, 133-145.
Siller, M., & Sigman, M. (2002). The behaviors of parents of children with autism predict the subsequent development of their children's communication. *Journal of Autism and Developmental Disorders*, 32, 77-89.
Stern, D. N. (1985). *The interpersonal world of the infant: A view from psychoanalysis and developmental psychology.* Basic Books, Inc.
（小此木啓吾・丸田俊彦（監訳）（1989）．乳児の対人世界 岩崎学術出版社）
Tiegerman, E., & Primavera, L. (1981). Object manipulation: An interactional strategy with autistic children. *Journal of Autism and Developmental Disorders*, 11, 427-438.
Trevarthen, C. (1979). Communication and cooperation in early infancy: A description of primary intersubjectivity. In M. Bullowa (Ed.), *Before speech: The beginnings of human communication* (pp. 321-347). Cambridge, UK: Cambridge University Press.
（鯨岡 峻（編訳著）鯨岡和子（訳）（1989）．母と子のあいだ―初期コミュニケーションの発達―（pp. 69-101） ミネルヴァ書房）
Winnicott, D. W. (1971). Mirror-role of mother and family in child development. In D. W. Winnicott, *Playing and reality*. London: Tavistock Publications Ltd.
（橋本雅雄（訳）（1979）．遊ぶことと現実（pp. 156-166） 岩崎学術出版社）

● 第3章

Adams, R. E., & Laursen, B. (2007). The correlates of conflict: disagreement is not necessarily detrimental. *Journal of Family Psychology*, 21, 445-458.
青木聡子（2009）．幼児をもつ共働き夫婦の育児における協同とそれにかかわる要因―育児の計画における連携・調整と育児行動の分担に着目して― 発達心理学研究，20, 382-392.
Belsky, J., & Kelly, J. (1994). *The transition to parenthood.* New York: Dell Publishing Group.
（安次嶺佳子（訳）（1995）．子供をもつと夫婦に何が起こるか 草思社）
Chen, X., Liu, M., & Li, D. (2000). Parental warmth, control, and indulgence and their relations to adjustment in Chinese children: A longitudinal study. *Journal of Family Psychology*, 14,

401-419.

Cowan, P. A. & Cowan, C. P.（2002）. What in intervention design reveals about how parents affects their children's academic achievement and behavior problems. In J. Bartkowski, S. L. Ramey & M. Bristol-Power (Eds.), *Parenting and the child's world* (pp.75-98). Hahwah, New Jersey: Erlbaum.

福丸由佳（1998）. 夫のサポートと夫婦関係　家庭教育研究所紀要, *20*, 92-95.

福丸由佳・無藤　隆・飯長喜一郎（1999）. 乳幼児期の子どもを持つ親における仕事観, 子ども観―父親の育児参加との関連―　発達心理学研究, *10*, 189-198.

Hawkins, A. J., Bradford, K. P., Palkovitz, R., Chistiansen, S. L., Day, R. D., & Call, V. R. A.（2002）. The inventory of father involvement. *Journal of Men's Studies, 19*, 183-196.

平川眞代（2004）. 父親の育児参加と家族関係―父親自身の父子関係からの視点―　家族社会学研究, *15*, 52-64.

平山聡子（2001）. 中学生の精神的健康とその父親の家庭関与との関連―父母評定の一致度からの検討―　発達心理学研究, *12*, 99-109.

細田　絢・田嶌誠一（2009）. 中学生におけるソーシャルサポートと自他への肯定感に関する研究　教育心理学研究, *57*, 309-323.

Ishii-Kuntz, M.（1998）. Fathers' involvement and children's social network: A comparison between Japan and the United States. *Journal of Family Education Research Center, 20*, 5-16.

Ishii-Kuntz, M.（2003）. Balancing fatherhood and work: Emergence of diverse masculinities in contemporary Japan. In J. Roberson & N. Suzuki (Eds.), *Men and masculinities in Japan* (pp.198-216). Routledge.

Ishii-Kuntz, M.（2013）. Work environment and Japanese fathers' involvement in child care. *Journal of Family Issues, 34*, 250-269.

石川周子（2003）. 父親の養育行動と思春期の子どもの精神的健康　家族社会学研究, *15*, 65-76.

門野里栄子（1995）. 夫婦間の話し合いと夫婦関係満足度　家族社会学研究, *7*, 57-67.

神谷哲司（2002）. 乳児の泣き声に対する父親の認知　発達心理学研究, *13*, 284-294.

柏木惠子（編）（1993）. 父親の発達心理学―父性の現在とその周辺―　川島書店

柏木惠子（編）（1998）. 結婚・家族の心理学―家族の発達・個人の発達―　ミネルヴァ書房

柏木惠子・平山順子（2003）. 夫婦関係　日本児童研究所（編）　児童心理学の進歩 (pp. 85-117)　金子書房

柏木惠子・若松素子（1994）.「親となる」ことによる人格発達―生涯発達的視点から親を研究する試み―　発達心理学研究, *5*, 72-83.

加藤邦子（2009）. 育児期の父親が子どもとの関係性を高める要因―フォーカス・グループ・インタビューの質的分析―　Proceedings：格差センシティブな人間発達科学の創成, *8*, 23-35.

加藤邦子・石井クンツ昌子・牧野カツコ・土谷みち子（2002）. 父親の育児かかわり及び母親の育児不安が3歳児の社会性に及ぼす影響―社会的背景の異なる2つのコホート比較から―　発達心理学研究, *13*, 30-41.

木田淳子（1981）. 父親の育児参与と幼児の発達に関する調査研究―共働き家庭を中心に―　滋賀大学教育学部紀要, *31*, 79-97.

小山里織・森山雅子・小林佐知子・長谷川有香・丸山笑里佳（2014）. 父親と母親のsensitivityの発達と育児行動の関連―妊娠期から生後4ヵ月までの縦断的研究―　小児保健研究,

73, 680-688.

小山里織・島谷康司・鳩野　愛・森山雅子（2017）．父親の育児支援プログラムの確立を目指した育児講座の提案　人間と科学：県立広島大学保健福祉学部誌，*17*, 23-29.

Lamb, M. E. (1975). Fathers: Forgotten contributors to child development. *Human Development*, *18*, 245-266.

南　憲治・寺岡陽子・伊藤　篤・及川裕子（2016）．父親の育児参加を阻害する要因の検討―親からの被養育経験と父親の有する愛着の影響―　日本教育心理学会第58回総会発表論文集，659.

森下葉子（2006）．父親になることによる発達とそれに関わる要因　発達心理学研究，*17*, 182-192.

内閣府（2016）．男女共同参画白書（平成28年度版）　内閣府男女共同参画局

中川まり（2008）．夫の育児・家事参加と夫婦関係―乳幼児をもつ共働き夫婦に関する一研究―　家庭教育研究所紀要，*30*, 97-109.

中野由美子（1992）．3歳児の発達と父子関係　家庭教育研究所紀要，*14*, 124-129.

中谷奈津子（2006）．夫婦の結婚満足度と母親の育児不安―父親に子どもを「預ける」抵抗感と父親要因の検討から―　家族関係学，*25*, 21-33.

庭野晃子（2007）．父親が子どもの「世話役割」へ移行する過程―役割と意識との関係から―　家族社会学研究，*18*, 103-114.

庭野晃子（2012）．育児期の夫婦関係における「対等性」の認知の変化の考察―「非対等」認知の契機に注目した分析―　静岡県立大学短期大学部研究紀要，*26*, 1-15.

尾形和男（1995）．父親の育児と幼児の社会生活能力―共働き家庭と専業主婦家庭の比較―　教育心理学研究，*43*, 335-342.

尾形和男（編）（2013）．父親の心理学　北大路書房

尾形和男・宮下一博（1999）．父親の協力的関わりと母親のストレス，子どもの社会性発達及び父親の成長　家族心理学研究，*13*, 87-102.

尾形和男・宮下一博（2000）．父親の協力的関わりと子どもの共感性および父親の自我同一性―家族機能も含めた検討―　家族心理学研究，*14*, 15-27.

尾形和男・宮下一博・福田佳織（2005）．父親の協力的関わりと家族成員の適応―母親役割・妻役割達成感，子どもの攻撃性，父親のストレス・コーピングとの関係―　家族心理学研究，*19*, 31-46.

小野寺敦子（2005）．親になることにともなう夫婦関係の変化　発達心理学研究，*16*, 15-25.

小野寺理佳（2004）．別居祖母にみる祖親性　北海道大学大学院教育学研究科紀要，*95*, 119-141.

Parke, R. D. (2002). Father and families. In M. H. Bornstein (Ed.) *Handbook of parenting. Vol. 3. Being and Becoming a parent* (2nd ed., pp. 27-73). Mahwan, NJ: Lawrence Erlbaum Associates.

柴山真琴（2007）．共働き夫婦における子どもの送迎分担過程の質的研究　発達心理学研究，*18*, 120-131.

Steinberg, L. (1988). Reciprocal relation between parent-child distance and pubertal maturation. *Development Psychology*, *24*, 122-128.

菅原ますみ・八木下暁子・詫摩紀子・小泉智恵・瀬地山葉矢・菅原健介・北村俊則（2002）．夫婦関係と児童期の子どもの抑うつ傾向との関連―家族機能および両親の養育態度を媒介して―　教育心理学研究，*50*, 129-140.

氏家達夫（2011）．祖父母性と次世代の親子関係の支援　氏家達夫・高浜裕子（編）親子関係の生涯発達心理学（pp. 110-130）　風間書房

八木下暁子（2008）．父親役割の芽生え　岡本依子・菅野幸恵（編）親と子の発達心理学―縦断研究法のエッセンス―（pp. 107-118）　新曜社

● Column 3
藤岡淳子（2015）．子どもの暴力とジェンダー―愛着・暴力・セクシュアリティ―　飢餓陣営，42, 112-121.
国立武蔵野学院（編）（2000）．児童自立支援施設入所児童の被虐待経験に関する研究（アンケート調査を視点にして）　国立武蔵野学院
富田　拓（2009）．児童福祉の対応―児童自立支援施設―　本間博彰・小野善郎・齊藤万比古（編）子どもの攻撃性と破壊的行動障害（pp.228-241）　中山書店

● 第4章
東　洋（1994）．日本人のしつけと教育―発達の日米比較にもとづいて―　東京大学出版会
東　洋・柏木惠子・ヘス，R. D.（1981）．母親の態度・行動と子どもの知的発達―日米比較研究―　東京大学出版会
Blake, R. R., & Mouton, J. S. (1964). *The managerial grid*. Houston, TX: Gulf Publishing.
Bronfenbrenner, U. (1979). *The ecology of human development: Experiment by nature and design*. Harvard University Press.
　（磯貝芳郎・福富　護（訳）（1996）．人間発達の生態学―発達心理学への挑戦―　川島書店）
Dennis, T. (2006). Emotional self-regulation in preschoolers: The interplay of child approach reactivity, parenting, and control capacities. *Developmental Psychology, 42*, 84-97.
Elsayed-Ekhouly, S. M., & Buda, R. (1996). Organizational conflict: A comparative analysis of conflict styles across cultures. *International Journal of Conflict Management, 18*, 23-41.
Falbo, T., & Peplau, L. A. (1980). Power strategies in intimate relationships. *Journal of Personality and Social Psychology, 38*, 618-628.
Gabrielidis, C. A., Stephan, W. G., Ybarra, O., Person, V. M. D. S., & Villareal, L. (1997). Preferred styles of conflict resolution: Mexico and the United States. *Journal of Cross-Cultural Psychology, 28*, 661-677.
Harris, J. R. (1995). Where is the child's environment? A group socialization theory of development. *Psychological Review, 102*, 458-489.
Holt, J. L., & DeVore, C, J. (2005). Culture, gender, organizational role, and styles of conflict resolution: A meta-analysis. *International Journal of Intercultural Relations, 29*, 165-196.
Hofstede, G. (1980). *Culture's consequences: International differences in work-related values*. Beverly Hills: Sage.
Imada, T., Carlson, S. M., & Itakura, S. (2013). East-West cultural differences in context-sensitivity are evident in early childhood. *Developmental Science, 16*, 198-208.
金丸智美・無藤　隆（2004）．母子相互作用場面における2歳児の情動調整プロセスの個人差　発達心理学研究, 15, 183-194.
Kelley, H, H. (1987). Toward a taxonomy of interpersonal conflict process. In O. Stuart, & S. Spacapan (Eds.), *Interpersonal processes* (pp. 122-147). New York: Sage.
Kim, T., Wang, C., Kondo, M., & Kim, T. (2007). Conflict management styles: The differences among the Chinese, Japanese and Koreans. *International Journal of Conflict Management, 18*,

23-41.

久崎孝浩（2011）．歩行開始期の情動制御の個人差と気質および親のパーソナリティ特性との関連　応用障害心理学研究, 10, 69-86.

Laursen, B.（1993）. Conflict management among close peers. In B. Laursen（Ed.）, *Close friendships in adolescence: New directions for development*（pp. 39-54）. San Francisco: Jossey-Bass.

Lee, C. W.（2002）. Referent role and styles of handling interpersonal conflict: Evidence from a national sample of Korean local government employees. *The International Journal of Conflict Management*, 13, 127-141.

Leung, K.（1987）. Some determinants of reactions to procedural models for conflict resolution: A cross-cultural study. *Journal of Personality and Social Psychology*, 53, 898-908.

劉　海紅・倉持清美（2008）．いざこざを通して見た中国の保育者の保育観―日本の保育者の保育観との比較から―　乳幼児教育学研究, 17, 63-72.

羅　連萍（2008）．社会的問題解決の方略と目標―中国と日本の大学生における比較分析―　東アジア研究, 6, 39-55.

羅　連萍・名島潤慈・堂野佐俊（2007）．社会的問題解決方略に関する中国と日本の比較　山口大学教育学部研究論叢, 57, 15-30.

Markus, H. R., & Kitayama, S.（1991）. Culture and the self: Implications for cognition, emotion, and motivation. *Psychological Review*, 98, 224-25.

Maruyama, H., Ujiie, T., Takai, J., Takahama, U., Sakagami, H., Shibayama, M., Fukumoto, M., Ninomiya, K., Park, H. A., Feng, X., Takatsuji, C., Hirose, M., Kudo, R., Shima, Y., Nakayama, R., Hamaie, N., Zhang, F., & Moriizumi, S.（2015）. Cultural Difference in Conflict Management Strategies of Children and Its Development: Comparing 3- and 5-Year-Olds across China, Japan, and Korea. *Early Education and Development*, 26, 1-24.

Mischel, W.（1968）. *Personality and assessment*. New York: Wiley.

水野里恵・本城秀次（1998）．幼児の自己制御機能―乳児期と幼児期の気質との関連―　発達心理学研究, 9, 131-141.

中津川智美（2007）．大学生の対人葛藤における回避理由　浜松大学研究論集, 20, 449-456.

中津川智美（2008）．対人葛藤時の行動の規定因―潜在化意図の観点から―　浜松大学研究論集, 21, 83-92.

Nisbett, R. E.（2003）. *The geography of thought: How Asians and Westerners think differently...and why*. New York: Free Press.

Nisbett, R. E., Peng, K., Choi, I., & Norenzayan, A.（2001）. Culture and systems of thought: Holistic versus analytic cognition. *Psychological Review*, 108, 291-310.

Oetzel, J., & Ting-Toomey, S.（2003）. Face concerns in interpersonal conflict: A cross-cultural empirical test of the face negotiation theory. *Communication Research*, 30, 599-624.

Oetzel, J., Ting-Toomey, S., Masumoto, T., Yokochi, Y., Pan, X., Takai, J., & Wilcox, R.（2001）. Face and facework in conflict: A cross-cultural comparison of China, Germany, Japan, and the United States. *Communication Monographs*, 68, 235-258.

Ohbuchi, K., & Takahashi, Y.（1994）. Cultural styles of conflict management in Japanese and Americans: Passivity, covertness, and effectiveness of strategies. *Journal of Applied Social Psychology*, 24, 1345-1366.

Overton, W. F.（2015）. Process and relational developmental systems. In W. F. Overton & P. C. M. Molenaar（Eds.）and R. M. Lerner（Editor-in-Chief）, *Theory and method. Vol. 1: The handbook of child psychology and developmental science* (7th ed., pp. 9-62). Hoboken: Wiley.

Rahim, M. A. (1983). A measure of styles of handling interpersonal conflict. *Academy of Management Journal*, 26, 368-376.

Rahim, M. A. (1986). Referent role styles of handling interpersonal Conflict. *Journal of Social Psychology*, 126, 79-86.

Rahim, M. A. & Bonoma, T. V. (1979). Managing organizational conflict: A model for diagnosis and intervention. *Psychological Reports*, 44, 1323-1344.

徐　甫潤（2004a）．小学生の社会的問題解決方略における日韓比較　人間科学研究, 11, 49-64.

徐　甫潤（2004b）．児童の社会的問題解決方略における文化差―日韓比較研究―　神戸大学発達科学部研究紀要, 1, 165-174.

Shantz, C. H. (1987). Conflicts between children. *Child Development*, 58, 283-305.

寺川志奈子・田丸敏高・石田　開・小林勝年・小枝達也（2011）．5, 6歳児のピア関係の成熟度が分配行動に及ぼす効果―「保育的観察」によるグループにおける社会的相互交渉プロセスの検討―　発達心理学研究, 22, 274-285.

Thornberg, R. (2006). The situated nature of preschool children's conflict strategies. *Educational Psychology*, 26, 109-126.

Ting-Toomey, S. (2005). An updated face-negotiation theory. In W. B. Gudykunst (Ed.), *Theorizing about intercultural communication* (pp. 71-92). Newbury Park: Sage.

Ting-Toomey, S., Gao, G., Trubisky, P., Yang, Z., Kim, H. S., Lin, S. L., & Nishida, T. (1991). Culture, face maintenance, and styles of handling interpersonal conflict: A study in five cultures. *The International Journal of Conflict Management*, 2, 275-296.

Ting-Toomey, S., & Kurogi, A. (1998). Facework competence in intercultural conflict: An updated face-negotiation theory. *International Journal of Intercultural Relations*, 22, 187-225.

Tobin, J. J., Hshu, Y., & Karasawa, M. (2009). *Preschool in three cultures Revisited: China, Japan, and the United States.* Chicago: University of Chicago Press.

Tobin, J. J., Wu, D. W. H., & Davidson, D. H. (1989). *Preschool in three cultures: Japan, China, and the United States.* New Haven: Yale University Press.

塘　利枝子（2008）．教科書に描かれた発達期待と自己　岡田　努・榎本博明（編）自己心理学5―パーソナリティ心理学へのアプローチ―（pp. 148-166）　金子書房

塘　利枝子（2011）．東アジアの教科書に描かれた自己表出　榎本博明（編）自己心理学の最先端―自己の構造と機能を科学する―（pp. 241-254）　あいり出版

Triandis, H. C. (1994). *Culture and social behavior.* New York: McGraw-Hill.

氏家達夫（2004）．発達の非線形性と可変性　三宅和夫・氏家達夫・陳　省仁（著）「個の理解」を目指す発達研究（pp. 95-138）　有斐閣

Yi, J. S., & Park, S. (2003). Cross-cultural differences in decision-making styles: A study of college students in five countries. *Social Behavior and Personality*, 31, 35-47.

Zahn-Waxler, C., Friedman, R. J., Cole, P. M., Mizuta, I., & Hiruma, N. (1996). Japanese and United States preschool children's responses to conflict and stress. *Child Development*, 67, 2462-2477.

● Column 4

Cole, M. (1996). *Cultural psychology: A once and future discipline.* Cambridge, Harvard University Press.

（天野　清（訳）（2002）．文化心理学　発達・認知・活動への文化―歴史的アプローチ　新曜社）
北山　忍（1998）．自己と感情：文化心理学による問いかけ　共立出版
Markus, H. R., & Kitayama, S.（1991）. Culture and the self: Implications for cognition, emotion, and motivation. *Psychological Review*, *98*, 224-253.
Nisbett, R. E.（2003）. *The geography of thought.* New York: The Free Press, A Division of Simon & Schuster.
　（村本由紀子（訳）（2004）．木を見る西洋人　森を見る東洋人―思考の違いはいかにして生まれるか　ダイヤモンド社）
Nisbett, R. E., Peng, K., Choi, I., & Norenzayan, A.（2001）. Culture and systems of thought: Holistic vs. analytic cognition. *Psychological Review*, *108*, 291-310.
王　少鋒（2000）．日・韓・中三国の比較文化論　その同質性と異質性について　明石書店
Rogoff, B.（2003）. *The cultural nature of human development.* New York: Oxford University Press.
　（當眞千賀子（訳）（2006）．文化的営みとしての発達　個人，世代，コミュニティ　新曜社）
塘　利枝子（編著）（2005）．アジアの教科書に見る子ども　ナカニシヤ出版
氏家達夫（2012）．発達を支える社会文化的基盤　氏家達夫・遠藤利彦（編）　発達科学ハンドブック　第5巻　社会・文化に生きる人間（pp.10-24）　新曜社

●第5章

Bandura, A.（2002）. Selective moral disengagement in the exercise of moral agency. *Journal of Moral Education*, *312*, 101-119.
Berndt, T. J.（1979）. Developmental changes in conformity to peers and parents. *Developmental Psychology*, *15*, 608-616.
Compas, E. B., & Reeslund, K. L.（2009）. Processes of risk and resilience during adolescence. In R. M. Lerner & L. Steinberg（Eds.）, *Handbook of Adolescent Psychology*（3rd ed., pp.561-588）. NJ: John Wiley & Sons, Inc.
David-Ferdon, C., & Feldman Hertz, M.（2007）. Electronic media, violence, and adolescents: An emerging public health problem. *Journal of Adolescent Health*, *41*, 1-5.
土井隆義（2009）．キャラ化する／される子どもたち―排除型社会における新たな人間像―　岩波書店
土井隆義（2014）．つながりを煽られる子どもたち―ネット依存といじめ問題を考える―　岩波書店
Doll, B., Song, S., & Siemers, E.（2004）. Classroom ecologies that support or discourage bullying. In D. L. Espelage & S. M. Swearer（Eds.）, *Bullying in American schools: A social-ecological perspective on prevention and intervention*（pp. 161-183）. Mahwah, NJ: Erlbaum.
榎本淳子（1999）．青年期における友人との活動と友人に対する感情の発達的変化　教育心理学研究，*47*, 180-190．
Fanti, K. A., Demetriou, A. G., & Hawa, V. V.（2012）. A longitudinal study of cyberbullying: Examining risk and protective factors. In E. Menesini & C. Spiel（Eds.）, *Cyberbullying: Development, consequences, risk and protective factors*（pp. 6-19）. Psychology Press.
Fischhoff, B., Crowell, N. A., & Kipke, M.（1999）. *Adolescent decision making: Implications for prevention programs.* Washington, DC: National Academies Press.

Garmezy, N.（1991）. Resilience and vulnerability to adverse developmental outcomes associated with poverty. *American Behavioral Scientist, 34,* 416-430.
Hindula, S., & Patchin, J. W.（2012）. *School climate 2.0: Preventing cyberbullying and sexting one classroom at a time.* Corwin, USA.
伊藤亜矢子・松井　仁（2001）. 学級風土質問紙の作成　教育心理学研究, *49,* 449-457.
菅野　仁（2008）. 友だち幻想―人と人の〈つながり〉を考える―　筑摩書房
高坂康雅（2014）. 小学生版共同体感覚尺度作成の作成　心理学研究, *84,* 596-604.
Kowalski, R. M., & Limber, S. P.（2013）Psychological, physical, and academic correlates of cyberbullying and traditional bullying. *Journal of Adolescent Health, 53,* S13-20.
松尾直博（1999）. 児童用自己価値・他者価値尺度の作成および信頼性，妥当性の検討　東京学芸大学紀要Ⅰ部門, *50,* 75-80.
文部科学省（2016）. 平成27年度「児童生徒の問題行動等生徒指導上の諸問題に関する調査」
森田洋司（2010）. いじめとは何か　中公新書
内閣府（2014a）. 平成25年度 小学生・中学生の意識に関する調査
内閣府（2014b）. 平成25年度 我が国と諸外国の若者の意識に関する調査
内閣府（2017）. 平成28年度 青少年のインターネット利用環境実態調査
Nishino, Y.（2015）. Bystander behavior in bullying: The role of personal characteristics and perceived peer pressure. *Oral presentation at 14th European Congress of Psychology*（Milan, Italy）.
西野泰代（2015）. いじめ場面における傍観者の行動を規定する要因―個人特性を指標とした検討―　日本教育心理学会第57回総会発表論文集, 200.
西野泰代（2017a）. 仲間への同調傾性といじめ経験との関連について　広島修大論集, *57,* 33-45.
西野泰代（2017b）.「ネットいじめ」の特徴―従来のいじめとの比較から見えてくるもの―　日本教育心理学会第59回総会発表論文集, 76-77.
西野泰代（2018）. 子どもの脆弱性を補う学級集団の力―いじめが起こりにくい学級集団の特徴―　教育と発達の心理学　ナカニシヤ出版
岡安孝弘・高山　巖（2000）. 中学校におけるいじめ被害者および加害者の心理的ストレス　教育心理学研究, *48,* 410-421.
大西彩子・黒川雅幸・吉田俊和（2009）. 児童・生徒の教師認知がいじめの加害傾向に及ぼす影響―学級の集団規範およびいじめに対する罪悪感に着目して―　教育心理学研究, *57,* 324-335.
Pornari, C. D., & Wood, J.（2010）. Peer and cyber aggression in secondary school students: The role of moral disengagement, hostile attribution bias, and outcome expectancies. *Aggressive Behavior, 36,* 81-94.
青少年研究会（2016）.「若者の生活と意識に関するアンケート」単純集計結果
清水裕士（2014）. 個人と集団のマルチレベル分析　ナカニシヤ出版
Smith, P. K.（2014）. *Understanding School Bullying.* London: SAGE.
Smith, P. K., Mahdavi, J., Carvalho, M., Fisher, S., Russell, S.,& Tippett, N.（2008）. Cyberbullying: Its nature and impact in secondary school pupils. *Journal of Child Psychology and Psychiatry, 49,* 376-385.
総務省（2015）. 平成27年版情報通信白書　特集テーマ「ICTの過去・現在・未来」
総務省情報通信政策研究所（2014）. 高校生のスマートフォン・アプリ利用とネット依存傾向に関する調査報告書

Steinberg, L., & Silverberg, S. (1986). The vicissitudes of autonomy in early adolescence. *Child Development*, 57, 841-851.
Vazsonyi, A. T., Machackova, H., Sevcikova, A., Smahel, D., & Cerna, A. (2012). Cyberbullying in context: Direct and indirect effects by low self-control across 25 European countries. In E. Menesini & C. Spiel (Eds.), *Cyberbullying: Development, consequences, risk and protective factors* (pp.48-65). Psychology Press.
Wang, C., Berry, B., & Swearer, S. M. (2013). The critical role of school climate in effective bullying prevention. *Theory into Practice*, 52, 296-302.
Wang, J., Iannotti, R. J., & Nansel, T. R. (2009). School bullying among US adolescents: Physical, verbal, relational and cyber. *Journal of Adolescent Health*, 45, 368-375.
Welsh, W. N., Greene, J. R., & Jenkins, P. H. (1999). School disorder: The influence of individual, institutional, and community factors. *Criminology*, 37, 73-115.
Williams, K. R., & Guerra, N. G. (2007). Prevalence and predictors of internet bullying. *Journal of Adolescent Health*, 41, S14-S21.
Ybarra, M., & Mitchell, K. (2004). Online aggressor/targets, aggressors and targets: A comparison of associated youth characteristics. *Journal of Child Psychology and Psychiatry*, 45, 1308-1316.

● Column 5

Hamlin, J. K. (2014). Context-dependent social evaluation in 4.5-month-old human infants: The role of domain-general versus domain-specific processes in the development of social evaluation. *Frontiers in Psychology*, 5.
Hamlin, J. K., & Wynn, K. (2011). Young infants prefer prosocial to antisocial others. *Cognitive Development*, 26, 30-39.
Hamlin, J. K., Wynn, K., Bloom, P., & Mahajan, N. (2011). How infants and toddlers react to antisocial others. *Proceedings of the National Academy of Sciences of the United States of America*, 108, 19931-19936.
Heyman, G. D., Barner, D., Heumann, J., & Schenck, L. (2014). Children's sensitivity to ulterior motives when evaluating prosocial behavior. *Cognitive Science*, 38, 683-700.
Kahneman, D. (2011). *Thinking, fast and slow*. New York : Farrar, Straus and Giroux.
（村井 章子（訳）（2014）．ファスト＆スロー――あなたの意思はどのように決まるか？――早川書房）
Leahy, R. L. (1979). Development of conceptions of prosocial behavior: Information affecting rewards given for altruism and kindness. *Developmental Psychology*, 15, 34-37.
Newman, G. E., & Cain, D. M. (2014). Tainted altruism: When doing some good is evaluated as worse than doing no good at all. *Psychological Science*, 25, 648-655.
Suls, J., Witenberg, S., & Gutkin, D. (1981). Evaluating reciprocal and nonreciprocal prosocial behavior: Developmental changes. *Personality and Social Psychology Bulletin*, 7, 25-31.

● 第 6 章

相場 繁・上別府圭子（2010）．私立高校の生徒における抑うつの実態と，それに関連する要因――両親からのソーシャルサポートに注目して―― 児童青年精神医学とその近接領域, 51, 21-30.
Barrera, M. Jr. (1986). Distinction between social support concepts, measures, and models.

American Journal of Community Psychology, 14, 413-445.

Blos, P.（1962）. *On adolescence.* Free-Press.
　（野沢栄司（訳）（1971）．青年期の精神医学　誠信書房）

Cobb S.（1976）. Social support as a moderator of life stress. *Psychosomatic Medicine, 38*, 300-314.

Cole, D. A., Martin, J. M., Powers, B., & Truglio, R.（1996）. Modeling causal relations between academic and social competence and depression: A multitrait-multimethod longitudinal study of children. *Journal of Abnormal Psychology, 105*, 258-270.

Cole, D. A., & Turner, J. E. Jr.（1993）. Models of cognitive mediation and moderation in child depression. *Journal of Abnormal Psychology, 102*, 271-281.

Cross, S. E., & Madson, L.（1997）. Models of the self：Self construal and gender. *Psychological Bulletin, 122*, 5-37.

DePaulo, B. M.（1983）. Perspectives on help-seeking. In B. M. DePaulo, A. Nadler, & J. D. Fisher（Eds.）, *New directions in helping. Vol. 2: Help-seeking*（pp. 3-12）. New York: Academic Press.

Eley, T. C., & Stevenson, J.（2000）. Specific life events and chronic experiences differentially associated with depression and anxiety in young twins. *Journal of Abnormal Child Psychology, 28*, 383-394.

遠藤伸太郎・大石和男（2015）．大学生における抑うつ傾向の効果的な低減に向けた検討―友人のサポートと生きがい感の観点から―　パーソナリティ研究，*24*，102-111.

榎本淳子（1999）．青年期における友人との活動と友人に対する感情の発達的変化　教育心理学研究，*47*，180-190.

福岡欣治（2007）．ソーシャルサポート　坂本真士・丹野義彦・安藤清志（編）　臨床社会心理叢書 実証にもとづく臨床心理学（pp. 100-122）　東京大学出版会

福岡欣治（2010）．日常ストレス状況体験における親しい友人からのソーシャル・サポート受容と気分状態の関連性　川崎医療福祉学会誌，*19*，319-328.

Garnefski, N., & Diekstra, R. F.（1996）. Perceived social support from family, school, and peers: Relationship with emotional and behavioral problems among adolescents. *Journal of the American Academy of Child and Adolescent Psychiatry, 35*, 1657-1664.

Ge, X., Frederick, O., Lorenx, D. D., Conger, G. H., Elder, J., & Ronald, L. S.（1994）. Trajectories of stressful life events and depressive symptoms during adolescence. *Developmental Psychology, 30*, 467-483.

Hammen, C.（2009）. Adolescent depression：Stressful interpersonal contexts and risk for recurrence．*Current Directions in Psychological Science, 18*, 200-204.

Hammen, C., & Rudolph, K. D.（2002）. Childhood mood disorders. In E. J. Mash & R. A. Barkley（Eds.）, *Child psychopathology*（2nd ed., pp. 233-278）, Vol. 5. New York: Guilford Press.

Hammen, C. L., Burge, D., Daley, S. E., Davila, J., Paley, B., & Rudolph, K. D.（1995）. Interpersonal attachment cognitions and prediction of symptomatic responses to interpersonal stress. *Journal of Abnormal Psychology, 104*, 436-443.

Harrington, R.（2002）. Affective disorders. In S. M. Rutter & E. A. Taylor（Eds.）, *Child and adolescent psychiatry*（4th ed., Vol. 29., pp. 463-485）. Oxford: Blackwell Science.
　（長尾圭三・宮本信也（監訳）（2007）．感情障害　児童青年精神医学　明石書店　pp. 541-566）

本間里美・松田英子（2012）．ストレッサーと実行されたソーシャルサポートが無力感に与える

影響―大学生における縦断研究― ストレス科学研究, 27, 64-70.
久田 満 (1987). ソーシャル・サポート研究の動向と今後の課題 看護研究, 20, 170-179.
久田 満・千田茂博・箕口雅博 (1989). 学生用ソーシャルサポート尺度作成の試み (1) 日本社会心理学会第 30 回大会発表論文集, 143-144.
House, J. S. (1981). *Work stress and social support.* Reading: Addison-Wesley.
Hughes, J. L., & Asarnow, J. R. (2011). Family intervention strategies for adolescent depression. *Pediatric Annals*, 40, 314-318.
乾 吉佑 (2005). 思春期を生きる 臨床心理学, 53, 307-311.
伊藤裕子 (編) (2000). ジェンダーの発達心理学 ミネルヴァ書房
岩佐 一・権藤恭之・増井幸恵・稲垣宏樹・河合千恵子・大塚理加・小川まどか・高山 緑・藺牟田洋美・鈴木隆雄 (2007). 日本語版「ソーシャル・サポート尺度」の信頼性ならびに妥当性―中高年者を対象とした検討― 厚生の指標, 54 (6), 26-33.
小林佐知子 (2009). 児童の抑うつ傾向と日常ストレッサー, ソーシャルサポートとの関連 児童青年精神医学とその近接領域, 50, 526-533.
久能弘道・長谷川みどり (2001). 学校魅力を規定する諸要因の調査研究 (1)―学校ストレス, ソーシャル・サポート, ストレス対処方略と不登校傾向― 北海道生涯学習研究 (北海道教育大学生涯学習教育研究センター紀要), 1, 63-75.
丸山笑里佳 (2012) 中学生が得ているサポートの様相と抑うつ傾向との関連―サポート源の種類や組み合わせに注目して― 児童青年精神医学とその近接領域, 53, 623-636.
皆川邦直 (1980). 思春期・青年期の精神分析的発達理論―ピーターブロスの研究をめぐって― 小此木啓吾 (編) 青年の精神病理 2 (pp. 43-166) 弘文堂
南 隆男・稲葉昭英・浦 光博 (1987).「ソーシャル・サポート」研究の活性化にむけて―若干の資料― 哲学, 85, 151-184.
宮川充司・大野木裕明・大野 久 (編) (2010). 子どもの発達と学校 [改訂版] ナカニシヤ出版
宮下一博 (1995). 青年期の同世代関係 落合良行・楠見 孝 (編) 講座生涯発達心理学 第 4 巻 自己への問い直し―青年期― (pp. 155-184) 金子書房
水野治久・石隈利紀 (1999). 被援助志向性, 被援助行動に関する研究の動向 教育心理学研究, 47, 530-539.
水野治久・石隈利紀・田村修一 (2003). 中学生を取り巻くヘルパーからのソーシャルサポートと適応に関する研究 コミュニティ心理学研究, 7, 35-46.
最上貴子 (2005). 第二次性徴と戸惑い 臨床心理学, 53, 318-323.
森下正康 (1999).「学校ストレス」と「いじめ」の影響に対するソーシャルサポートの効果 和歌山大学教育学部紀要, 49, 27-51.
村山恭朗・伊藤大幸・大嶽さと子・片桐正敏・浜田 恵・中島俊思・上宮 愛・野村和代・高柳伸哉・明翫光宜・辻井正次 (2016). 小中学生におけるメンタルヘルスに対するソーシャルサポートの横断的効果 発達心理学研究, 27, 395-407.
永井暁行 (2016). 大学生の友人関係における援助要請およびソーシャル・サポートと学校適応の関連 教育心理学研究, 64, 199-211.
永井 智 (2013). 援助要請スタイル尺度の作成―縦断調査による実際の援助要請行動との関連から― 教育心理学研究, 61, 44-55.
内閣府 (2014) 平成 26 年度 国民生活に関する世論調査 http://survey.gov-online.go.jp/h26/h26-life/2-1.html （2017 年 8 月 31 日閲覧）

内閣府（2015）平成 27 年度　平成 27 年版　子ども・若者白書（全体版）　http://www8.cao.go.jp/youth/whitepaper/h27honpen/index.html　（2017 年 8 月 31 日閲覧）
中村美津子（2005）．思春期―自分と世界への問いの中で―　臨床心理学，53, 312-317.
中山貴美子・藤内修二・北山秋雄（1997）．親子・友人関係が中学生の主観的健康度に及ぼす影響―思春期の子供を持つ親へのアプローチに向けて―　小児保健研究，56, 61-68.
難波久美子（2004）．日本における青年期後期の友人関係研究について　名古屋大学大学院教育発達科学研究科紀要（心理発達科学），51, 107-116.
野口裕二（1991）．高齢者のソーシャルサポート―その概念と測定―　社会老年学，34, 37-48.
岡村達也（2005）．子どもの文化から見た思春期　臨床心理学，53, 350-354.
岡安孝弘・嶋田洋徳・坂野雄二（1993）．中学生におけるソーシャル・サポートの学校ストレス軽減効果　教育心理学研究，41, 302-312.
岡田　努（2016）．青年期の友人関係における現代性とは何か　発達心理学研究，27, 346-356.
尾見康博（1999）．子どもたちのソーシャル・サポート・ネットワークに関する横断的研究　教育心理学研究，47, 40-48.
大野　久（編著）（2010）．エピソードでつかむ青年心理学　シリーズ生涯発達心理学　ミネルヴァ書房
Restifo, K., & Bogels, S. (2009). Family processes in the development of youth depression. *Clinical Psychology Review*, 29, 294-316.
Rudolph, K. D., & Hammen, C. (1999). Age and gender as determinants of stress exposure, generation, and reactions in youngsters: A transactional perspective. *Child Development*, 70, 660-677.
Rudolph, K. D., Hammen, C., & Burge, D. (1994). Interpersonal functioning and depressive symptoms in childhood: Addressing the issues of specificity and comorbidity. *Journal of Abnormal Child Psychology*, 22, 355-371.
齋藤万比古（2005）．思春期の病態理解　臨床心理学，53, 355-360.
酒井　厚・菅原ますみ・眞榮城和美・菅原健介・北村俊則（2002）．中学生の親および親友との信頼関係と学校適応　教育心理学研究，50, 12-22.
Sheeber, L. B., Davis, B., Leve, C., Hops, H., & Tildesley, E. (2007). Adolescents' relationships with their mothers and fathers: Associations with depressive disorder and subdiagnostic symptomatology. *Journal of Abnormal Psychology*, 116, 144-154.
嶋田洋徳・岡安孝弘・坂野雄二（1993）．小学生用ソーシャルサポート尺度短縮版作成の試み　ストレス科学研究，8, 1-12.
Shirk, S. R., Boergers, J., Eason, A., & Van Horn, M. (1998). Dysphoric interpersonal schemata and preadolescents' sensitization to negative events. *Journal of Clinical Child Psychology*, 27, 54-68.
Stice, E., Ragan, J., & Randall, P. (2004). Prospective relations between social support and depression: Differential direction of effects for parent and peer support? *Journal of Abnormal Psychology*, 113, 155-159.
周　玉慧（1993）．在日中国系留学生用ソーシャル・サポート尺度作成の試み　社会心理学研究，8, 235-245.
菅　佐和子（1988）．思春期女性の心理療法―揺れ動く心の危機―　創元社
菅原ますみ・八木下暁子・詫摩紀子・小泉智恵・瀬地山葉矢・菅原健介・北村俊則（2002）．夫婦関係と児童期の子どもの抑うつ傾向との関連―家族機能および両親の養育態度を媒介と

して―　教育心理学研究, 50, 129-140.
高倉　実・崎原盛造・與古田孝夫・新屋信雄 (2000). 中学生における抑うつ症状と心理社会的要因との関連　学校保健研究, 42, 49-58.
滝川一廣 (2013). 思春期の理解とそのケア　そだちの科学, 20, 24-31.
滝川一廣 (2017). 思春期の社会的支援　そだちの科学, 28, 28-34.
堤　明純・萱場一則・石川鎮清・苅尾七臣・松尾仁司・詫摩衆三 (2000). Jichi Medical school ソーシャルサポートスケール (JMS-SSS)：改訂と妥当性・信頼性の検討　日本公衆衛生雑誌, 47, 866-878.
堤　明純・堤　要・折口秀樹・高木陽一・詫摩衆三・萱場一則・五十嵐正紘 (1994). 地域住民を対象とした認知的社会的支援尺度の開発　日本公衆衛生雑誌, 41, 965-974.
上手由香 (2013). 思春期―子どもから大人へ―　岡本祐子・深瀬裕子 (編著)　エピソードでつかむ生涯発達心理学　シリーズ生涯発達心理学 (pp. 87-111)　ミネルヴァ書房
氏家達夫 (2011). 発達の病理とレジリエンス　氏家達夫・陳　省仁 (著) 発達心理学概論 (放送大学教材)　NHK出版
浦　光博 (1992). セレクション社会心理学 8　支え合う人と人―ソーシャル・サポートの社会心理学―　サイエンス社
和田　実 (1996). 同性の友人関係期待と年齢・性・性役割同一性との関連　心理学研究, 67, 232-237.
Werner, E. E. & Smith, R. S. (1982). *Vulnerable but invincible.* New York: Adams Bannister & Cox.

● Column 6

Belsky, J., & Jaffee, S. R. (2006). Multiple determinations of parenting. In D. Cicchetti & D. J. Cohen (Eds.), *Developmental psychopathology Vol. 3: Risk, disorder and adaptation.* (2nd ed., pp. 38-85). Hoboken: Wiley.
Bronfenbrenner, U. (1979). *The ecology of human development: Experiment by nature and design.* Cambridge: Harvard University Press.
　　(磯貝芳郎・福富　護 (訳) (1996). 人間発達の生態学―発達心理学への挑戦　川島書店)
Chen, X., Chang, L., He, Y., & Liu, H. (2005). The peer group as a context: Moderating effects on relationship between maternal parenting and social and school adjustment in Chinese children. *Child Development, 76,* 417-434.
遠藤利彦 (2005). 発達心理学の新しいかたちを探る　遠藤利彦 (編著)　発達心理学の新しいかたち　下山晴彦 (シリーズ企画・編集)　心理学の新しいかたち　6巻 (pp. 3-52)　誠信書房
遠藤利彦 (2012).「ヒト」と「人」―生物学的発達論と社会文化的発達論の間―　氏家達夫・遠藤利彦 (責任編集) 社会・文化に生きる人間　日本発達心理学会 (編)　発達科学ハンドブック　7巻 (pp. 25-46)　新曜社
Haller, S. P. W., Kadosh, K. C., Scerif, G., & Lau, J, Y. E. (2015). Social anxiety disorder in adolescence: How developmental cognitive neuroscience findings may shape understanding and interventions for psychopathology. *Developmental Cognitive Neuroscience, 13,* 11-20.
Hrdy, S. B. (2009). *Mother and others: The evolutionary origins of mutual understanding.* Cambridge: Harvard University Press.
Gunnar, M. R., Doom, J. R., & Esposito, E. A. (2015). Psychoneuroendocrinology of stress: Normative development and individual differences. In R. M. Lerner & M. E. Lamb (Eds.),

Handbook of child psychology and developmental science Vol. 3: Socioemotional process（7th ed., pp. 106-151). Hoboken: Wiley.

McElhaney, K. B., & Allen, J. P. (2001). Autonomy and adolescent social functioning: The moderating effect of risk. *Child Development, 72,* 220-235.

Rutter, M. (2013). Annual research review: Resilience-clinical implications. *Journal of Child Psychology and Psychiatry, 54,* 474-478.

Sapolsky, R. M. (2017). *Behave: The biology of humans at our best and worst.* New York: Penguin Press.

Thelen, E., & Smith, L. (1994). *Dynamic systems approach to the development of cognition and action.* Cambridge: MIT press.

Werner, E. E. (2006). What can we learn about resilience from large-scale longitudinal studies? In S. Goldstein & R. B. Brooks. (Eds.), *Handbook of resilience in children* (pp. 91-105). New York: Springer.

● 第 7 章

相澤直樹（2002）．自己愛的人格における誇大特性と過敏特性　教育心理学研究, *50*, 215-224.

安達喜美子（1994）．青年における意味ある他者の研究―とくに，異性の友人（恋人）の意味を中心として―　青年心理学研究, *6*, 19-28.

安達喜美子・菊池竜三郎・木村清一（1987）．大学生の生活に影響を及ぼす他者の意味―「意味ある他者」研究への新しい手がかりを求めて―　茨城大学教育学部紀要．教育科学, *36*, 173-187.

American Psychiatric Association (1980). *Diagnostic and statistical manual of mental disorders* (3rd ed.). Washington, DC: American Psychiatric Association.

Baumeister, R. F., Smart, L., & Boden, J. M. (1996). Relation of threatened egotism to violence and aggression: The dark side of high self-esteem. *Psychological Review, 103,* 5-33.

Block, J. (1978). *The Q-sort method in personality assessment and psychiatric research.* Palo Alto, CA: Consulting Psychologists Press.

Blos, P. (1967). The second individuation process of adolescence. *The Psychoanalytic Study of the Child, 22,* 162-186.

Bushman, B. J., & Baumeister, R. F. (1998). Threatened egotism, narcissism, self-esteem, and direct and displaced aggression: Does self-love or self-hate lead to violence? *Journal of Personality and Social Psychology, 75,* 219-229.

Carlson, K. S., & Gjerde, P. F. (2009). Preschool personality antecedents of narcissism in adolescence and young adulthood: A 20-year longitudinal study. *Journal of Research in Personality, 43,* 570-578.

Dickinson, K. A., & Pincus, A. L. (2003). Interpersonal analysis of grandiose and vulnerable narcissism. *Journal of Personality Disorders, 17,* 188-207.

榎本淳子（1999）．青年期における友人との活動と友人に対する感情の発達的変化　教育心理学研究, *47*, 180-190.

Foster, J. D., Campbell, W. K., & Twenge, J. M. (2003). Individual differences in narcissism: Inflated self-views across the lifespan and around the world. *Journal of Research in Personality, 37,* 469-486.

Franz, C. E., & White, K. M. (1985). Individuation and attachment in personality development:

Extending Erikson's theory. *Journal of Personality*, 53, 224-256.
Gabbard, G. O.（1989）. Two subtypes of narcissistic personality disorder. *Bulletin of the Menninger Clinic*, 53, 527-532.
Gabbard, G. O.（1994）. *Psychodynamic personality in clinical practice: The DSM-IV edition*. Washington, DC: American Psychiatric Press.
（舘　哲朗（監訳）（1997）. 精神力動的精神医学　その臨床実践［DSM-Ⅳ版］—③臨床篇：Ⅱ軸障害—　岩崎学術出版社）
原田　新（2013）. 青年期から成人期における自己愛と対人関係との関連性の変化　発達心理学研究, 24, 371-379.
蛭田陽子・田名場　忍（2012）. 自己愛傾向と外向・内向攻撃性との関連：無関心型および過敏型自己愛傾向に着目して　弘前大学大学院教育学研究科心理臨床相談室紀要, 9, 18-30.
伊藤正哉・小玉正博（2005）. 自分らしくある感覚（本来感）と自尊感情が well-being に及ぼす影響の検討　教育心理学研究, 53, 74-85.
上地雄一郎（2004）. 自己愛の障害の形成過程　上地雄一郎・宮下一博（編著）　もろい青少年の心—自己愛の障害—（pp. 21-33）　北大路書房
Kernberg, O. F.（1998）. Pathological narcissism and narcissistic personality disorder: Theoretical background and diagnostic classification. In E. F. Ronningstam（Ed.）, *Disorders of narcissism: Diagnostic, clinical, and empirical implications*（pp. 29-51）. Washington, DC: American Psychiatric Association.
Kernis, M. H.（2003）. Auther's response, optimal self-esteem and authenticity: Separating fantasy from reality. *Psychological Inquiry*, 14, 83-89.
菊池龍三郎・安達喜美子・木村清一（1987）. 地域における青少年教育のシステム化に関する基礎的研究　昭和60年度マツダ財団助成研究論文集, 1, 80-87.
Kohut, H.（1971）. *The analysis of the self*. New York: International Universities Press.
（水野信義・笠原　嘉（監訳）（1994）. 自己の分析　みすず書房）
Kohut, H.（1977）. *The restoration of the self*. New York: International Universities Press.
（本状秀次・笠原　嘉（監訳）（1995）. 自己の修復　みすず書房）
Kohut, H.（1984）. *How does analysis cure?* Chicago: The University of Chicago Press.
（本状秀次・笠原　嘉（監訳）（1995）. 自己の治癒　みすず書房）
宮下一博（1991）. 青年におけるナルシシズム（自己愛）的傾向と親の養育態度・家庭の雰囲気との関係　教育心理学研究, 39, 455-460.
Morf, C. C., & Rhodewalt, F.（2001）. Unraveling the paradoxes of narcissism: A dynamic self-regulatory processing model. *Psychological Inquiry*, 12, 177-196.
中山留美子（2007）. 児童期後期・青年期における自己価値・自己評価を維持する機能の形成過程　パーソナリティ研究, 15, 195-204.
中山留美子・中谷素之（2006）. 青年期における自己愛の構造と発達的変化の検討　教育心理学研究, 54, 188-198.
岡田　涼（2005）. 友人関係への動機づけ尺度の作成および妥当性・信頼性の検討　パーソナリティ研究, 14, 101-112.
Okada, R.（2010）. The relationship between vulnerable narcissism and aggression in Japanese undergraduate students. *Personality and Individual Differences*, 49, 113-118.
大野　久（1995）. 青年期の自己意識と生き方　落合良行・楠見　孝（編）　自己への問い直し—青年期—（pp.89-123）　金子書房

小塩真司（1998）．青年の自己愛傾向と自尊感情，友人関係のあり方との関連　教育心理学研究，46, 280-290.
小塩真司（2010）．膨れあがった自己―自己愛パーソナリティ―　心理学ワールド，50, 9-12.
Paulhus, D. L. (1998). Interpersonal and intrapsychic adaptiveness of trait self-enhancement: A mixed blessing? *Journal of Personality and Social Psychology*, 74, 1197-1208.
Raskin, R., & Hall, C. S. (1981). The Narcissistic Personality Inventory: Alternative form reliability and further evidence of construct validity. *Journal of Personality Assessment*, 45, 159-162.
Raskin, R., & Terry, H. (1988). A principal-components analysis of the Narcissistic Personality Inventory and further evidence of its construct validity. *Journal of Personality and Social Psychology*, 54, 890-902.
Roberts, B. W., Edmonds, G., & Grijalva, E. (2010). It is developmental me, not generation me: Developmental changes are more important than generational changes in narcissism-Commentary on Trzesniewski & Donnellan (2010). *Perspectives on Psychological Science*, 5, 97-102.
相良麻里（2006）．青年期における自己愛傾向の年齢差　パーソナリティ研究，15, 61-63.
清水健司・海塚敏郎（2002）．青年期における対人恐怖心性と自己愛傾向の関連　教育心理学研究，50, 54-64.
清水健司・川邊浩史・海塚敏郎（2007）．青年期における対人恐怖心性と自己愛傾向の相互関係について　心理学研究，78, 9-16.
清水健司・中山留美子・小塩真司（2013）．"2種類の自己愛"モデルにおける相互関係の検討　信州大学人文科学論集．人間情報学科編，47, 53-67.
Stolorow, R. D. (1975). The narcissistic function of masochism (and sadism). *The International Journal of Psycho-Analysis*, 56, 441-448.
Stone, M. H. (1998). Normal narcissism: An etiological and ethological perspective. In E. F. Ronningstam (Ed.), *Disorders of narcissism: Diagnostic, clinical, and empirical implications* (pp. 7-28). Washington, DC: American Psychiatric Association.
杉浦　健（2000）．2つの親和動機と対人的疎外感との関係　教育心理学研究，48, 352-360.
Thomaes, S., Bushman, B. J., Stegge, H., & Olthof, T. (2008). Trumping shame by blasts of noise: Narcissism, self-esteem, shame, and aggression in young adolescents. *Child Development*, 79, 1792-1801.
Tyson, P., & Tyson, R. (1990). *Psychoanalytic theories of development: an Integration*. London: Yale University Press.
　（馬場禮子（監訳）（2005）．精神分析的発達論の統合①　岩崎学術出版社）
渡辺弘純・岡　紋子（2013）．大学生の自己愛的傾向と親の養育態度・社会的比較志向性との関連　福山市立大学教育学部研究紀要，1, 149-156.
Watson, P. J., Grisham, S. O., Trotter, M. V., & Biderman, M. D. (1984). Narcissism and empathy: Validity evidence for the Narcissistic Personality Inventory. *Journal of Personality Assessment*, 48, 301-305.

● Column 7
Erikson, E. H. (1959). *Identity and the life cycle* (Psychological issues Vol.1, No.1, Monograph 1). New York: International University Press.

（小此木啓吾（編訳）（1973）．自我同一性―アイデンティティとライフサイクル―　誠信書房）
Erikson, E. H.（1963）．*Childhood and society*. New York: W. W. Norton & Company.
　　（仁科弥生（訳）（1977/1980）．幼児期と社会Ⅰ・Ⅱ　みすず書房）
Jinno, M.（2012）. Identity formation and individual-relational self conflict, relatedness: Cross cultural study between Japanese and UK adolescents. *13th Biennial Conference of the European Association for Research on Adolescence*.
河合隼雄（1995）．日本人とアイデンティティ―心理療法家の着想―　講談社
許　英美・田中雄三（2004）．日中大学生の自我同一性地位に関する比較研究―文化的自己観からのアプローチ―　鳴門生徒指導研究, *14*, 17-31.
Markus, H., & Kitayama, S.（1991）. Culture and the self: Implications for cognition, emotion, and motivation. *Psychological Review*, *98*, 224-253.
宮川充司（1990）．パーソナリティ研究この1年　教育心理学年報, *29*, 64-71.
宮下一博・杉村和美（2008）．大学生の自己分析―いまだ見えぬアイデンティティに突然気づくために―　ナカニシヤ出版
森　巖（2012）．日米青年の自我同一性―相互独立‐相互協調性および親への愛着との関連において―　青年心理学研究, *24*, 31-43.
森　裕子（1989）．文化に固有な自我同一性概念と自我同一性葛藤―日米比較研究―　日本心理学会第53回大会発表論文集, *167*.
村上香奈（2004）．日本の大学生に見られるアイデンティティの確立とモラトリアム状態の検討　聖マリアンナ医学研究誌, *4*, 25-32.
Steinberg, L,（1995）. Commentary: On developmental pathways and social contexts in adolescence. In L. J. Crockett, & A. C. Crouter（Eds.）, *Pathway through adolescence: Individual development in relation to social contexts*. Mahwah, NJ: Lawrence Erlbaum.
谷　冬彦（1997）．青年期における自我同一性と対人恐怖的心性　教育心理学研究, *45*, 254-262.

● 第8章

Alstveit, M., Severinsson, E., & Karlsen, B.（2010）. Obtaining confirmation through social relationships: Norwegian first-time mothers' experiences while on maternity leave. *Nursing and Health Sciences*, *12*, 113-118.
Belsky, J., & Kelly, J.（1994）. *The transition to parenthood: How a first child changes a marriage ― Why some couples grow closer and others apart*. New York: Delacorte Press.
　　（安次嶺桂子（訳）（1995）．子供を持つと夫婦に何が起こるか　草思社）
Bowlby, J.（1969）. *Attachment and loss: Vol.1 Attachment*. London: The Hogarth Press.
　　（黒田実郎・大羽　蓁・岡田洋子（訳）（1976）．母子関係の理論Ⅰ―愛着行動―　岩崎学術出版社）
Bowlby, J.（1973）. *Attachment and loss: Vol.2 Separation*. London: The Hogarth Press.
　　（黒田実郎・岡田洋子・吉田恒子（訳）（1977）．母子関係の理論Ⅱ―分離不安―　岩崎学術出版社）
Bowlby, J.（1980）. *Attachment and loss: Vol.3 Loss, sadness and depression*. London: The Hogarth Press.
　　（黒田実郎・吉田恒子・横浜恵三子（訳）（1981）．母子関係の理論Ⅲ―愛情喪失―　岩崎学術出版社）
Dagher, R. K., McGovern, P. M., & Dowd, B. E.（2014）. Maternity leave duration and postpartum

mental and physical health: Implications for leave policies. *Journal of Health Politics, Policy and Law, 39*, 369-416.

Feldman, R., Sussman, A. L., & Zigler, E. (2004). Parental leave and work adaptation at the transition to parenthood: Individual, marital, and social correlates. *Applied Developmental Psychology, 25*, 459-479.

福丸由佳 (2000). 共働き世帯の夫婦における多重役割と抑うつ度との関連　家族心理学研究, *14*, 151-162.

舩橋惠子 (1998). 育児休業制度のジェンダー効果―北欧諸国における男性の役割変化を中心に―　家族社会学研究, *10*, 55-70.

Grice, M. M., Feda, D., McGovern, P., Alexander, B. H., McCaffrey, D., & Ukestad, L. (2007). Giving birth and returning to work: The impact of work-family conflict on women's health after childbirth. *Annals of Epidemiology, 17*, 791-798.

岩藤裕美・無藤　隆 (2007). 産前・産後における夫婦の抑うつ性と親密性の因果関係―第1子出産の夫婦を対象とした縦断研究から―　家族心理学研究, *21*, 134-145.

柏木惠子 (2003). 家族心理学―社会変動・発達・ジェンダーの視点―　東京大学出版会

柏木惠子 (2011). 父親になる，父親をする―家族心理学の視点から―　岩波書店

Killien, M. G. (2005). The role of social support in facilitating postpartum women's return to employment. *Journal of Obstetric, Gynecologic and Neonatal Nursing, 34*, 639-646.

小林佐知子 (2013). 母親の育児休暇取得後の職場復帰と心理的適応　日本発達心理学会第25回大会発表論文集, *694*.

小林佐知子 (2015). 母親の育児休暇取得後の職場復帰と心理的適応―職場復帰後の縦断調査結果から―　日本発達心理学会第26回大会論文集, 6-33.

小林佐知子・小山里織 (2014). 乳児期における父親の抑うつ傾向と関連要因　児童青年精神医学とその近接領域, *55*, 189-195.

小堀彩子 (2010). 子どもを持つ共働き夫婦におけるワーク・ファミリー・コンフリクト調整過程　心理学研究, *81*, 193-200.

国立社会保障・人口問題研究所 (2010). 第14回出生動向基本調査

国立社会保障・人口問題研究所 (2015). 第15回出生動向基本調査

小坂千秋・柏木惠子 (2007). 育児期女性の就労継続・退職を規定する要因　発達心理学研究, *18*, 45-54.

厚生労働省 (2009). 育児・介護休業法

厚生労働省 (2016). 平成27年度雇用均等基本調査

厚生労働省 (2017). 男女共同参画白書（概要版）平成15年度版

中野円佳 (2014).「育休世代」のジレンマ―女性活用はなぜ失敗するのか？―　光文社

大野祥子・平山順子 (2006). 子育て期の多重役割　柏木惠子・大野祥子・平山順子（著）家族心理学への招待―今，日本の家族は？　家族の未来は？―　ミネルヴァ書房

Paulson, J. F., & Bazemore, S. D. (2010). Prenatal and postpartum depression in fathers and its association with maternal depression: A meta-analysis. *Journal of the American Medical Association, 303*, 1961-1969.

Seiger, C. P., & Wiese, B. S. (2009). Social support from work and family domains as an antecedent or moderator of work-family conflicts? *Journal of Vocational Behavior, 75*, 26-37.

澁谷智子 (2011). 女って大変。―働くことと生きることのワークライフバランス考―　医学書院

島田春雄・渥美由喜（2007）．少子化克服への最終処方箋―政府・企業・地域・個人の連携による解決策― ダイヤモンド社

龍野千歳・田口（袴田）理恵・河原智江・今松友紀・糸井和佳・臺 有桂・田高悦子（2012）．第一子の育児休業中の母親が人とのつながりの中で求める感情面と情報面のサポート 横浜看護学雑誌, *15*, 63-70.

植松佳香（2017）．部長職，育休とったら干された 転勤迫られ…退職 朝日新聞 1月15日

氏家達夫（1996）．親になるプロセス 金子書房

● Column 8

Belsky, J., & Kelly, J. (1994). *The transition to parenthood: How a first child changes a marriage ― Why some couples grow closer and others apart.* New York: Delacorte Press.
（安次嶺桂子（訳）（1995）．子供を持つと夫婦に何が起こるか 草思社）

田中周子（2006）．リンショウゲンバ（36）児童館の子育て相談 臨床心理学, *6*, 837-839.

寅嶋静香（2012）．産後女性の身体状況把握及び産後運動ケア実践の提案―460人のアンケート調査及び健康運動指導実践のケーススタディから― プロジェクト研究（早稲田大学総合研究機構）, *7*, 29-41.

● 第9章

Bakker, A. B., & Geurts, S. A. E. (2004). Toward a dual-process model of work-home interference. *Work and Occupations*, *31*(3), 345-366.

Baltes, P. B., & Baltes, M. M. (1990). Psychological perspectives on successful aging: The model of selective optimization with compensation. *Successful Aging: Perspectives from the Behavioral Sciences*, *1*(1), 1-34.

Baltes, B. B., & Heydens-Gahir, H. A. (2003). Reduction of work-family conflict through the use of selection, optimization, and compensation behaviors. *Journal of Applied Psychology*, *88*(6), 1005-1018.

Barnett, R. C., & Baruch, G. K. (1985). Women's involvement in multiple roles and psychological distress. *Journal of Personality and Social Psychology*, *49*(1), 135-145.

Becker, P. E., & Moen, P. (1999). Scaling back: Dual-earner couples' work-family strategies. *Journal of Marriage and Family*, *61*(4), 995-1007.

Bianchi, S. M., & Milkie, M. A. (2010). Work and family research in the first decade of the 21st century. *Journal of Marriage and Family*, *72*(3), 705-725.

Diener, E., Lucas, R. E., & Scollon, C. N. (2006). Beyond the hedonic treadmill: Revising the adaptation theory of well-being. *American Psychologist*, *61*(4), 305-314.

Freund, A. M., & Baltes, P. B. (2002). Life-management strategies of selection, optimization and compensation: Measurement by self-report and construct validity. *Journal of Personality and Social Psychology*, *82*(4), 642-662.

Froberg, D., Gjerdingen, D. K., & Preston, M. (1986). Multiple roles and women's mental and physical health: What have we learned? *Women & Health*, *11*(2), 79-96.

Frone, M. R., Russell, M., & Cooper, M. L. (1997). Relation of work-family conflict to health outcomes: A four-year longitudinal study of employed parents. *Journal of Occupational and Organizational Psychology*, *70*, 325-336.

Goode, W. J. (1960). A theory of role strain. *American Sociological Review*, *25*(4), 483-496.

Greenhaus, J. H., & Beutell, N. J.（1985）. Sources of conflict between work and family roles. *The Academy of Management Review*, *10*(1), 76-88.

Grzywacz, J. G., Arcury, T. A., Márin, A., Carrillo, L., Burke, B., Coates, M. L., & Quandt, S. A.（2007）. Work-family conflict: Experiences and health implications among immigrant Latinos. *Journal of Applied Psychology*, *92*(4), 1119-1130.

Grzywacz, J. G., & Marks, N. F.（2000）. Reconceptualizing the work-family interface: An ecological perspective on the correlates of positive and negative spillover between work and family. *Journal of Occupational Health Psychology*, *5*(1), 111-126.

Hall, D. T.（1972）. A model of coping with role conflict: The role behavior of college educated women. *Administrative Science Quarterly*, *17(4)*, 471-486.

Hammer, L. B., Cullen, J. C., Neal, M. B., Sinclair, R. R., & Shafiro, M. V.（2005）. The longitudinal effects of work-family conflict and positive spillover on depressive symptoms among dual-earner couples. *Journal of Occupational Health Psychology*, *10*(2), 138-154.

長谷川有香（2010）. 働く母親への移行期における時間配分の調整過程と日々の感情経験の変化　心理学研究, *81*(2), 123-131.

Haynes, S. G., Eaker, E. D., & Feinleib, M.（1984）. The effects of employment, family, and job stress on coronary heart disease patterns in women. In E. B. Gold (Ed.), *The changing risk of disease in women: an epidemiological approach*（pp. 37-48）. Lexington, Mass: Collamore Press.

Haynes, S. G., & Feinleib, M.（1980）. Women, work and coronary heart disease: Prospective findings from the Framingham heart study. *American Journal of Public Health*, *70*(2), 133-141.

Hibbard, J. H., & Pope, C. R.（1991）. Effect of domestic and occupational roles on morbidity and mortality. *Social Science & Medicine*, *32*(7), 805-811.

樋口美雄（2014）. 女性活躍推進の経済効果　経済における女性の活躍に関する共同セミナー　https://www.rieti.go.jp/jp/events/14030501/pdf/140305_siryo04a.pdf（2018年1月30日閲覧）

久井志保（2008）. 企業による育児支援がワーク・ファミリー・コンフリクトへ及ぼす効果について―企業内保育所を設置する企業の実態から―　兵庫大学論集, *13*, 201-209.

小泉智恵・菅原ますみ・前川暁子・北村俊則（2003）. 働く母親における仕事から家庭へのネガティブ・スピルオーバーが抑うつ傾向に及ぼす影響　発達心理学研究, *14*(3), 272-283.

国立社会保障・人口問題研究所（2017）. 第15回出生動向基本調査（結婚と出産に関する全国調査）　http://www.ipss.go.jp/ps-doukou/j/doukou15/doukou15_gaiyo.asp（2018年1月30日閲覧）

Marks, S. R.（1977）. Multiple roles and role strain: Some notes on human energy, time and commitment. *American Sociological Review*, *42*(6), 921-936.

Matthews, R. A., Wayne, J. H., & Ford, M. T.（2014）. A work-family conflict/subjective well-being process model: A test of competing theories of longitudinal effects. *Journal of Applied Psychology*, *99*(6), 1173.

内閣府男女共同参画局（2015）. 平成27年版男女共同参画白書　http://www.gender.go.jp/about_danjo/whitepaper/h27/zentai/index.html（2018年1月30日閲覧）

内閣府男女共同参画局（2017）. 平成29年版男女共同参画白書　http://www.gender.go.jp/about_danjo/whitepaper/h29/zentai/index.html（2018年1月30日閲覧）

西岡八郎・山内昌和（2017）. 夫の家事や育児の遂行頻度は高まったのか？　人口問題研究, *73*(2), 97-116.

Nomaguchi, K. M.（2009）. Change in work-family conflict among employed parents between

1977 and 1997. *Journal of Marriage and Family*, *71*(1), 15-32.
Repetti, R. L., Matthews, K. A., & Waldron, I. (1989). Employment and women's health. *American Psychologist*, *44*(11), 1394-1401.
清家　篤（2000）．経済の構造変化と家族・雇用　家族社会学研究，*12(1)*, 19-25.
Sieber, S. D. (1974). Toward a theory of role accumulation. *American Sociological Review*, *39*(4), 567-578.
鈴木　準・神尾篤史（2016）．女性の活躍拡大は社会の要請─課題の多い女性雇用構造の是正始まる─　大和総研調査季報, *21*, 44-63.
Thoits, P. A. (1983). Multiple identities and psychological well-being: A reformulation and test of the social isolation hypothesis. *American Sociological Review*, *48*(2), 174-187.
東京都産業労働局（2012）．平成 23 年度均等法，改正育児・介護休業法への対応等企業における男女雇用管理に関する調査　http://www.sangyo-rodo.metro.tokyo.jp/toukei/koyou/danjo/h23/index.html（2018 年 1 月 30 日閲覧）
富田洋三（2010）．産業構造の変化と男女の役割分担　実践女子大学生活科学部紀要, *47*, 35-55.
Voydanoff, P. (2004). The effects of work demands and resources on work-to-family conflict and facilitation. *Journal of Marriage and Family*, *66*(2), 398-412.
Voydanoff, P. (2005). The differential salience of family and community demands and resources for family-to-work conflict and facilitation. *Journal of Family and Economic Issues*, *26*(3), 395-417.
Waldron, I., & Jacobs, J. A. (1989). Effects of multiple roles on women's health─evidence from a national longitudinal study. *Women & Health*, *15*(1), 3-19.
Wayne, J. H., Grzywacz, J. G., Carlson, D. S., & Kacmar, K. M. (2007). Work-family facilitation: A theoretical explanation and model of primary antecedents and consequences. *Human Resource Management Review*, *17*(1), 63-76.
World Economic Forum. (2017). The global gender gap report 2017. World Economic Forum. https://www.weforum.org/reports/the-global-gender-gap-report-2017/（2018 年 1 月 30 日閲覧）

● **Column 9**

Atance, C. M. (2008). Future thinking in young children. *Current Directions in Psychological Science*, *17*, 295-298.
Barber, S. J., Opitz, P. C., Martins, B., Sakaki, M., & Mather, M. (2016). Thinking about a limited future enhances the positivity of younger and older adults' recall: Support for socioemotional selectivity theory. *Memory and Cognition*, *44*, 869-882.
Boniwell, I., & Zimbardo, P. (2004). Balancing time perspective in pursuit of optimal functioning. In P. A. Linley & S. Joseph (Eds.), *Positive psychology in practice* (pp. 165-179). Hoboken, NJ: John, Wiley & Sons.
Carstensen, L. L. (1987). Age-related changes in social activity. In L. L. Carstensen & B. A. Edelstein (Eds.), *Handbook of clinical gerontology* (pp. 222-237), Elmsford, New York: Pergamon Press.
Carstensen, L. L. (2006). The influence of a sense of time on human development. *Science*, *312*, 1913-1915.
Carstensen, L. L., & Charles, S. T. (1998). Emotion in the second half of life. *Current Directions in*

Psychological Science, 7, 144-149.
Carstensen, L. L., Fung, H. H., & Charles, S. T. (2003). Socioemotional selectivity theory and the regulation of emotion in the second half of life. *Motivation and Emotion*, 27, 103-123.
Carstensen, L. L., Isaacowitz, D. M., & Charles, S. T. (1999). Taking time seriously: A theory of socioemotional selectivity. *American Psychologist*, 54, 165-181.
De Bilde, J., Vansteenkiste, M., & Lens, W. (2011). Understanding the association between future time perspective and self-regulated learning through the lens of self-determination theory. *Learning and Instruction*, 21, 332-344.
De Volder, M. L. & Lens, L. (1982). Academic achievement and future time perspective as a cognitive-motivational concept. *Journal of Personality and Social Psychology*, 42, 566-571.
Erikson, E. H. (1963). *Childhood and society (2nd revised & enlarged edition)*. New York: Norton.
（仁科弥生（訳）（1977）．幼児期と社会1　みすず書房）
Erikson, E. H. (1968). *Identity and the life cycle*. Psychological issues Vol.1, No.1, Monograph 1. New York: International Universities Press.
（西平　直・中島由恵（訳）（2011）．アイデンティティとライフサイクル　誠信書房）
Friedman, W. J. (2005). Developmental and cognitive perspectives on humans' sense of the times of past and future events. *Learning and Motivation*, 36, 145-158.
Greene, A. L. (1986). Future-time perspective in adolescence: The present of things future revisited. *Journal of Youth and Adolescence*, 15, 99-113.
Janeiro, I. N., Duarte, A. M., Araújo, A. M., & Gomes, A. I. (2017). Time perspective, approaches to learning, and academic achievement in secondary students. *Learning and Individual Differences*, 55, 61-68.
Laghi, F., Baiocco, R., Liga, F., Guarino, A., & Baumgartner, E. (2013). Identity status differences among Italian adolescents: Associations with time perspective. *Children and Youth Services Review*, 35, 482-487.
Laureiro-Martinez, D., Trujillo, C. A., & Unda, J. (2017). Time perspective and age: A review of age associated differences. *Frontiers in Psychology*, 8, 101.
Lewin, K. (1951). *Field theory in social science*. New York: Harper & Brothers.
（猪股佐登留（訳）（1979）．社会科学における場の理論（増補版）　誠信書房）
Luyckx, K., Lens, W., Smits, I., & Goossens, L. (2010). Time perspective and identity formation: Short-term longitudinal dynamics in college students. *International Journal of Behavioral Development*, 34, 238-247.
Mather, M., & Carstensen, L. L. (2005). Aging and motivated cognition: The positivity effect in attention and memory. *Trends in Cognitive Science*, 9, 496-502.
Schuitema, J., Peetsma, T., & van der Veen, I. (2014). Enhancing student motivation: A longitudinal intervention study based on future time perspective theory. *Journal of Educational Research*, 107, 467-481.
Simons, J., Vansteenkiste, M., Lens, W., & Lacante, M. (2004). Placing motivation and future time perspective theory in a temporal perspective. *Educational Psychology Review*, 16, 121-139.
Shirai, T., & Higata, A. (2016). Sharing the past and future among adolescents and their parents. *International Journal of Behavioral Development*, 40, 253-261.
Shirai, T., Nakamura, T., & Katsuma, K. (2012). Time orientation and identity formation: Long-term longitudinal dynamics in emerging adulthood. *Japanese Psychological Research*, 54, 274-284.

Steinberg, L. (2008). A social neuroscience perspective on adolescent risk-taking. *Developmental Review, 28*, 78-106.

Steinberg, L., Graham, S., O'Brien, L., Woolard, J., Cauffman, E., & Banich, M. (2009). Age differences in future orientation and delay discounting. *Child Development, 80*, 28-44.

Suddendorf, T. (2010). Linking yesterday and tomorrow: Preschoolers' ability to report temporally displaced events. *British Journal of Developmental Psychology, 28*, 491-498.

● 第10章

Antonucci, T. C. (2001). Social relations: An examination of social networks, social support, and sense of control. In J. E. Borren & K. W. Schaie (Eds.), *Handbook of the psychology of aging* (5th ed., pp. 427-453). Academic Press.

Bassuk, S. S., Glass, T. A., & Berkman, L. F. (1999). Social disengagement and incident cognitive decline in community-dwelling elderly persons. *Annuals of Internal Medicine, 131*, 165-173.

Berkman, L. F., & Syme, S. L. (1979). Social networks, host resistance, and mortality: A nine-year follow-up study of Alameda county residents. *American Journal of Epidemiology, 109*, 186-204.

Cantor, M. H. (1979). Neighbors and friends: An overlooked resource in the informal support system. *Research on Aging, 1*, 434-463.

Carstensen, L. L. (1991). Selectivity theory: Social activity in life-span context. In K. W. Schaie & M. P. Lawton (Eds.), *Annual review of gerontology and geriatrics*. Vol. 11 (pp. 195-217). New York: Springer.

Cumming, E., & Henry, W. H. (1961). *Growing old; The Process of Disengagement*. Basic Books.

Erikson, E. H. (1950). *Childhood and society*. New York: Norton.
　（仁科弥生（訳）（1977/1980）．幼児期と社会（1・2）　みすず書房）

Erikson, E. H. (1959). *Identity and the life cycle*. New York: International Universities Press.
　（小此木啓吾（訳編）（1973）．自我同一性―アイデンティティとライフ・サイクル―　誠信書房）

Erikson, E. H., & Erikson, J. M. (1997). *The life cycle completed: A review*. Expanded Edition. New York: Norton.
　（村瀬孝雄・近藤邦夫（訳）．ライフサイクル，その完結〈増補版〉　みすず書房）

Erikson, J. M., & Kivnick, H. Q. (1986) *Vital involvement in old age*. New York: Norton.
　（朝長正徳・朝長梨枝子（訳）（1990）老年期　みすず書房）

Glass, T. A., Leon, C. M., Marottoli, R. A., & Berkman, L. F. (1999). Population based study of social and productive activities as predictors of survival among elderly Americans. *British Medical Journal, 319*, 478-483.

Hirdes, J. P., & Strain, L. A. (1995). The balance of exchange in instrumental support with network members outside the household. *Journals of Gerontology Series B: Psychological Sciences and Social Sciences, 50B*, S134-142.

蘭牟田洋美・下仲順子・中里克治・河合千恵子・佐藤眞一・石原　治・権藤恭之（1996）．中高年期におけるライフイベントの主観的評価・予測性との関連―家族関係と職業ライフイベントを中心にして―　老年社会科学, *18*, 63-73.

Kahn, R. L., & Antonucci, T. C. (1980). Convoys over the life course: Attachment, roles, and social support. *Life-Span Development and Behavior, 3*, 253-286.

片桐恵子（2012）．退職シニアと社会参加　東京大学出版会

河合千恵子 (1984). 配偶者との死別後における老年期女性の人生―そのストレスと適応― 社会老年学, 20, 35-45.
河合千恵子・下仲順子 (1992). 老年期におけるソーシャル・サポートの授受―別居家庭との関係の検討― 老年社会科学, 14, 63-72.
厚生労働省 (2003). 平成15年版 厚生労働白書 ぎょうせい
厚生労働省 (2004). 日本人の平均余命 平成16年簡易生命表
厚生労働省 (2014). 平成26年度版厚生労働白書 http://www.mhlw.go.jp/wp/hakusyo/kousei/14-2/ （2017年6月30日閲覧）
厚生労働省 (2016). 平成28年度版 厚生労働白書
Lang, F. R. (2004). Social motivation across the life span. In F. R. Lang & K. L. Fingerman (Eds.), *Growing together: Personal relationships across the life span* (pp. 341-367). Cambridge University Press.
Litwak, E., & Szelenyi I. (1969). Primary group structures and their functions: Kin, neighbors, and friends. *American Sociological Review*, 34, 465-481.
Lowenthal, Thurnher, & Chiriboga (1975) *Four stages of life*. Jossey-Bass.
Morgan, D. L., Schuster, T. L., & Butler, E. W. (1991). Role reversals in the exchange of social support. *Journal of Gerontology*, 46, S278-287.
森山雅子・西田裕紀子・丹下智香子・富田真紀子・大塚 礼・安藤富士子・下方浩史 (2015a). 地域在住中高年者における社会的ネットワークと自尊感情の関連―コンボイモデルを用いて― 日本発達心理学会第26回大会発表論文集, 1-14.
森山雅子・西田裕紀子・丹下智香子・富田真紀子・大塚 礼・安藤富士子・下方浩史 (2015b). 中高年者における社会的ネットワークと自尊感情の関連―コンボイモデルにおける親密性と間柄に着目して― 老年社会科学, 37, 202.
森山雅子・西田裕紀子・丹下智香子・富田真紀子・坪井さとみ・安藤富士子・下方浩史 (2012) 定年退職後の就労と心理的健康の変化との関連―地域在住中高年男性を対象として― 日本発達心理学会第23回大会発表論文集, 90.
内閣府 (2017). 平成29年度版高齢者白書 http://www8.cao.go.jp/kourei/whitepaper/w-2017/gaiyou/29pdf_indexg.htm （2017年6月30日閲覧）
中里克治・下仲順子・河合千恵子・石原 治・権藤恭之・稲垣宏樹 (2000). 中高年期における職業生活からの完全な引退と失業への心理的適応プロセス 老年社会科学, 22, 37-45.
Reitzes, D. C., Mutran, E. J., & Verrill, L. A. (1995). Activities and self-esteem: Continuing the development of activity theory. *Research on Aging*, 17, 260-277.
Rowe, J. W., & Kahn, R. I. (1997). Successful aging. *The Gerontologist*, 37, 433-440.
下仲順子 (2000) 高齢期における心理・社会的ストレス 老年精神医学雑誌, 11, 1339-1346.
竹中星郎 (2005). 高齢者の喪失体験と再生 青灯社
Tornstam, L. (1997). Gerontranscendence in a broad cross sectional perspective. *Journal of Aging and Identity*, 2, 17-36.
Tornstam, L. (1989). Gero-transcendence: A meta-theoretical reformulation of the disengagement theory. *Aging: Clinical and Experimental Research*, 1, 55-63.
Tornstam, L. (2005). *Gerotranscendence: A developmental theory of positive aging*. New York: Springer.

人名索引

● A
Ainsworth, M. D. S.　26
Antonucci, T. C.　209
東　洋　96

● B
Barrera, M. J.　123
Bartholomew, K.　28
Belsky, J.　174, 183
Blos, P.　126, 158
Bowlby, J.　22, 178
Brennan, K. A.　28
Bronfenbrenner, U.　98, 141

● C
Campos, J.　46
Carstensen, L. L.　197, 212

● D
土井隆義　105, 107, 113

● E
Emde, R. N.　44, 50
榎本淳子　106
Erikson, E. H.　161, 198, 206

● F
福岡欣治　124

● G
George, C.　26

● H
Hamlin, J. K.　120

速水敏彦　39
Hazan, C.　28
Hesse, E.　28
House, J. S.　124

● I
Ishii-Kuntz, M.　66

● K
柏木惠子　44, 64, 175
河合隼雄　162
北山　忍　102
Kitayama, S.　87, 102, 162
Kohut, H.　153
鯨岡　峻　62

● L
Lamb, M. E.　64
Lazarus, R. S.　46
Legerstee, M.　62
Lewin, K.　197

● M
Markus, H. R.　87, 102, 162
Meins, E.　38, 48
Mikulincer, M.　30
森田洋司　108, 111

● N
中尾達馬　29
Nisbett, R. E.　98, 102

● O
尾形和男　65

255

人名索引

大野　久　　127, 154
岡田　涼　　154
岡田　努　　127
岡安孝弘　　132
小塩真司　　148

● R
Rahim, M. A.　87
Rogoff, B.　103

● S
齋藤万比古　127
Shaver, P. R.　30
下仲順子　203
篠原郁子　48
Smith, P. K.　108

Stern, D. N.　62
Stolorow, R. D.　150
菅原ますみ　66

● T
滝川一廣　126, 127
谷　冬彦　162
塘　利枝子　103
Treverthen, C.　62
Triandis, H. C.　87

● U
氏家達夫　45, 77, 100, 164

● W
Winnicott, D. W.　62

事項索引

●あ
愛着　22, 48, 64, 152
アイデンティティ　87, 159, 161, 198
アタッチメント　22, 41, 178
アタッチメント・スタイル　26
アタッチメント対象　22
アダルト・アタッチメント・インタビュー　24, 26
安心感　83
安全基地　24, 178
安全な避難場所　24

●い
育児休業　164
育児ストレス　45, 72
育児不安　175, 178
意思決定　90
いじめ　108

●え
SOC 理論　194
援助要請　137
エンゼルプラン　183

●お
応答行動　48
応答性　44
親行動　69
親子関係　141
親支援　83

●か
外在的問題行動　129

階層補完モデル　210
過活性化方略　30
拡張・構築スタイル　30
過剰適応　128
仮想的有能感　39
家族システム　64, 174
課題特定モデル　210
学校（学級）風土　115
学校不適応　129
葛藤　82, 86, 159, 170
葛藤処理方略　86
家庭裁判所　83
過敏性　128
空の巣症候群　204
環境　48, 161
関係性　91, 170, 216
関係性の再構築　218
関係的―発達的―システム論的モデル　99
間主観性　62
感受性　48

●き
気質　32, 48, 96, 128
機能主義的情動理論　46
基本感情理論　46
虐待　42
ギャング・エイジ　37
鏡映　62, 155
共感性　66, 96
共同注意　62
共変化　47

事項索引

●け
ゲートキーピング行動　76
健康な自己愛　153
言語自己感　62
現実知覚＝評価様式　45, 164

●こ
攻撃性　83, 96, 148
向社会的行動　120
高齢期　201
コーピング　133
個一関係葛藤　162
心の理論　38
個人主義　87
コンボイモデル　211

●さ
サクセスフル・エイジング　201
産後うつ　182

●し
ジェネラティビティ　208
自我同一性　161
時間的展望　197
自己愛　143, 145
自己愛人格障害　145, 146
自己概念　44, 147, 154
自己確証動機　151
自己価値　107
自己評価　107
思春期　125, 127
自尊感情　107, 150, 154, 214
実行されたサポート　123, 133
児童相談所　82
社会化　96
社会情動的選択性理論　197, 212

社会情動的発達　47
社会性　65, 66
社会的親　178
社会的なサポート　83
社会的ネットワーク　123, 207, 209
縦断研究　128
集団主義　87
重要な他者　22, 35, 64, 73, 83, 132, 151, 161
主観的幸福感　212
手段的サポート　124
情緒的サポート　72, 124, 184
情動　44, 46
情動制御　37, 41, 96
情動調整　41
情動認知　44, 46
情動認知能力　44
情動理解　37
情報的サポート　124, 173
人格障害　145
人生周期　206
親密確認行動　106
親友　127
信頼　83
心理社会的危機　206
心理的互恵性　77
心理的離乳　105, 126

●す
ストレス　124, 158
ストレッサー　128
ストレンジ・シチュエーション法　26

●せ
生活満足感　205
脆弱性　111, 128
精神的健康　66, 67, 107, 128, 167, 205

258

生態学的環境　98
生態学的システム　141
性役割観　76
漸性発達理論　161

●そ
相互協調的自己観　87, 102, 162
相互独立的自己観　87, 102, 162
ソーシャル・サポート　67, 111, 122, 209
ソーシャルスキル　129

●た
対人関係　83
対人スキーマ　130
対人的機能　155, 157
第二次反抗期　126
第二の分離個体化　126
多重役割　176, 190, 206

●ち
知覚されたサポート　123
父親　64
超高齢期　208
超自我　154
治療的養育　42

●つ
つながり依存　110

●て
定年退職　201, 204
適応　107, 217
適合の良さ　35

●と
同調　107

道徳不活性化　112

●な
内在的問題行動　129
内的作業モデル　24, 29, 41, 178
仲間　36, 105, 154
仲間関係　104, 141
仲間への同調傾性　105, 106
斜めの関係　138

●に
2次元モデル　88
二重関心モデル　87
認知的感情理論　46
認知の文脈依存性　120

●ね
ネガティブ・スピルオーバー　192
ネットいじめ　104, 108
ネットワーク　174

●は
パーソナリティ　38, 96
パタニティ・ハラスメント　171
発達課題　157, 198, 206
発達期待　103, 157
場の理論　197

●ひ
ピアプレッシャー　113
比較文化　86
非行　82
Big Five　38
評価的サポート　124
敏感性　33

事項索引

● ふ
夫婦関係　72
不活性化方略　30
父子関係　64
文化　102
文化差　86
文化的自己観　87, 102, 162
分析的思考　102
分析的認知　98

● ほ
包括的思考　102
包括的認知　98
母子関係　46
母子相互作用　46
ポジティブ・スピルオーバー　192
母性イデオロギー　175

● ま
マイクロシステム　98
mind-mindedness　48
マタニティ・ハラスメント　171

● み
ミラーリング　62

● め
メゾシステム　98
面子交渉理論　88

● も
問題行動　82, 97, 129

● や
役割期待　73
役割調整　74

● ゆ
友人関係　105, 127

● よ
養護性　176
抑うつ　45, 66, 128, 176

● ら
ライフイベント　128, 130, 183, 199, 203
ライフコース　165
ライフサイクル　206

● り
力動的自己調整過程モデル　150
リスク　111, 176
リソース　204
離脱理論　209

● れ
レジリエンス　111, 138

● わ
ワーク・ファミリー・コンフリクト　172, 192
ワーク・ファミリー・ファシリテーション　192
ワーク・ライフ・バランス　185

執筆者一覧

氏家　達夫	名古屋大学大学院教育発達科学研究科		序章
島　義弘	鹿児島大学教育学部		第1章・編者
小原　倫子	岡崎女子大学子ども教育学部		第2章
小山　里織	県立広島大学助産学専攻科		第3章
丸山　宏樹	愛知淑徳大学学生相談室		第4章
西野　泰代	広島修道大学健康科学部		第5章・編者
丸山　笑里佳	岡崎女子短期大学幼児教育学科		第6章
中山　留美子	奈良教育大学教育学部		第7章
小林　佐知子	大垣女子短期大学幼児教育学科・総合教育センター		第8章
長谷川　有香	中京大学心理学部		第9章
森山　雅子	愛知江南短期大学こども健康学科		第10章
大橋　麗子	岐阜大学医学部		コラム1
井手　裕子	金城学院大学／名古屋大学大学院教育発達科学研究科		コラム2
北川　朋子	和歌山県子ども・女性・障害者相談センター家庭支援課		コラム3
濱家　徳子	元 名古屋大学大学院教育発達科学研究科		コラム4
二村　郁美	名古屋大学大学院教育発達科学研究科		コラム5
大久保　諒	名古屋大学大学院教育発達科学研究科		コラム6
神野　真麻	名古屋大学発達精神神経科学教育研究センター		コラム7
宮地　志保	元 名古屋大学大学院教育発達科学研究科		コラム8
石井　僚	同志社大学研究開発推進機構		コラム9
江副　文美	名古屋大学大学院教育発達科学研究科		コラム10

監修者紹介

氏家達夫（うじいえ・たつお）
1983 年　北海道大学教育学研究科博士後期課程満期退学
2018 年 3 月まで名古屋大学大学院教育発達科学研究科教授
〔主著・論文〕　子どもは気まぐれ　ミネルヴァ書房　1996
　　　　　　　親になるプロセス　金子書房　1996
　　　　　　　「個の理解」をめざす発達研究（共著）　有斐閣　2004
　　　　　　　親子関係の生涯発達心理学（共編著）　風間書房　2011

編者紹介

島　義弘（しま・よしひろ）
2008年　名古屋大学大学院教育発達科学研究科博士後期課程修了（博士（心理学））
現　在　鹿児島大学学術研究院法文教育学域教育学系准教授
〔主著・論文〕　内的作業モデルが表情刺激の情動認知に与える影響　心理学研究　第 83 巻,
　　　　　　　75-81.　2012 年
　　　　　　　親の養育態度の認知は社会的適応にどのように反映されるのか―内的作業モデ
　　　　　　　ルの媒介効果―　発達心理学研究　第 25 巻，260-267.　2014 年
　　　　　　　パーソナリティと感情の心理学（共著）　サイエンス社　2017 年
　　　　　　　教育と発達の心理学（共著）　ナカニシヤ出版　2018 年

西野泰代（にしの・やすよ）
2008 年　名古屋大学大学院教育発達科学研究科博士課程単位取得満了
現　在　広島修道大学健康科学部教授（博士（心理学））
〔主著・論文〕　学級での疎外感と教師の態度が情緒的な問題行動に及ぼす影響と自己価値の役
　　　　　　　割　発達心理学研究　第 18 巻 3 号，216-226.　2007 年
　　　　　　　中学生の逸脱行動の深化に関する縦断的検討　心理学研究　第 80 巻 1 号，
　　　　　　　17-24.　2009 年
　　　　　　　高学年児童の抑うつに対する社会環境の影響と自己価値の役割　心理学研究
　　　　　　　第 80 巻 3 号，252-257.　2009 年
　　　　　　　教育と発達の心理学（共著）　ナカニシヤ出版　2018 年

個と関係性の発達心理学

社会的存在としての人間の発達

2018年3月20日　初版第1刷印刷
2018年3月30日　初版第1刷発行

監修者　氏　家　達　夫
編　者　島　　　義　弘
　　　　西　野　泰　代
発行所　㈱北大路書房
〒603-8303　京都市北区紫野十二坊町12-8
　　　　　　電　話　(075) 431-0361㈹
　　　　　　FAX　(075) 431-9393
　　　　　　振　替　01050-4-2083

©2018　　　　　　　　　　　印刷・製本／創栄図書印刷㈱
　　　検印省略　落丁・乱丁本はお取り替えいたします。
　　　ISBN 978-4-7628-3016-7　　Printed in Japan

・ JCOPY 〈㈳出版者著作権管理機構 委託出版物〉
本書の無断複写は著作権法上での例外を除き禁じられています。
複写される場合は，そのつど事前に，㈳出版者著作権管理機構
(電話 03-3513-6969,FAX 03-3513-6979,e-mail: info@jcopy.or.jp)
の許諾を得てください。